被误读的天下秩序

Bei Wudu de Tianxia Zhixu

李扬帆 主编

北京大学出版社
PEKING UNIVERSITY PRESS

图书在版编目(CIP)数据

被误读的天下秩序/李扬帆主编. —北京:北京大学出版社,2016.3
ISBN 978-7-301-26592-5

Ⅰ. ①被… Ⅱ. ①李… Ⅲ. ①国际关系—研究 Ⅳ. ①D81

中国版本图书馆 CIP 数据核字(2015)第 287397 号

书　　名 被误读的天下秩序
Bei Wudu de Tianxia Zhixu
著作责任者 李扬帆　主编
责任编辑 张盈盈
标准书号 ISBN 978-7-301-26592-5
出版发行 北京大学出版社
地　　址 北京市海淀区成府路 205 号　100871
网　　址 http://www.pup.cn　新浪微博: @北京大学出版社
电子信箱 zpup@pup.cn
电　　话 邮购部 62752015　发行部 62750672　编辑部 62753121
印 刷 者 北京大学印刷厂
经 销 者 新华书店
650 毫米×980 毫米　16 开本　16.5 印张　234 千字
2016 年 3 月第 1 版　2016 年 3 月第 1 次印刷
定　　价 40.00 元

序 言

多年以前，我看到了陈寅恪先生的一句话："吾侪当此艰难时势，所学不为所用，亦不合西学之潮。果欲为谋生计，可于学问之外另谋一他图，或经商，或实业，而切不可以学问做谋生晋升之道，如此则害学术之根底，弊莫大焉。"出处已不可考，但是我一字不落地记在心里。中国对外关系思想的研究不属于显学，中国外交战略研究才是显学。这注定了我的寂寞。

并且，从学科分类上而言，我的研究既不会被主流国际政治和外交学认同，也不会被主流历史学所认同。但是，我仍然盘桓于心灵的故乡，那个最初吸引我走向学问研究的兴趣点：中国问题。

基本上，我把中国当成一个研究的对象，一个存在问题的对象。我并不关心这种研究是否具有现实价值，我只关心它是否具有学术价值。从逻辑上而言，中国当代和未来在世界上最重要的问题——我们是谁——深深根植于传统世界观的崩溃和近世中国身份的迷失。因此，对中国近世身份认同和世界观的研究，会自然与当代和未来的重要问题产生内在的关联性。

所谓学问，只存在于无邪之思中。凡思有邪者，均非真学问。比如，世间有淫人，因而才有所谓淫书。金圣叹评点《西厢记》有载："《西厢记》断断不是淫书，断断是妙文，今后若有人说是妙文，有人说是淫书，圣叹都不与做理会。文者见之谓之文，淫者见之谓之淫耳。"[1]比如，世间有邪人，因而认为马基雅维利是只讲霸权霸术的大恶人一个，其实现实主义思想的研究者本身并不必然是个恶人。从某种意义上而言，书也好，历史也罢，读者的品性是做出评判的关键。惜乎观者多为《皇帝的新装》中之看客，而少有那个直言无邪的小童。

历史研究是直言无邪的基础。但是说出历史真相仍然冒着一定的风险，比如误解。我当然害怕被误解。康德也说过类似的话，大意是说：我不怕别人证明错误，但怕被人误解。于我心有戚戚焉。

近世中国那些事、那些人，因与现世相隔不远，故越发难以定论。难以定论的根源在于我们心中的邪气。比如对曾国藩君，我对他的理解就是八个字——内修黄老，外示儒术，他做了自己该做的事而已。汉斯·摩根索在《国家间政治》中开宗明义即强调政治现实主义的六原则，其中第四条和第五条专门强调了道德不应该作为政治行为的标准。他认为："政治家必须考虑国家利益，视其为多种权力中的一个。而大众的头脑，不了解政治家思想中的细微差别，多半关注的是绝对的善或绝对的恶这类单纯的道德和法律原则。"[2]这有助于我们合理评价历史上政治人物的行为。

依利益决定的权力的确是政治的核心，然而，中国问题仍然有其特殊性。近世中国面临的文化存续的问题是西方学者并不容易理解的地方。中体西用论是中国文化人最后的堡垒，李鸿章、张之洞摆脱不了这个宿命，陈寅恪也摆脱不了。当然，今日和往后相当长时间内，我们都无法摆脱这种纠结。原因即在于中国本是一个文化自足体。

辛亥革命最大的成功并不在其民主革命，却在于对明清易代的遗留问题做出了完满的解答，似乎一劳永逸地解决了多民族共和的国家体制构建问题，实现了多民族国家的集体认同。这是晚清对晚明作出的跨越时空的回应，是辛亥革命民族认同诉求的巧妙转轨。孙中山在祭奠明太祖朱元璋时直呼“我高皇帝”“我太祖”。为反满为汉而忘记了朱元璋的专制和暴戾，是为辛亥革命的集体无意识。他们真的具有现代民主思想吗？换言之，他们真的构建了一个现代国家吗？

长期以来，居住在这块热土上的人折腾了几千年，几次建立了庞大的统一帝国，直至民国，我们的原乡却没有固定的国名，只有朝代名，这种现象很有魔幻味道。这么宏大的历史现象，我们又怎能漠视？

我曾站在虎门炮台的一排清兵营房前沉思，心想170年前的年轻海岸守备队员就从这个门出来，一出来就被炸死了，他们根本没有还击的能力，因为他们的炮弹打不着移动的英军舰船。当时清兵最大的八千斤大炮的射程封锁不了整个水道，而英军的炮比清军的炮打得更远更准。这个炮台的守军大概有一千多人，加上关天培，最后全都战死了。他们再也没有能够活着回去见自己的家人。何其悲壮。

这种移情（empathy）式的在场感一直贯穿我对中国近世历史的研究。枯燥的文献背后，是一个个鲜活的人物和事件。我不避讳这样一种浓烈的家国情怀和人文关怀。

我假设自己介入历史，但又将历史作为客观的对象。法国思想家雷蒙·阿隆（Raymond Aron）认为，知识分子的社会角色应该是“介入的旁观者”，萨特给他的评语是：“阿隆属于那种同火热的历史运动似乎总保持着一段历史的距离的人。”这话特别能准确表明我对自己的定位。现在知识界流行所谓“公共知识分子”的讨论，早在五十多年前阿隆在其耸人听闻的《知识分子的鸦片》中，就为对知识分子的定位做出了解释，他说：“笼统地说，知识分子有三种态度可以选择。或者他们不关心公共事务，在我们的社会中，这种态度愈来愈罕见，每个人都承受公民生活的负担和责任。知识分子理所当然地参加政治斗争，但有两种参与方式：一些人以教士的身份行动或声称以此身份行动，唯一的目的是捍卫神圣的价值；另一些人加入一个政党，接受由此导致的种种束缚。……为什么不准几个知识分子选择不偏不倚的观察员的角色呢？不管怎样，在学识之外，仍有自由选择的余地。”[3]

欧洲某些学者说我们传统上是没有知识分子的，是没有知识阶层的，因为中国传统上只有士大夫，对他们而言追求知识的前途就是做官，所谓学而优则仕。中国的知识分子不是参与太少，而是自古以来就一直参与，是参与太多的问题。两千多年与政治结盟，三十多年与经济为伍，啥时候有自己了！只有通过长期的不参与，或者在参与中长期保持旁观者的身份，才会有中国的现代知识分子。这种不参与，不是不食人间烟火，也不是在“采菊东篱下，悠然见南山”时还惦记着权力，而是要明白，知识就是权力，对知识的追求，一大批人独立的、长期的对知识的追求，才能有知识阶层的诞生。人家说咱们没有独立的知识阶层，大概是在这个意义上讲的吧。

在教学中，我对学生常说：北大就是一个虚名，是一个你预先设定的虚名。你没必要为此沾沾自喜或自命不凡。我现在很为同学们担心，担心的不是你每天上了多少网，准备开什么公司，担心的是内心的纯净，内心对大智慧、大道的那种执着。

中国研究的本质是反思，反思就能接近大道。本书即是引导学生进行反思的产物。作为北京大学研究生课程建设项目的一个成果，本书适合作为大学研究生教学参考书。在“多重视域下的中国外交思想史研究”（硕士生课程）和“中国外交专题研究”（博士生课程）的教学中，我尝试着启发学生对相关问题进行深入思考，然后形成了论文。这既是一种新的教学模式，也是一种新的研究模式。经过修改，最后形成了这本由教师和学生共同完成的作业。学生们的习作比较稚嫩，请原谅他们的稚嫩。实际上，在研究中国方面，我们都是学生。每章的具体著者见目录。

全书由李扬帆统稿。

是为序。

李扬帆

2015 年 1 月 15 日

注释

1. ［清］金圣叹：《读第六才子书西厢记法》，张国光校注：《金圣叹批本西厢记》，上海：上海古籍出版社 1986 年版，第 10 页。
2. Hans Morgenthau and Kenneth Thompson, *Politics Among Nations*, 6th edition, New York: McGraw-Hill, 1985, p. 165.
3. 转引自李扬帆：《中国知识分子的“责任劫”》，《同舟共进》2010 年第 6 期。

目录

Contents

第一章 “中华帝国”的概念及其世界秩序：被误读的天下秩序

李扬帆

导 读

尽管天下秩序一直是个众说纷纭的话题，但是一般的讨论仍然忽略了这个秩序在历史上具体而复杂的真实表现，以至于人们认为它“就是那么回事”。笔者在过去自己的研究以及前人的研究的基础上，将天下秩序的讨论追溯到一个更为朴素的话题：天下秩序真的就是那么回事吗？作者经过反思，认为中国传统天下秩序是一个被误读的“世界秩序”。从主体层面而言，传统中国王朝不能被称为帝国。从生成与演化角度而言，天下秩序具有主观性与客观性的双重特征，它基于中国王朝的想象但最终演化成一种国际公共产品。从结构层次而言，天下秩序并非呈现完美的同心圆结构，内亚游牧帝国和中原王朝构成对天下秩序的对抗性共建，海外朝贡国和中原王朝对其构成认同性共建。

“世界”本是一个佛教用语[1]，“天下”是中华文化的惯用语。[2]二者在近代以来的混同使用反映了中国惧怕被排除在世界之外。将天下演化为世界，进而缩小为国家，乃是源自这样一种集体的焦虑：在巨变的天下中寻求国家身份认同。当天下观与现实世界不能吻合的时候，出于对事物的确定性的追求和安全的需要，中国渴望世界有一种合理的秩序。然而，自地理大发现至互联网高度发达的今天，真正全球意义上的世界秩序并没有建立。[3]但这并不妨碍雄心勃勃的古代强国对整体世界秩序的想象。对世界秩序的想象通常发生在具有强大文明自信和力量自信的政治共同体身上。

毋庸讳言，中国历史学、哲学和国际政治学近几年兴起的关于“天下秩序”和“天下观”的讨论源自“中国崛起”的现实及其政策需要。检索数十篇关于“天下秩序”“天下观”的讨论[4]，可以发现两种明显的倾向：一是认为中国古代的天下秩序是一个建立在礼仪秩序之上、崇尚仁爱与和平的、完美的思想体系，对当代中国构建世界秩序的雄心壮志具有毋庸置疑的借鉴意义甚至指导意义。二是认为天下秩序以中国王朝为中心，完美地在历史上行之有效、一以贯之。这些倾向可以说是一种基于需要而对历史进行的误读。在人声鼎沸的讨论中，也有一些冷静的观察。比如，意识到天下秩序在历朝历代的表现上存在差异及多样化特征[5]，或者直接对天下秩序的倡导者的目的提出疑问。[6]

如果非得用一个概念表达传统中国历史上存在过的一种“世界秩序”（事实上是东亚秩序，但是存在一种超越东亚的世界性的想象），传统中国的世界秩序确实可以被称为“天下秩序”。[7]然而，由于天下秩序之力量结构层面的流动性（非同心圆结构）、朝贡制度存在复杂的变化、以夷变夏的合法性等原因[8]，它更多的是一种与周边政治行为体达成共识的国际公共产品。许多天下秩序的倡导者与批评者在分析天下秩序的时候存在主观臆想，其中交织着对过去的误读和对未来的焦虑。[9]当代中国力图运用历史经验重建世界秩序之所以面临重重困难，除了现实政治的原因，在很大程度上源自天下秩序在历史上并非如想象的那样完美地行之有效、一以贯之。本文基于历史分析，从中国王朝身份的一般讨论和天下秩序的结构层面，对中国是否在传统上是一个帝国、中国的世界秩序在实践上是否是一个以中国为中心的同心圆结构进行了反思。

帝国迷思

称传统中国为"中华帝国"：对中国王朝的误读

用帝国概念解读天下秩序的主体（中国王朝）是走错了路数，无论是英文的"empire"还是古汉语的"帝国"，用来称呼中国王朝都是误称（misnomer）。比如，由于清朝的多民族共建的特殊性和庞大的地域特征，新清史学者将清朝与英帝国进行对比研究，把欧洲帝国的历史理论用于解读清朝的性质，认为清朝的帝国构建具有亚洲内陆帝国特色，清帝国和英帝国"各怀有天下情结"，都在各自建立其"主权想象"。[10]或者认为清王朝具有"殖民主义"特征而认为清朝中国是帝国。[11]

中国的研究者也常将天下秩序称为帝国秩序。比较典型的一种观点将"中华帝国秩序"与"罗马帝国秩序"和"阿拉伯帝国秩序"并列，认为它们存在共同特征：在一定地域范围内以帝国中心为统治的圆心；等级制的权力支配体系；强制性的强权统治。[12]

问题的复杂性在于，西方很早就开始称中国王朝为帝国。[13]近代以来相当多的外文著作称中国为帝国（Imperial China 或 the Chinese Empire），略见表 1-1：

表 1-1　称中国为中华帝国的英文书目略表

著者	书名	出版社及年代	简介
J. Francis Davis	*The Chinese: A General Description of the Empire of China and Its Inhabitants*	London: Charles Knight, 1836	第二任港督介绍中国的著作。

续表

著者	书名	出版社及年代	简介
R. Evariste Huc	*A Journey through the Chinese Empire*	New York: Harper and Brothers, Publishers, Franklin Square, 1855	法国传教士古伯察游历了新疆、中亚、西藏等地，形成此书，引起内亚研究的兴趣。
H. Ballou Morse	*The International Relations of the Chinese Empire*	London: Longmans, 1910	马士的著作是研究中国近代对外关系的开山之作。
Rene Grousset	*The Rise and Splendour of the Chinese Empire*（本书法文原版标题是 *Histoire de la Chine*）	University of California Press, 1953	法兰西学院院士格鲁塞的中国史研究侧重文艺。英文版将书名加上了“帝国”一词。
Kuhn, P. A.	*Rebellion and Its Enemies in Lateimperial China*	Cambridge, Mass.: Harvard Univ. Press, 1970	孔飞力研究晚清社会变化的力作。
Derk Bodde, C. Morris	*Law Inimperial China*	Univ. of Pennsylvania Press, 1973	两位美国教授对清朝中晚期中国法律及社会的研究。
Clark Worswick	*Imperial China: Photographs 1850-1912*	Pennwick Publishing, Inc., 1978	早期来华摄影师的部分作品。
Robert Bickers	*Empire Made Me an Englishman: Adrift in Shanghai*	Penguin Books Ltd, 2004	毕克思虚构一个来上海做巡捕的英国人，却以历史学家的考证功夫通过主人公详细描述了当时的上海生活。
William T. Rowe	*China's Last Empire: The Great Qing*	Belknap Press, 2012	罗威廉的著作被形容成近半个世纪西方研究清史的集大成之作，清晰地表达了他认为中国清朝是多民族普世帝国的概念。

续表

著者	书名	出版社及年代	简介
P. Gue Zarrow	*After Empire: The Conceptual Transformation of the Chinese State, 1885-1924*	Stanford, California: Stanford Univ. Press, 2012	该书是沙培德研究近代中国族群、认同与国家的重要著作。
Maya Mishra	*From the Ruins of Empire: The Revolt against the West and the Remaking of Asia*	Penguin, 2013	印度作家米舍尔在书中以中国的梁启超、印度的泰戈尔、伊斯兰哲学家阿富汗尼等现代亚洲知识分子为例，讲述一群在19世纪末20世纪初的亚洲知识分子为自己的国家寻求出路的故事。

尽管欧洲的帝国概念不同于中国的帝国概念，但是英文著作者更愿意用人们熟知的“帝国”概念来描述中国统一王朝庞大的政治实体。[14]

钱穆认为派驻总督才可以被称为帝国，清代像西方的帝国，因为有藩属，但“细辨又不同”：“因清人待蒙古，比待中国本部的人还要好，蒙古人得封亲王，中国人是没有的。”因此不要随便使用帝国概念描述中国：“我们现在的毛病，就在喜欢随便使用别人家的现成名词，而这些名词的确实解释，我们又多不了解。西方人称中国为大清帝国，又称康熙为大帝，西方有帝国，有所谓大帝，中国则从来就没有这样的制度，和这样的思想。而我们却喜欢称大汉帝国乃及秦始皇大帝了。在正名观念下，这些都该谨慎辨别的。”[15]王尔敏指出：中国同化四夷“不是设重兵置总督……虽然没有发展出外交部，却也没有转变为殖民部”，中国只把天下的人分成“教化与无教化二种”。[16]日本的中国历史研究权威堀敏一认为：

古代中国（比如隋唐）的世界秩序“并不是由于中国的征服和强制而片面强加于人的。……不同于主要依靠征服而建立的罗马世界帝国。”[17]

中国王朝无需推行殖民，周边国家和民族从中国王朝的特殊的世界秩序中得到了政治的、经济的和文化的各种好处。它们的统治者需要强大的中国在政治上支持其国内的统治地位，而朝贡者得到的实际利益通常大于其所付出的贡礼，并且还能得到边境互市的恩赐。“天子守在四夷”的理念从不驱策中国皇帝在这些朝贡地区征税或派总督——而这正是欧洲帝国经典的治理方式。请求进一步归化成为中国之一部分却被中国拒绝的情况也有发生。如乾隆十九年(1754 年)，苏禄国王遣使贡方物，并贡国土一包，请以户口人丁编入中国图籍。帝谕：“苏禄国倾心向化，其国之土地人民即在统御照临之内，毋庸复行赍送图册。”[18]

因此，天下秩序构成了一种互取所需的公共秩序，也是中国提供的、最终形成了共同需要的国际公共产品。而具有非排他性却有竞争性的产品成为“共用资源”（common pool resources）。[19]天下秩序不具有排他性，并且在古代的国际关系中具有相当的竞争性，这种公共产品更多的是一种共用资源。

中国也曾有过“中华帝国”的梦想。1915 年 12 月，各省“恭戴我大总统为中华帝国皇帝”[20]，虽然建“中华帝国”最终成为闹剧，然而有帝国梦想者并非袁世凯及筹安会数人。成为帝国的梦想恰恰说明近代中国一些人希望向欧洲的帝国形态靠拢，也说明了传统王朝的天下秩序并不等同于帝国秩序。

西方语境中的帝国

西方语境中的帝国几乎等同于一种国际体系：“在人类绝大部

分的发展过程与历史演进当中，帝国一直是典型的政治型态。帝国无意在某个国际体系中运作，它期望把本身建立为一个国际体系。”[21]但是，帝国并没有统一的定义。一般而言，欧洲的帝国具有两大显著特征：一是具有强大的超越一般国家的力量去兼并他国或占有殖民地；二是元首称帝。在广义上，一切具有强大影响力的国家都可以被形容为帝国，因为帝国概念具有文学性描写特征，也具有表达某种雄心壮志的用途，有时没有强大影响力的国家也自称帝国。[22]从意识形态上而言，帝国一词早已失去其古朴的含义，暗含了臭名昭著的“帝国主义”意义。英国历史学家霍布斯鲍姆（Eric Hobsbawm）说：“皇帝和帝国当然是古老的，但帝国主义却是相当新颖的。”从19世纪90年代开始，“帝国主义”一词“突然变成一般用语”，他借用一位英国自由党员的话说：“（它已）挂在每个人嘴上，用以表示当代西方政治最有力的运动。”[23]古老帝国的辉煌与荣耀被19世纪末人们对帝国扩张的恐惧取代。

传统帝国秩序依托于一国的独大，以一国之政治诉求为世界秩序的全部原则，但是中国统一王朝时期的天下秩序与罗马帝国或不列颠帝国的世界秩序存在诸多差异，一方面，中国王朝在性质上并非等同于欧洲帝国；[24]另一方面，天下秩序是行为体互动博弈达成的共识，并非殖民主义政策的结果。那种借用欧洲“Pax Romana”“Pax Britannica”的概念创造“Pax Sinica”（中华帝国治下的和平）概念的做法[25]，是言过其实的。

帝国战德：想象中的天下一统

中国历史上的大一统更多的是文化一统，政治统一的时间事实上短于分裂时间[26]，这恰恰说明，中国的大一统更多的是一种文化现象和文化心理诉求。

大一统梦想在清朝之实现在于清朝的确成功整合了曾经对中原王朝构成两千年威胁的内陆边缘地带，当大一统梦想在清朝处于实际实现的历史最高阶段的时候，中国的多民族共治的认同已经使王朝的统治者自认为实现了传统中国统治者追求的最高目标即“德化天下”[27]。

古文中的“帝国”代表了中华思想追求的德化天下的高级阶段即“帝国战德”。隋代王通论曰：“强国战兵，霸国战智，王国战义，帝国战德，皇国战无为。天子而战兵，则王霸之道不抗矣，又焉取帝名乎！故帝制没而名实散矣。”[28]“帝国”在这里的确切含义，是指中国上古时期以道德仁义立国的理想国家。西方的帝国类似王通所论之强国与霸国，在道义上远低于中国语境中的帝国。“帝国战德”即：“上古三皇五帝之国以道德取胜”，这是一种非常古朴的道德理想主义追求。“帝国”之意可以从如下典籍中找到脉络：《淮南子·人间训》中的“五帝贵德，三王用义，五霸任力”；阮籍《通老论》中的“三皇依道，五帝仗德，三王施仁，五霸行义，强国任智”[29]。

近代以来中文的帝国概念来自中国对欧洲历史的解读。比较早的将“Empire”翻译成“帝国”的是严复。在翻译亚当·斯密的《原富》时，严复将“Empire”音译为“英拜尔”：“夫希腊……若波斯……此为欧洲兵制置用额兵之始，亦即为一国并兼数部号英拜尔之始，载诸史传，亦世运之一变局也。”严复在注释中解释：“又，英拜尔近人译帝国，亦译一统，或译天下。亚洲之英拜尔若古印度、波斯，今日本皆是。其欧洲则古希腊、罗马、西班牙、法兰西，今俄、英、德、奥，其王皆称帝者也。”[30]严复没有将中国列为帝国行列，这也反映了近代中国学人认识到中国王朝与欧洲帝国概念的差异。

曾经有近代中国机构的英文名称使用“imperial”，比如中国通商银行（1897—1951 年）。1897 年创立的时候，其英文名称是“The Imperial Bank of China”（中华帝国银行），1912 年其英文名称改为“The Commercial Bank of China”。由此也看出近代人对使用西方语言中的“帝国”一词比较敏感，辛亥革命之后改名应该是避免“imperial”一词的“帝制”含义，以示新政权与前清的区别。

颇具讽刺意味的是，传统中国从来自视为以王道化天下，而当代的研究者却有很多人认为以中国为中心的这种天下秩序代表了中国的霸权。问题的根本其实是：天下秩序是不是一种基于中国人的主观想象的秩序？中国在事实上有多大可能行使霸权？

天下秩序的非同心圆结构

同心圆结构：传统的解释

天下秩序的制度化结构是朝贡制度，无论在传统典籍的叙述中还是在后来的研究中（如费正清等）都将这种秩序想象为以中国为中心的同心圆结构。

《尚书·禹贡》《周礼·夏官·职方氏》和《周礼·夏官·大司马》将中原王朝视为世界的中心，提出了“五服”“九服”和“九畿”的天下地理观。学界常引用宋代石介专论“中国”的观点，认为其完整地表达了以中国为中心的同心圆结构：“夫天处乎上，地处乎下。居天地之中者曰中国，居天地之偏者曰四夷。四夷外也，中国内也。”[31]

费正清以朝贡制度为中心研究中国传统的世界秩序，他认为，“中国人往往认为，外交关系就是将中国国内体现于政治秩序和社会秩序的同一原则向外示范。……我们宁可称它为中国的世界秩序”[32]。“朝贡体制是中国文化自我中心主义的自然流露。”[33]费正清将“以中国为中心的、等级制的”中华世界秩序总结为三圈同心圆结构（the Sinic Zone，the Inner Asian Zone，the Outer Zone）。[34]然而事实与这种完美的理想的同心圆结构有很大差异。

天下秩序的主观性

从生成角度而言，这样一种天下一统的同心圆模式更多的是源自士大夫们的想象。日本京都学派大师内藤湖南认为：“没有哪一个民族，像中国人那样有着非常强烈的一统思想。”[35]“真正统一的帝国虽然要迟到秦汉时代才出现，但统治着中原地区的政权以‘天下共主’自居，却在商、周时代已经开始了。商人觉得自己是‘天邑’或‘大邦’，周人在灭商以前似乎也承认商是天下的共主。后来周取商而代之，更自认是受命于天。所以中国在中原的政权自视为‘天朝’，至少在观念上是很古老的。”[36]余英时在这段论述中用了“自居”“觉得自己”“似乎也承认”“自认”“自视”等表达主观意愿的词语来描述中国中心观的起源。冯友兰也认为：“人们或许说中国人缺乏民族主义，但是我认为这正是要害。中国人缺乏民族主义是因为他们惯于从天下即世界的范围看问题。”[37]这仍然是主观想象的问题。

中国自视为天下中心也源自官史记载的志趣。“中国之史，自为中国作，非泛为大地作。域外诸国与吾有和战之事，则详记之，偶通朝贡则略记之，其他固不记也。”[38]

中国将自己视作世界的中心是士大夫们出于政治需要的一种主观想象。这种以中国为中心的大一统理想是一个从诚意正心到修身齐家治国平天下的统一逻辑。“天”未与王朝剥离，形成类似欧洲历史上的独立于帝王的神的概念。而神在精神系统上的独立有助于欧洲形成民族国家与神之间的二元对立。这也是中国未能出现民族国家分立却形成大一统意识的政治思想层面的结构性原因。但是，一个想象的天下和实际的天下在具体的秩序层面并不吻合。认为中国在数千年的传统世界秩序中主控一切是不符实情的想象。

佛教对于中国自认为世界的中心就曾构成一定的冲击。玄奘西行时佛教已经使唐朝接受了自己身在“东土”的概念。作为佛法的发源地印度—尼泊尔一带则处于“中土”的地位。根据佛教的南瞻部洲图，中国并不位于世界的中央而是在东北位置。“在中国佛教世代相传的过程中，这个南瞻部洲说是有意地被淡化了。”[39]佛教对东亚世界观长久而深刻的影响不可忽视。“魏晋南北朝以来的中国传统文化已不再是纯粹的儒家文化，而是儒佛道三家汇合而成的文化形态了。”[40]至于宋明理学更是儒释道的混合体系。日本佛教、藏传佛教和东南亚小乘佛教的存续说明儒家思想并非东亚世界观的全部内容。

天下秩序的客观性

从演化的角度而言，天下秩序是一种复合型相互依存模式，是中国与周边互动中形成的博弈结果。在东亚长达两千年的传统国际交往中，的确存在着一种共同的认知，并在相当长时期内遵守一种规范，它在本质上是中国原创（但不限于中国单方面维持）的一种国际公共产品。

中国的王朝在相当长的时期内对提出和实践天下秩序作出了显著的努力，但它的有效性和持续性在于一种供需关系：中国在强大的时期为周边提供物资交换和制度合法性的保障，周边为中国提供文化心理上的满足，这是东亚自然形成的传统国际关系。[41]

只是中国力图在价值观和礼仪层面赋予其中国化的特征（这个特征也说明中国是天下秩序这一公共产品的主要提供者）使得这种关系看起来总是中国占有优势，但是占优并不意味着事实上中国具有完全的控制地位。王朝分裂时期和弱势统一时期中原王朝的机会主义策略证明中国没有长期稳定地据有中心地位。

尽管中国在政治上分分合合或者甚至被异族灭亡，但是东亚的世界秩序的文化道统却并未泯灭。比如：宋朝与大陆其他王朝共存时期国力很弱，持续时间长达三个世纪（960—1279 年），却没有一个高于朝贡体制的新的国际关系模式取代。宋朝向北方的反向朝贡恰恰说明朝贡体制并非必然以中国为中心，而是一种东亚共同遵守的国际规范。另一个典型表现就是明朝灭亡之后东亚各政治行为体对天下兴亡产生的焦虑，使其更加注重东亚秩序中的文化道统。比如，日本和朝鲜均将自己视为中华文化的继承者而蔑视清。

中国是东亚秩序的最主要的原创者和维护者，但不能忽略的是一旦这个秩序形成，所有成员都具有参与和维护的天职，它们均构成了天下秩序的搭便车者（free rider）。之所以出现这种情况，是因为它在本质上符合了东亚社会发展的需要，其中最重要的是维护了各王朝内部统治的需要，因此天下秩序成为了国际公共产品，而不会因为中国本土的分裂和弱小同步地被抛弃。以中国为中心想象的传统世界秩序经常随着大陆的朝代更替和文化衰败而出现空心化，传统文化更好地在边缘地区被继承下来。比如，延续了传统中原文化的南方客家文化[42]、明末遗民朱舜水、隐元和尚对江户时代的日本文化产生的深刻而长久的影响，以及当代所谓的“儒家资本主义”。[43]

天下秩序高于基于民族的国家主义，是一种东亚共同维护的文化秩序，“天下兴亡，匹夫有责”的顾炎武式誓言即是其最好的诠释。顾炎武并不将国家（朝廷）的兴替当成最重要的事情，只是到了近代，中国人才出于构建民族国家的统一性的需要篡改了顾炎武的意思。

顾炎武说：“有亡国，有亡天下。亡国与亡天下奚辨？曰：易姓改号，谓之亡国；仁义充塞，而至于率兽食人，人将相食，谓之亡天下……是故知保天下，然后知保其国。保国者，其君其臣肉食者谋之；保天下者，匹夫之贱与有责焉耳矣。”[44]

梁漱溟敏锐地观察到近代以来用国家主义替代天下主义的现象：

> 今天我们常说的“国家”，“社会”等等，原非传统观念中所有，而是海通以后新输入的观念。旧有“国家”两字，并不代表今天这涵义，大致是指朝廷或皇室而说。自从感受国际侵略，又得新概念之输入，中国人颇觉悟国民与国家之关系及其责任。常有人引用顾亭林先生“天下兴亡，匹夫有责”的话，以证成其义（甚且有人径直写成“国家兴亡，匹夫有责”），这完全是不看原文。[45]

天下秩序合法性的获得需要有治统和道统双重认同。王夫之将治统与道统一分为二。他说：“天下所极重而不可窃者二：天子之位也，是谓治统；圣人之教也，是谓道统。”[46]并且提出治统可以兴替而道统不可亡。[47]这也可以解释为什么东亚传统的世界秩序一旦形成，就不一定以中原王朝这个政治实体为永恒的中心。“朝贡关系的形成不是源于以汉民族为中心的国家形成，而是来源于这一国家与其他民族和其他地域的交往及共存的方式，中华观念则是能吸收交往中的各种异质要素且与之并存形成的一种具有包容性观念。”[48]

中国本身就是一个文化实体[49]，作为文化实体，其历史性意义在于：其一，中国人更容易从天下的角度观察世界，天然地具有世界性视野。其二，王朝可以兴替，而天下秩序可以抽象地存续。中国的天下秩序与朝贡制度之关系是一种文化与制度的关系，朝贡可以变化，有强有弱，甚至可以主从颠倒，也可以从政治关系退化为经贸关系，而作为共识的文化层面的天下秩序难以取代。

传统东亚的秩序得以维持的双重要素——权力（治统）和价值观的大体一致（道统）——与基辛格对欧洲维也纳均势体系的分析具有相似性。基辛格认为，维也纳体系中“各国不仅在有形势力上，在道德上亦处于均衡状态。权力与正义取得相当的协调。权力均衡降低诉诸武力的机会；共同的价值观减低诉诸武力的欲望”[50]。

天下秩序的复合结构：亚洲内陆边缘与海上朝贡国

中国史学不注重研究周边与中原的关系。傅斯年认为：“我们中国人多是不会解决史籍上的四裔问题的。……凡中国人所忽略，如匈奴、鲜卑、突厥、回纥、契丹、女真、蒙古、满洲等问题，在欧洲人却施格外的注意”，他开玩笑说如果治中国学的叫汉学家，是否治匈奴以来的西洋人就该叫“虏学家”？而汉学有些发达的地方正是借助了“虏学”。[51]不注重研究并不意味事实本身不重要，周边与中原的关系具有历史长时段的结构性影响力。

边缘地区对中国身份认同起着十分重要的作用。来自这些地区的知识，“有凝聚中国人（华夏）的功能”。“中国人用它们来强化华夏边缘，以突显边缘之内人群间的同质性与一体性。”“汉代中国人调整、确立其边缘，也就是不断调整、强化并确定‘中国人’的范围。”“事实上，‘中国人’并不完全依赖内部的文化一致性来凝聚，凝聚他们最主要的力量来自于华夏边缘的维持。”[52]清朝中国的形成即是内陆边疆整合的结果。[53]

陈寅恪论述唐太宗和唐高宗征讨高丽说：“始克高丽，既剋之后，复不能守……而吐蕃之盛强使唐无余力顾及东北，要为最大原因，此东北消极政策不独有关李唐一代之大局，即五代赵宋数朝之国势亦因以构成。”[54]这说明陆上的华夏边缘地带对中原王朝具有共建东亚结构的意义。内藤湖南认为：“中国的论者，尤其是最近的论者，总是将外族的侵略看成是中国的不幸，其实中国悠久的民族生活之所以经久不衰，正是因为有这样多次的外族侵入。”[55]认识到中国文化与周边之间的互动关系，反映了内藤湖南“超越一国历史的宽阔的历史意识”[56]。

20 世纪 30 年代，美国中国问题研究的著名学者拉铁摩尔（Owen Lattimore）提出的“边疆中心论”视角突出了中国边疆的重要性。他认为在汉末的时候，“中国及其长城边疆历史的特征已经形成了一种相互影响的确定模式”，中国不需要“帝国殖民地”，他们真正的目的是使绿洲小国王们依附中国。中国农业和社会的进化，促成了边境草原社会的形成，“所以游牧循环至少有一部分是中国循环的结果……一经形成之后，游牧循环所造成的力量使它能够以独立的形式，影响中国的历史循环”[57]。

另一位美国学者巴菲尔德（Thomas J. Barfield）则在上述理论

的基础上提出“游牧帝国中心论”，认为中原王朝与游牧帝国存在相互依从的“两极模式”结构。游牧帝国与中原王朝的关系实质是一荣俱荣，一损俱损。他认为：最早出现的各种“世界体系”直接影响到那些看似偏远的民众。当将亚洲政治的兴衰放到区域背景下在一个长时段中加以检视时，它们就揭示出与中原政权的集权化周期相关的规律性。“游牧民族的统一与中原的统一几乎同时完成，这并不是一种巧合。……一位游牧首领或许会凭借军事才能统一草原，但要保持草原帝国的完整，所需要的资源只有中原能够提供。”[58]因而确保统一的中原王朝是游牧帝国成功的关键因素，一旦帝国瓦解，边疆的“寄生者”就“失去援奥，财富之路顿然枯竭，数不清的威胁与劫掠使形势发生巨变”。[59]

另一方面，中原王朝也需要游牧帝国的军事援助以镇压内乱维持其稳定局面。巴菲尔德站在游牧帝国的角度来观察中国所谓的“朝贡体系”，认为“边疆关系的真实本质经常被将部落民众视作中原的长期附庸的意图所遮掩”。因此，汉文描述游牧民族“纳贡”“归附”“入质”，他将之视为“外交烟幕”。“定居文明通过给边疆部落民族钱物以安抚他们。”[60]巴氏将朝贡的实质定位为中原王朝给游牧帝国进贡物资，从而满足游牧帝国的物资需求。游牧帝国始终居于主动，掌控着与中原王朝的关系：“来自中央草原的游牧民族会避免征服中原领土。从中原的贸易与奉金中得到的财富稳定了草原上的帝国政府，而他们并不期望去破坏这种资源……除了蒙古之外，‘游牧征服’只发生在中原的中央政权崩溃之后没有政府可以加以敲诈之时。强大的游牧帝国与中国的本土王朝同时兴亡。”[61]

巴菲尔德将中原主要王朝与游牧帝国的历史分为三个大循环周

期（参见图 1－1 示意图的大陆部分），每个中原主要王朝都在同时期对应着内亚的游牧帝国，这是一种“国际关系的最古老的循环”[62]。边疆地区研究者也将游牧民族划分为匈奴、突厥和东胡三个系统，与上述三大周期吻合。[63]这种对应关系形成了大陆天下秩序的两极结构。双方既是相互依赖，也不停地发生相互征战甚至征服。

比如，汉朝曾同匈奴达成协定，将长城以北作为“引弓之国”，属于单于统治的地域，而将长城以南作为“冠带之室”，属于汉帝统治的地域，并以匈奴为“敌国”[64]，亦即承认其为对等的国家。每个强大统一的王朝均耗费巨额财力、物力、人力和漫长的时间应付来自北方的威胁。两宋时期的中原王朝更是退化为东亚大陆（泛中国概念）上若干政治行为体的一个。[65]俄罗斯至今仍然称中国为“Китай”（契丹），这是源于辽国（契丹）的强大影响。汉代对匈奴和亲、唐初对突厥进贡、唐对吐蕃和亲、唐都长安一度被吐蕃占领、北宋对辽进贡、南宋之被元所灭、明英宗之被俘、清朝使臣也曾向沙俄跪拜[66]等等，这些事件均说明中原王朝并非在任何时候都具有至高无上的中心地位。

明朝的对外关系已经在颠覆朝贡制度：“明初国际秩序的建立，具有与前此蒙元帝国、后此西方海外扩张殖民帝国迥然不同的特征，不应简单以传统朝贡制度或体系笼统归纳和理解。”[67]

日本对汉朝和明朝有过短暂的朝贡，而对明朝的朝贡以“勘合”特许贸易的形式进行，不具备政治归属含义。[68]至万历年间最终发生日本侵朝战争。德川幕府时期日本认为清朝取代明朝是“华夷变态”，从心理上鄙视蛮夷之清王朝，锁国后与清朝基本没有国家间关系，但是却独立自主地从事海外贸易[69]，所以在中国的天下秩序中，日本始终是个例外。

19 世纪 70 年代影响整个东亚格局的清朝的塞防与海防之争恰恰印证了陆上边缘地带与海外两条战略防线共同与中国构成了东亚秩序的主体框架。综合上述特征，可以用复合结构描述天下秩序（见图 1－1）：沿着内亚丝绸之路形成的是亚洲内陆与中原王朝同兴同衰的两极互动关系，武力侵扰和征服讨伐特征明显，对东亚区域性的“世界秩序”或曰天下秩序形成对抗性共建。[70]沿着海上丝绸之路经济带形成的是中原王朝与朝贡国家对朝贡体制的经济和文化合法性的共同维护，武力侵扰和征服讨伐次数有限，对天下秩序形成认同性共建。[71]所谓共建，就是诸行为体从秩序中均可以得到好处，从而认同朝贡、礼制体系和天下观念。其中的角色可以转换，而秩序却一直存续。

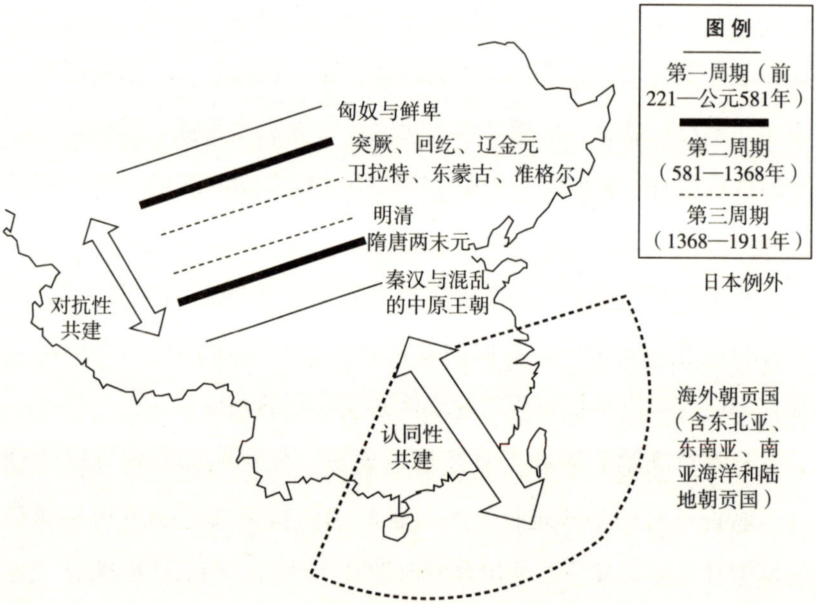

图 1－1　天下秩序的复合结构

中国构建世界秩序的历史启示

危险的内亚（Inner Asia）

天下秩序的复合结构对当代具有如下启示。

其一，内亚直至西亚从未实现过持久的和平。除非通过武力征服（比如元朝与清朝部分的整合了该地区），要想从新疆直至叙利亚海边确立稳定的和平秩序是完全不可能的。其复杂性早已使其成为历史上的“道旁苦李”。这片跨越各种极端势力老巢的危险地区，显然不适合作为构建世界秩序的战略支点，除非异想天开地企图建立古典征服性帝国——而这完全不是中国的志趣所在。

其二，天下秩序的复合结构模式能够存续，得益于中国能够通过这种地缘结构实现王朝的、民族的认同，也即加强了中国文明优越感。而当代的中国文明在亚洲的地位与古典时期无法相提并论。在这种情况下，如果内亚之路畅通，则各种宗教的、民族的极端势力可以轻而易举地反向渗透，对中国认同会构成极大威胁，而不是共建。

其三，中国雄心勃勃的计划需要考虑与古典时代和欧美扩张时代的国际战略的不同特性。古典时代的亚洲秩序是中国与周边的自发性共建的结果，中国不存在内部制度共识的压力。欧美近代的扩张也并不担心外在世界对其核心制度与价值观的反向冲击，而当代中国必然冒这样的风险。

其四，内亚、西亚和南洋诸国内部政治的复杂性与多样性超越了借由经贸和基础设施建设提供稳定的可能性。单纯靠交易形成地区结构（进而世界结构）是战略上的冒险。因为如此众多的复杂的力量元素无法通过以中国为主体的交易模式实现均衡。可以收买部分势力，但无法收买所有势力。一旦这些地区发生内乱，中国的利益如何维护？

以上所论之和平问题、民族认同问题、民主问题以及利益维护问题，均是中国提供制度化的国际公共产品的成本所在。在古典秩序中，因为财政成本太高，中国王朝自己对朝贡制度经常采取消极的、机会主义策略，而搭便车的朝贡者却络绎不绝。如果中国在上述问题上无力承担解决问题的成本，那么中国设想的世界秩序的起点恐难推进。

关注天下秩序的主观性与客观性

如果认为天下秩序只是一种中国人的想象，则会轻易地怀疑它的真实性。但事实上的天下秩序具有主观性和客观性的双重特征，这与世界秩序的一般定义一致。学者们认为：世界秩序是“人类社会作为一个整体为维持社会生活的基本或首要目标而采取的人类行为模式或倾向”[72]。世界秩序关乎三个基本问题：它的“基本单位是什么？它们的互动方式是什么？它们互动，以什么为目标？”[73]因此，世界秩序必基于一种国际体系（格局）、具有某种共识或价值观、形成核心制度或互动模式。

很难想象中国古代的涉外官员们在两千多年的对外交涉中完全是白眼朝天、背朝大海、故步自封。曾任礼部主客司主事的龚自珍说：“我朝藩服分二类，其朝贡之事，有隶理藩院者，有隶主客司者。其隶理藩院者，蒙古五十一旗，喀尔喀八十二旗，以及西藏、青海、西藏所属之廓尔喀是也。隶主客司者曰朝鲜、曰越南（即安南）、曰南掌、曰缅甸、曰苏禄、曰暹罗、曰荷兰、曰琉球、曰西洋诸国。西洋诸国，一曰博尔都嘉利亚，一曰意达利亚，一曰博尔都噶尔，一曰英吉利（此三字均加口字旁）。自朝鲜以至琉球，贡有额有期，朝有期。西洋诸国，贡无定额，无定期。朝鲜、越南、琉球，皆有册封之礼。”[74]对西洋的关系虽然有夸大不实之词，但它说明理藩院管理内亚事务，礼部管理东亚至西洋朝贡事务，这种明确的职能划分不仅说明清朝对外关系具有清晰的制度安排，而且说明天下秩序的复合结构直至清朝大一统时期仍然是天下秩序的结构性特征。

史官们持续两千年记载的朝贡事实并非虚妄的自我想象。朝贡体制只是从主观想象变成了各取所需的关系模式。这是一个互动博弈的公共产品形成的过程，一种主观想法最终变成客观互动形态的过程。不能因为主观想象或者朝贡本身的变动性与流动性而否定它的存在。中国构建世界秩序的重新启动显然必须遵循这样一个过程：明确自身的价值体系，在互动关系中基于国际格局形成制度安排。

软实力的失去与重建

以某种文明为核心建立的世界秩序，体现了该文明软实力的普世性。中国的传统世界秩序瓦解于晚清。晚清软实力衰败景象尤其表现在整个社会的撕裂，社会精英和平民的生活方式不再具有任何“文明”的吸引力。

甲午战争之后不久，内藤湖南游历中国，这位日本中国学京都学派创始人认为张之洞的《劝学篇》“文字老成，但书的内容，在对西方的理解方面一知半解，要被有识之士笑话的”[75]。他认为康有为“才力有余，但见识和度量不足，人不够沉稳。而且他虽然有救国济世的大志，却喜欢标榜学术观点的异同，好与人争论。这是他容易失败的原因”。而梁启超则“论著多恃才傲物，有自我炫耀的感觉……不过他在我国看到某些人的浮躁风习，也去模仿；而且他的自我辩白太过分，攻击西太后的时候动辄谈到下流的事情，正显露出他为人之低”。孔庙守卫贪门票钱。“集天下英才的”贡院污秽肮脏，到处都是守卫的粪便，“臭气冲鼻”。[76]倘若与遣隋使、遣唐使相比，晚清时的日本人又怎么能够滋生出对基于中国文明的天下秩序的好感呢？

当康有为皓首穷经地在中国崩溃、列强纷争的世界中醉心于研究他的大同极乐世界秩序的时候，梁启超则缺乏预见性地忙着将中国降格为欧洲民族国家体系的一员。[77]110多年后的今天，中国学人再次对中国认同与世界秩序构建的关系产生兴趣乃至焦虑。敏感的学人纠结于康梁两种模式：到底是梁启超的民族国家认同模式更利于中国构建自己的世界秩序认知，还是如康有为一样将大同理想作为中国构建世界秩序的出发点？前者大体属于现实主义，但容易被攻击为不合时宜的民族主义；后者属于理想主义，但容易被攻击为丧失了中国本体的基本立场。

中国与世界秩序的关系首要在确立文明的软实力。康有为式的方式犹如将业已崩溃的天下秩序推向天堂，完全无视民族国家认同的问题；而梁启超式的方式则过于注重民族主义的构建，忽视了民族主义可能会更加削弱中国文明价值的普世性。

天下秩序之重新倡导的反思

天下秩序的合法性来源于中国“帝国战德”的道义制高点，并且在国际公共产品提供上达成了与周边政治行为体的共识。中国参与构建世界秩序的核心问题是中国国内治理价值观与世界主流价值观之间的关系。传统世界秩序的成功依赖于此，未来中国能否成为世界秩序的成功构建者也依赖于此。中国世界秩序主张中必然暗含了合法性假设。世界秩序主张的合法性是中国参与构建或者塑造世界秩序的主要障碍。

时下再提天下秩序，反映了中国重返世界性大国的冲动和提供国际公共产品的迫切心情。真正的问题出现在能否与周边甚至世界达成共识。因为传统秩序的有效性取决于长期博弈的认同。力量崛起之外，世界更关注于中国在价值观层面和制度层面能否接纳公认的价值标准和提供合理有效的国际公共产品。中国能否开发出传统天下秩序当中的有利因素，从而形成国际公共产品"供给—需求"之间的利益交换关系呢?[78]

天下秩序的主张者认为："对世界负责任，而不是仅仅对自己的国家负责任，这在理论上是一个中国哲学视界，在实践上则是全新的可能性，即以'天下'作为关于政治/经济利益的优先分析单位，从天下去理解世界，也就是要以'世界'作为思考单位去分析问题，超越西方的民族/国家思维方式，就是要以世界责任为己任，创造世界新理念和世界制度。"[79]

批评性意见认为："以一种奇怪的方式来支撑他关于世界等级秩序的论点，并同样通过轻率地使用其他中国古代典籍中的文本来支撑他的天下体系。""他的天下体系是一个可用于实践的乌托邦。""但《天下体系》的成功表明，中国内部有一种以中国方式解决世界问题的热望，一种以民族主义的方式解决全球问题的渴望，特别是当他们提倡一种爱国主义形式的普世主义（a patriotic form of cosmopolitanism）时尤为如此。这就是《天下体系》在中国外交决策中的主要意义。”[80]此种辛辣的批评否定古籍文本的重要性，并急于用新鲜的概念给作者下结论，而不去直接面对历史，其本身显得轻率。天下秩序的研究就一定对应了某种外交战略吗？哲学性的研究不必然和民族主义关联。[81]

有的人认为：“这样一种过于极端的‘天下主义’思潮原本就不是历史研究，至多也只是一种乌托邦的构想。”[82]在某种意义上而言，哲学研究就是乌托邦研究，但不能等于乌托邦构想。每一个学科从自身的研究方式出发对同一个议题的研究都具有学术价值。对于天下观念的当代价值的思考应该具有学术上的正当性和合理性。有人因为恐惧历史上业已崩溃的天下观念可能变成“不堪入目的怪物”，而认为“个别学者鼓吹以中国天下观和文化来整合未来国际秩序的可能性”是“值得我们反思”的，认为这是“带有讽刺性”的事件。[83]

辛辣的批评不能取代理性的思考。上述倡导与批评要么描述了一个想象的天下，要么鄙视一个被丢弃的天下。这对于中国重塑世界秩序观念构成了相当的负面影响。在重新构建世界新秩序问题上，当前中国面临这样的困境：既要承续传统文化，又要建设现代国家。这个困境表现在身份认同和价值认同层面就是：如何避免将中国发展为一个令人生疑的帝国而又不失去天下秩序的关怀？放任传统中国王朝被错误地称为帝国，以及将天下秩序误读为中国霸权秩序，均是对历史的误读。如果误读持续成为研究的底色，中国对世界秩序的想象只能是“暧昧的雄心”。

注释

1. 赵朴初：《佛教与中国文化的关系》，《文史知识》1986 年第 10 期，第 3 页。
2. 天下概念并非为儒家独有，诸子百家均从各自角度对治理天下进行了论述。佛教中国化之前，中国的天下意识即已经形成。此后儒释道法四家混合成中国文化核心思想，因此，本文以中华思想而非儒家思想作为天下秩序的核心价值体系。
3. 一般而言，世界秩序包含了较为稳定的全球力量结构、全球认同的或强制推行的价值观和稳定的全球国际制度。
4. 在中国知网（www. cnki. net）检索“天下秩序”，得论文 71 篇，检索“天下观”，得论文 371 篇。除去仅涉及这两个概念的论文，专门论述这两个概念的论文有数十篇。限于篇幅，不一一列出。检索时间：2015 年 9 月 25 日。
5. 许倬云：《比较汉唐天下秩序》，《国家人文历史》2015 第 7 期，第 74—75 页。管彦波：《明代的舆图世界：“天下体系”与“华夷秩序”的承转渐变》，《民族研究》2014 年第 6 期，第 101—110 页。李磊：《天下的另一种形态——东晋及东北族群政权建构中的天下意识探析》，《华东师范大学学报（哲学社会科学版）》2014 年第 5 期，第 17—27 页。李元晖、李大龙：《是“藩属体系”还是“朝贡体系”？——以唐王朝为例》，《中国边疆史地研究》2014 年第 2 期，第 11—17 页。尤淑君：《“华夷之辨”与清代朝鲜的事大政策》，《山东社会科学》2015 年第 4 期，第 92—104 页。李扬帆：《涌动的东亚——明清易代时期东亚政治行为体的身份认同》，《国际政治研究》2010 年第 3 期，第 126—150 页。
6. 柯岚安（William A. Callahan）：《中国视野下的世界秩序：天下、帝国和世界》，《世界经济与政治》2008 年第 10 期，第 49—56 页。
7. 在一般地规范性的讨论中，人们认为天下观和天下主义是天下秩序或天下体系的价值系统。天下观的内涵大体包含：地理学上的天下所有的土地、心理学上的得民心者得天下、伦理学/政治学意义上的四海一家。即天下观是地理、心理和制度三位一体的。参见赵汀阳：《天下体系：世界制度哲学导论》，江苏教育出版社 2005 年版，第 41—42 页。本文基于上述对世界秩序内涵的简要定义，认为天下秩序具有世界秩序的基本要素：追求（或实际存在）广阔的超越地区性的力量结构、广阔的世界性视野（或想象）和长期存在的制度（以礼制体系为基础的朝贡制度）。

8. 有学者通过对中国与东南亚历史关系的研究，从根本上否认费正清和滨下武志等所认为的存在一个有效的朝贡制度和以朝贡制度为基础的东亚国际关系模式，认为"将到中国者统称为朝贡者，基本上是中国统治者以及历代史官、文人的一厢情愿。中国朝廷通常没有也不打算利用这种表面上的、自我安慰式的'朝贡宗藩'关系来干预东南亚地区事务"（庄国土：《略论朝贡制度的虚幻：以古代中国与东南亚的朝贡关系为例》，《南洋问题研究》2005 年第 3 期，第 1 页）。但是，朝贡制度的"中国想象"恰恰只是这种制度的一个典型特征。天下秩序具有主观性与客观性双重特征，详见下文。至于以夷变夏的合法性，如元、清两朝统治集团对中华征服之后力图构筑自身具有正统和治统的合法性，因篇幅所限，本文不予展开。

9. 英国学者马丁·雅克在其轰动一时的著作中认为当中国再次统治世界的时候，有可能恢复朝贡体制。Martin Jacques, *When China Rules the World: the Rise of the Middle Kingdom and the End of the Western World*, Allen Lane, 2009, pp. 14-15.

10. J. Hevia（何伟亚）, *Cherishing Men from Afar: Qing Guest Ritual and the Macartney Embassy of* 1793, Durham, NC: Duke University Press, 1995, pp. 30-37; Lydia H. Liu, *The Clash of Empires: The invention of China in Modern World Making*, Cambridge, Massachusetts, and London: Harvard University Press, 2004, pp. 1-4.

11. Laura Hostetler, *Qing Colonial Enterprise: Ethnography and Cartography in Early Modern China*, Chicago: University Of Chicago Press, 2005; P. C. Perdue, *China Marches West: The Qing Conquest of Central Eurasia*, Cambridge, Mass.: Harvard University Press, 2005; Michael Adas, "Imperialism and Colonialism in

Comparative Perspective", *The International History Review*, Vol. 20, No. 2, June 4th, pp. 371-388.

12. 尚伟：《世界秩序模式研究》，吉林大学2005年博士学位论文，第67页。“强制性的强权统治”之特征显然不符合中国传统天下秩序的本质。

13. 马可·波罗用“Catai”称蒙古帝国，来自“契丹”（Cathay）这个词。利玛窦称明朝为“大明”，没用帝国概念。其后，曾德昭（Alvaro Semedo，1585—1658）在其西班牙文著作（《中华大帝国志》）中称中国为“中华帝国”（Imperio de la China）。卫匡国（Martino Martini，1614—1661）在其《鞑靼战纪》中将中国称为“中华帝国”。

14. 其他西方语言中也有许多以帝国称传统中国的。如人们熟知的佩雷菲特的法语著作《停滞的帝国》。参见：Alain Peyrefitte, *L' empire Immobile*, Paris: Fayard, 1989.

15. 钱穆：《中国历代政治得失》，生活·读书·新知三联书店2001年版，第161页。

16. 王尔敏：《中国近代思想史论》，台北：华世出版社1977年版，第210页。

17. ［日］堀敏一：《隋唐帝国与东亚》，韩升等译，兰州大学出版社2010年版，第15页。

18. 《清史稿》，卷528，列传315。

19. Inge Kaul, Isabelle Grunberg and Marc A. Stern, "Defining Global Public Goods", in Inge Kaul, Isabelle Grunberg and Marc A. Stern, eds., *Global Public Goods: International Cooperation in the 21st Century*, New York: Oxford University Press, 1999, p. 5.

20. 各省推戴书均有此句。此处摘自李振军：《河北省国家档案馆馆藏：直隶省推戴袁世凯称帝档案一览》，《档案天地》2007年第4期，第41页。

21. ［美］基辛格：《大外交》，顾淑馨等译，海南出版社1998年版，第13页。

22. 比如，1822年至1889年的巴西帝国，1889年至1974年的埃塞俄比亚帝国，1897年至1910年的大韩帝国，1977年至1979年的中非帝国。

23. ［英］艾瑞克·霍布斯鲍姆：《帝国的年代：1875—1914》，贾士蘅译，江苏人民出版社 1999 年版，第 64—65 页。

24. 限于篇幅，本文不从政治制度的角度系统论述中国王朝国家和欧洲国家的区别。福山从比较政治学的角度对中国国家的起源和性质作了富于启发式的研究，他谨慎地没有使用“帝国”概念来描述中国统一的王朝。参见福山：《政治秩序的起源：从前人类时代到法国大革命》，毛俊杰译，广西师范大学出版社 2012 年版，第 97—145 页。

25. 用这个概念形容中国构建世界秩序的战略雄心的文章很多，比如《经济学人》的 Banyan（菩提树）专栏一篇文章以 Pax Sinica 为题，认为中国“不仅仅只是挑战既存的世界秩序，它正在构建一个新的世界秩序——尽管缓慢、乱糟糟，并且显然没有最终观点”。Banyan Columnist，“Pax Sinica”，*The Economist*，Vol. 412，Issue 8905，Sep. 20th，2014，p. 39；Steve Levine，“Pax-Sinica：Why the U. S. should hand over Afghanistan and Central Asia to China”，*Foreign Policy*，June 27，2012，http：//foreignpolicy. com/2012/06/27/pax-sinica-why-the-u-s-should-hand-over-afghanistan-and-central-asia-to-china/，2015- 09-10.

26. 葛剑雄详细考证了中国的统一与分裂问题时，得出一个粗略的统计：如果以历史上中国的最大疆域为范围，统一的时间是 81 年（1759 平定天山南北路至 1840 鸦片战争），大约只占秦统一（公元前 221 年）至晚清灭亡（1911 年）两千多年的 4%。如果把基本上恢复前代的疆域，维持中原地区的和平安定作为标准，统一时间约 1 千年，也只占总数的 48%。葛剑雄：《葛剑雄文集 1 · 普天之下》，广东人民出版社 2014 年版，第 25—26 页。

27. 比如，雍正说：“上天厌弃内地无有德者，方眷命我外夷为内地主”（清世宗：《大义觉迷录》第 1 卷，载中国社科院历史研究所清史研究室编：《清史资料》第 4 辑，中华书局 1983 年版，第 5 页）。

28. ［隋］王通：《中说 · 卷五 · 问易》，载张沛：《中说译注》，上海古籍出版社 2011 年版，第 141 页。

29. 张沛：《中说解理》，北京大学出版社 2013 年版，第 225 页。

30. ［英］亚当 · 斯密（Adam Smith）：《原富》，严复译，商务印书馆 1981 年版，第566页。

31. ［北宋］石介：《徂徕石先生文集》，卷10，中华书局1984年版，第116页。

32. ［美］费正清（John K. Fairbank）：《中国的世界秩序：一种初步的构想》，载陶文钊编选：《费正清集》，林海、符致兴等译，天津人民出版社1992年版，第5页。

33. John K. Fairbank, "Tributary Trade and China's Relations with the West", *The Far Eastern Quarterly*, Vol. 1, No. 2, 1942.

34. John K. Fairbank, *The Chinese World Order: Traditional China's Foreign Relations*, Cambridge: Harvard University Press, 1968, p. 3.

35. ［日］内藤湖南：《燕山楚水》，吴卫峰译，中华书局2007年版，第218页。

36. 余英时：《文史传统与文化重建》，生活·读书·新知三联书店2012年版，第139页。

37. 冯友兰：《中国哲学简史》，涂又光译，北京大学出版社1996年版，第163页。

38. 章太炎：《救学弊论》，《华国月刊》第1卷第12期（1924年8月15日），转引自姜玢编：《革故鼎新的哲理——章太炎文选》，上海远东出版社1996年版，第542页。

39. 黄时鉴：《从地图看历史上中韩日"世界"观念的差异——以朝鲜的天下图和日本的南瞻部洲图为主》，《复旦学报（社会科学版）》2008年第3期。

40. 赵朴初：《佛教与中国文化的关系》，《文史知识》1986年第10期，第3页。

41. "朝贡关系所包含及机能的范围并不限于东亚地区。"参见滨下武志：《东亚国际体系》，载山本吉宣主编：《国际政治理论》，王志安译，上海三联书店1993年版，第47页。但东亚地区表现最为突出，因此本文以东亚秩序作为天下秩序的典型加以论述。

42. 客家先民从中原到南方，再从南方客居地辗转到海外，在中国南方及海外地区形成一个庞大的客家族群体系。亨廷顿认为："客人这族，是中华民族的精华。"转引自章夫等：《天下客家》，四川辞书出版社2005年版，第

13 页。

43. 对这一看似自相矛盾的概念有诸多争议。但是新加坡、中国香港和台湾（地区）、韩国和日本所保留的中国传统生活方式和传统文化确实与商业文明很好地融合在一起。

44. [明] 顾炎武：《正始》，《日知录》上，卷 13，黄汝成集释，第 756—757 页。

45. 参见梁漱溟：《中国文化要义》，学林出版社 1987 年版，第 166 页。

46. [清] 王夫之：《读通鉴论》中册，卷 13，中华书局 2009 年版，第 352 页。

47. 同上书，第 429 页。

48. [日] 滨下武志：《东亚国际体系》，载 [日] 山本吉宣主编：《国际政治理论》，王志安译，上海三联书店 1993 年版，第 46 页。

49. 美国麻省理工学院教授、中国研究专家白鲁恂（Lucian Pye）说："中国是佯装成国家的文明。" Lucian Pye, "China: Erratic State, Frustrated Society", *Foreign Affairs*, Vol. 69, Issue 4, 1990, pp. 56-74。民国初年罗素（Bertrand Russell）在上海演说时就说过"中国实为一文化体，而非国家"，这个说法得到陈嘉异、梁漱溟等的赞赏。Luo Zhitian（罗志田）："From 'tianxia' (all under heaven) to 'the world': changes in late Qing intellectuals' conceptions of human society", *Social Sciences in China*, Vol. 29, No. 2, May 2008, pp. 93-105.

50. [美] 基辛格：《大外交》，顾淑馨等译，海南出版社 1997 年版，第 60 页。

51. 傅斯年：《历史语言研究所工作之旨趣》，载《史料论略及其他》，辽宁教育出版社 1997 年版，第 43 页。

52. 王明珂：《华夏边缘：历史记忆与族群认同》，社会科学文献出版社 2006 年版，第 204—205 页。

53. 清朝真正形成了近代中国多民族国家的认同。"清史一半以上的内容就是所谓的民族史和边疆史"，如果仅仅把中原内地的历史视为某一朝代的正史，甚至认为只是这一时期"正史"的附属内容，那么将会"歪曲历史，小化中国，矮化中华，这无疑是大错特错"。乌云毕力格主编：《满文档案与清代边疆和民族研究》，社会科学文献出版社 2013 年版，前言，第 2 页。

54. 陈寅恪：《外族盛衰之连环性及外患与内政之关系》，载《唐代政治史述论稿》，商务印书馆 1947 年版，第 98 页。

55. 转引自内藤湖南研究会编：《内藤湖南的世界》，马彪等译，三秦出版社 2005 年版，第 226 页。

56. 葭森健介：《内藤湖南与京都文化史学》，同上书，第 226 页。

57. [美] 拉铁摩尔：《中国的亚洲内陆边疆》，唐晓峰译，江苏人民出版社 2005 年版，第 12、315、352 页。

58. [美] 巴菲尔德（Thomas J. Barfield）：《危险的边疆：游牧帝国与中国》，袁剑译，江苏人民出版社 2011 年版，第 3、113 页。本世纪初美国学者狄宇宙（Nicola Di Cosmo）持有和上述两位美国学者相同的观点，认为内亚地区"有其本身自主的、充满内在辩证性的、历史的以及文化发展的进程"。狄宇宙：《古代中国与其强邻：东亚历史上游牧力量的兴起》，贺严、高书文译，中国社会科学出版社 2013 年版，第 58 页。

59. [美] 巴菲尔德：《危险的边疆：游牧帝国与中国》，袁剑译，江苏人民出版社 2011 年版，第 114 页。

60. 同上书，第 4—5 页。

61. 同上书，第 12 页。

62. 同上书，第 17、391 页。

63. 任崇岳、白翠琴：《中国北方游牧民族源流考》，黑龙江人民出版社 2012 年版，前言，第 3 页。

64. 《史记》卷 150，《匈奴列传》第 50。

65. 宋、辽和金各自建立了以自己为中心的朝贡体系，同时期的交趾甚至将真腊和占城纳入自己的朝贡体系。黄纯艳：《宋代朝贡体系研究》，商务印书馆 2014 年版，第 22、115、259 页。

66. 1731 和 1732 年，两个赴莫斯科的中国使团向俄国安娜女沙皇行了跪拜大礼（[俄] 尼古拉·班蒂什·卡缅斯基编：《俄中两国外交文献汇编（1619—1792 年）》，商务印书馆 1982 年版，第 230 页）。

67. 万明：《明代中国国际秩序的演绎》，“文明的和谐与共同繁荣”北京论坛论文，2014 年 11 月，北京。

68. 明太祖在其训令中将日本列为十五个“不征之国”之一。朱元璋认为日本“虽朝实诈”，于是“绝之”（［明］朱元璋：《皇明祖训》，祖训首章，《明朝开国文献》，第 2 册，台湾学生书局 1966 年版，第 5—6 页）。明中期勘合贸易时期，日本被给予 10 年一次的朝贡贸易机会，这对于双边关系而言，几乎是可有可无的。明朝对日本朝贡贸易进行的严格限制参见郑若曾：《筹海图编》，中华书局 2007 年版，第 174 页。

69. 1635 年日本禁止海外移民之前曾自主地走向海外贸易。1613—1614 年，一支日本贸易探险队甚至横渡太平洋抵达墨西哥。17 世纪的头 30 年，日本人有 7 万人出国经商，移民海外者达 1 万人。［日］井上清：《日本历史》上册，天津人民出版社 1974 年版，第 325—327 页。最新的研究表明，日本在锁国之后并没有导致外贸的衰减。［德］弗兰克（Andre G. Frank）：《白银资本：重视经济全球化中的东方》，刘北成译，中央编译出版社 2008 年版，第 100 页。

70. 对抗性共建并不排除认同性。比如，公元 630 年，唐太宗被西北诸蕃尊称为“天可汗”，以后唐朝其他皇帝大多沿用过这一称呼。

71. 认同性构建并不排除对抗性。汉、隋、唐均讨伐过朝鲜；宋和明也和越南发生过几次战争。但是，中原王朝对周边发动的战争就其次数而言，远低于北方与中原王朝的战争。并且，朝贡国对中原王朝的文化认同占双边关系的主要地位。

72. Hedley Bull, *The Anarchical Society: A Study of Order in World Politics*, New York: Columbia University Press, 1977, p. 22.

73. ［美］基辛格：《大外交》，顾淑馨等译，海南出版社 1997 年版，第 747 页。

74. ［清］龚自珍：《主客司述略》，《龚自珍全集》上册，中华书局 1959 年版，第 118—119 页。

75. ［日］内藤湖南：《燕山楚水》，吴卫峰译，中华书局 2007 年版，第 138 页。

76. 同上书，第 138—139、149—150 页。

77. 康有为自叙《大同书》作于光绪甲申年间（1884年），参见《大同书》，中华书局1935年本卷首。然而，梁启超为说："（康有为）辛丑、壬寅间（1901—1902）避地印度，乃著为成书。"（汤志钧：《论〈大同书〉的成书年代》《〈大同书〉手稿及其成书年代》，载《康有为与戊戌变法》，中华书局1984年版，第108—133页）。正是在此时期，梁启超发表一系列言论，提出中文中的"中国民族""中华民族""民族主义"等概念，积极构建中国作为一个民族国家的身份认同。其主要代表作见《中国史叙论》（1901）、《国家思想变迁异同论》（1901）、《论民族竞争之大势》（1902）、《新民说》（1902—1906）、《论中国学术思想变迁之大势》（1902），等等。所谓"缺乏预见性"是指梁启超急于创设一个失去全球性秩序建构主张的中国，而无法预知后世中国戏剧性地企图重建天下秩序。

78. 国际关系的"公共产品供给—需求"利益交换关系理论参见：David A. Lake, "Anarchy, Hierarchy, and the Variety of International Relations", *International Organization*, Vol. 50, No. 1, 1996, pp. 1-33; "Beyond Anarchy, The Importance of Security Institutions", *International Security*, Vol. 26, No. 1, 2001, pp. 129-160.

79. 赵汀阳：《天下体系：世界制度哲学导论》，江苏教育出版社2005年版，第3页。

80. 柯岚安（W. A. Callahan）：《中国视野下的世界秩序：天下、帝国和世界》，《世界经济与政治》2008年第10期，第56页。

81. 也有激进的民族主义者的确主张中国"是一个天命所归的大国"，并且相信"上苍的这种安排一定是有它的用意的"。王小东：《天命所归是大国——中国：要做英雄国家和世界领导者》，江苏人民出版社2008年版，第34页。有的主张与其他文明共同创建"今天的天下主义"。参见盛洪：《为万世开太平（增订版）》，中国发展出版社2010年版，第47页。

82. 夏明方：《十八世纪中国的"现代性建构"——"中国中心观"主导下的清史研究反思》，《史林》2006年第6期，第136页。

83. 金观涛：《观念史研究：中国现代重要政治术语的形成》，法律出版社2009年版，第250—251页。

第二章　东亚国际关系体系的历史演变

姚锦祥

导　读

欧洲国际关系体系和中国式的东亚国际关系体系存在本质的不同，西方以国家主权至上为核心，中国以朝贡体制为核心；西方强调力量优势，中国强调文化优势。但是也不尽然，在中国的国际体系中也存在国家力量和国家尊严的重要性；东亚国际关系发展的内在动力主要来自中日关系的矛盾以及边缘地带对中国的影响，这些是独立于欧洲冲击的东亚国际关系内在发展的主要动力。

国际关系体系理论

国际关系的分析层次

国际关系学科是社会科学的一个范畴，因此在研究的过程中应该具备科学的基本特征和功能，即通过有效的方法创立并发展表述、解释和预测客观事物的理论。正因如此，理论体系和方法论就成为任何一门科学不可或缺的两个因素，而研究者的重要工作就是找出涉及国际关系的两个或多个变量，并发现这些变量之间的因果关系。就此而言，层次分析法（level of analysis）是一种比较行之有效的科学研究方法。[1]

肯尼思·沃尔兹是最早使用层次分析法的代表学者之一。他在其著作《人，国家与战争》中提出分析国际关系的三个层次，即决策者个人层次、国家单元层次和国际体系层次。[2]1960 年，戴维·辛格在《国际关系中的层次分析问题》一文中指出，层次分析法是国际关系研究的重要方法，其中国际体系是最全面、最具综合特征的层次，使研究人员能够从宏观上把握国际关系的规律。而国家则是微观层次，可以使研究人员分析国家政策和行为的细节。国家层次的描述能够为国际关系提供更为丰富的细节描述和更让人满意的解释，而体系层次的优势在于它拥有更强的预测能力和更加简洁的方法论体系。[3]

后来还有许多学者对层次分析的方法进行修正，但总的来说就是层次越分越细。比如美国学者布鲁斯·拉西特认为六个层次的划分更好，即决策者个人、决策者角色身份、国家政府、国内社会、国际关系、世界系统。[4] 随着层次的细化，不可避免地导致各层次的边界相互重叠、互为因果，影响理论的建构，这一点值得我们高度注意。

在社会科学中，我们判断一个理论好坏的标准就是其解释力的大小，一般来说，结构性理论比个体性理论具有更强的解释力。这为我们思考相关问题提供了很大的启发，我们应该如何认识体系理论在分析国际关系问题中的优越性呢？体系理论所具有的这种优势“重要”吗？这都是我们在建构国际关系理论中必须思考的问题。

沃尔兹借鉴物理学中“力场”与经济学中“看不见的手”的概念，认为国家的行为是由国际政治体系的“结构”来决定的。他认为国际体系处于无政府状态，这与国内体系的“等级制”截然不同，而国际社会中单个国家之间的能力对比就构成了国际结构的具体形态。由于“单极”“两极”“多极”国际结构的不同，国家行为因而展现出具体的特点。实际上国内政治变量的重要性取决于体系所给予的国家行为的自由度，一个国家在国际关系中最重要的特征就是它在国际体系中的相对位置。

除此之外，简约性也是理论的一个重要特征，并且它与理论的解释力也密切相关。简洁理论的解释范围往往是最广泛的，而那些附带许多具体条件的理论，虽然可以对某些特殊事件做出完整的解释，但是其解释范围必然会受到很大的限制。对此沃尔兹的经典论述是：“解释力是通过远离现实而非贴近现实而获得的。描述越完整，解释力就越小，而一个简洁精致的理论最富解释力。”[5] 因此，理论只能通过简化来建立，简化使得发挥作用的核心要素得以彰显，并揭示出必然的因果联系和相互依赖关系，这也是体系理论所具有的一个显著特点。

按照上文所说，体系理论具有更强的解释力，那这是不是意味着我们应该放弃个体性理论呢？当然不是。在宏观的国际体系层面，当我们思考一种国际结构与国际结果之间的关系时，毫无疑问必须坚持结构性理论，以国际结构作为核心变量。但是当我们涉及具体的国家行为，即外交政策领域时，我们必须更多地考虑非结构变量的影响。因为毕竟没有一种变量可以解释所有的问题，也不可能有一种变量可以完全独立地发挥作用而不受其他变量的影响。因此如何把结构主变量和其他附属性的个体变量巧妙地结合起来，是我们面临的迫切问题。[6]

国际体系的基本概念

本章所围绕的内容是东亚国际关系体系的历史演变，然而在“国际体系”这一基本概念上，更多是引用西方国际关系学界的说法。有的观点认为，国际体系是各种或者一组政治变量的国际关系组合以及各种组合的相互作用。[7] 而结构现实主义者们对国际体系的描述更为明确，即国际主要力量配置构成以及这种力量互动关系的组合体。[8] 这派观点成为当前国际关系研究中的主流，并且对于许多现实问题拥有较强的解释力。当然，除了这种强调“实力”等物质力量的理论学派之外，建构主义学者认为，认知、观念及其互动关系也构成了国际体系的重要因素。

有中国学者在西方研究的基础上总结道：国际体系是由政治单位组成的，它们具有互动性或竞争性，并且这种互动是循着某种既定的规则进行的。[9] 从这个概念出发，我们可以看出国际体系包括结构和单元两个层次，但研究的重点在结构层次上，即抽象的单位互动上。也就是说，应当超越具体国家之间的互动关系，而去探索国际体系本身的作用和运行规律是什么。我们探讨东亚国际关系体系的历史演变，也就是尝试阐述东亚国际体系发展的内在规律和内在动力，这一点对我们摆脱西方强势观念的制约、探索未来东亚的发展道路具有重大的意义。

那么到底哪些因素影响了国际体系的形成呢？一般而言，主要包括以下几个变量，即国家行为者的数量、各个国家行为者相对的大小、地缘政治意义上的国家群体、国家行为者之间的联系或者互动以及相互依赖的性质或者程度。因此我们在思考东西方国际体系的演变时，需要考虑以上这些变量发生了哪些具体变化，而东西方发展的不同路径又是在哪些关键变量上存在着差异。

结构现实主义的体系理论

结构现实主义明确地区分了体系层次与单元层次，试图从整个国际体系出发去寻找原因，考察问题。由于无政府状态的存在，国际体系中的国家在功能上没有太大的分化，是一种“相似的单元”。也就是说，国家虽然在领土、政治制度、社会文化等方面千差万别，但这些差别只是同类单元之间的差别。国家虽然不完全相同，但都面临着相似的任务，即维护国家的生存与安全。因此只存在能力大小的差异，在功能上则是一致的。这种假设使得理论中自变量和因变量的定义都异常清晰，而不需要再去考虑国家内部复杂的政治、经济、文化特征。[10]

结构现实主义者关注的核心是实力的分配，主要是大国的力量配置问题，大国力量的变动会引起体系结构的变化。因此是体系结构决定了国家行为而非单元的自然属性。体系带来了单元特征的变化，并产生国家无法控制的作用。单元实力配置的变化就是体系的变化，也是确定体系更换的主要指标。

新自由制度主义的国际体系理论

新自由制度主义实际上创造了一种以体系进程为分析框架的理

论（process formation），它认为这是一种处于体系和单位层次之间的独立分析层次。这一点与结构现实主义有所不同，也就是说它强调体系进程中非结构性动机、交流和合作能力的变化。[11]随着非国家行为体的发展、经济相互依赖的不断深化，国家的自助性和自私性必然趋于淡化，因此由众多单一性国家引出的无政府组合原则就变得不再突出，国际关系的发展趋向于制度化。

在新自由制度主义者看来，所谓的“复合相互依赖”并不仅仅是单元层次的现象，而是在交往和互动达到一定高度和密度之后的一种跨国现象。也就是说国家和跨国行为体在一个合作与相互依赖的全球网络中连接了起来，这也是一种体系上的变化。这一理论观点的重要意义在于，今后国际体系不会因为大国权力分布的变化而发生本质的变动，即使这种权力结构不复存在，相互依赖与国际规则可以保证国家的合作和体系的运作。[12]

建构主义的国际体系理论

建构主义是一种非物质的体系理论，在它看来，观念不是和其他物质性变量并列的变量，而是决定性的变量。制度、规范，国家利益与身份都是一种观念现象，是共有的思想模式。它甚至质疑了以往国际体系无政府状态的假设，认为这是人为观念建构的。对于一个国家来说，利益是由观念建构的；权力则既由观念建构，也由利益建构，但观念仍是最大的决定因素。

建构主义者看来，国际体系与国家之间的关系不是因果关系，而是建构关系。这种建构关系集中表现了结构属性怎样构成了单位属性（身份和利益），即国际体系文化怎样使国家成为国家、怎样使国家产生了利益，这是一种“建构”关系。这样一来，国家的身份和利益就不是给定因素，而是需要研究的问题。其代表人物亚历山大·温特认为，考虑国际体系文化对国家身份和利益的建构作用是建构主义理论的最大贡献。[13]

东西两种国际体系的比较

近代欧洲国际体系的演变

威斯特伐利亚体系

威斯特伐利亚体系是17世纪后半期至18世纪末欧洲的国际体系，它是欧洲三十年战争和威斯特伐利亚和会的产物。它最为重大的意义就是破除了中世纪以来以罗马教皇为中心的神权政治体制，确立了主权平等和独立的民族国家所组成的国际社会，从而奠定了欧洲国际关系新的基础。[14]

因此，在近代欧洲国际体系形成的初始期，通过三十年战争，中世纪垂直的国际体系已经被打破，欧洲朝着一种新的构建定理组成的国际体系前进，而这种新的国际体系正是随着民族国家的成熟而完善起来的。[15]民族国家平等地崛起于无政府、无权威的国际环境中，以一种全新的身份构成了体系的基本特征。

那么这一时期国际体系的主要特点是什么呢？又是怎样对各主权国家发挥作用呢？首先它打击了哈布斯堡王朝的力量，使欧洲各国间力量达到平衡，形成了某种均势格局，此后均势原则成为处理国际关系中的基本原则，并影响了之后国际体系的发展变化。其次，威斯特伐利亚和会对近代国际法的建立和发展起了重要的促进作用。各国开始谋求以国际会议的形式解决争端和结束战争，确立了一系列国际关系的基本准则，创立了条约必须遵守、对违约国可施行集体制裁的案例，同时也开始确立常驻外交代表机关的制度。

法国大革命及其后的拿破仑战争彻底打破了该体系的基本力量格局，威斯特伐利亚体系解体。但威斯特伐利亚体系的确立开启了主权国家作为基本行为主体的近现代国际关系体系的大门，该体系后来扩大到世界范围，其影响一直延续到现在。

维也纳体系

维也纳体系是法国在拿破仑战争中失败和维也纳会议的产物，欧洲各国1814年9月至1815年6月在维也纳举行会议，根据新的实力对比安排欧洲的新秩序。它为欧洲大国之间的关系创造了一种政治军事力量的平衡，使欧洲大国在19世纪中管辖的领土有大致相等的面积。希望通过英、法、俄、普、奥五大国之间的实力均衡，导致欧洲的安宁和繁荣。

均势原则、正统主义、补偿原则是维也纳体系中的基本原则，全欧洲所有主权国家都被包括在一个国际体系之中，其中海上强国英国和东欧强国俄罗斯成为这一体系中的重要成员，欧洲大陆均势体系的运作极大地依赖于两翼大国的调节和干预。[16]英国竭力防止欧陆统一，从而对自身的生存和商业体系造成损害，但同时它自身也并未拥有一支强大的陆军，对欧陆并未构成实质性的威胁，因此它努力扮演好“平衡手”的角色。而另一边的俄国作为大陆强国，不能容忍任何国家取得区域霸权，因为这不仅会危及俄国和东欧的利益，同时也危及俄国自身的生存。[17]

但需要强调的一点是，大国无视若干年来法国革命思想所引起的欧洲各国民族主义的愿望和民主改革的要求，把小国的土地和人口当作政治交易中的筹码。被压迫民族的正义呼声暂时受到复辟王朝的压制，然而压制时间越长，压制程度越过分，民族的反抗力量也就越大，民族主义问题终于成为19世纪以来欧洲重大的政治问题。[18]维也纳体系建立之后，欧洲一百年没有发生全面战争，维持了相对稳定，但局部战争不断，各国之间的矛盾和实力对比局面悄然发生变化，1914 年第一次世界大战的爆发标志着维也纳体系的彻底结束。

第一次世界大战表明欧洲国际体系经过多年的矛盾运动又要发生新的变化，全球国际社会已经到来。美国、日本以及其他地区和国家已成为重要的国际力量，影响了欧洲国际政治的走向。更复杂的全球性的经济、政治和意识形态的矛盾出现了，欧洲已不再是世界的中心，而是成为全球范围国际体系的一个组成部分。

东亚国际关系体系的特点

东亚朝贡体系

朝贡体系，是自公元前 3 世纪开始，直到 19 世纪末期，存在于东亚、东南亚和中亚地区的，以中国中原帝国为主要核心的等级制网状政治秩序体系。在朝贡体系影响下，东亚地区逐渐形成一个以汉字、儒家、佛教为核心的东亚文化圈。在当时交通不便的条件下，朝贡体系成为保持中国与邻国友好稳定关系的框架，促进了相互之间的文化交流，并且是相互之间贸易的一种形式。

朝贡体系是一个以中国为中心的体系，它在经济上基于朝贡贸易，政治上体现为宗主国和藩属国的外交关系。而它的意识形态结构由三个层面构成，包括儒家思想、天下观和华夷秩序，而其功能包括提供政治合法性、保持体系内经济繁荣以及维护地区稳定。针对所谓的“天下观”与“天下体系”，许多学者又展开了进一步的探讨。[19]赵汀阳认为，天下帝国根本上就不是个“国家”，而是一种政治文化制度，或者说是一个世界社会。中国关于政治社会各种单位的层次结构，即“家—国—天下”的结构，意味着一种比西方分析单位结构更广阔，因此更有潜力的解释框架。[20]李扬帆认为，由于中国传统上的天下观念和朝贡体制是建立在东亚地区中国独一无二的文化优势基础上的，而当中国的这个传统从体制上崩溃以后，由于它是建立在根深蒂固的文化传统上的，它的影响也是深远的。我们不得不耗费百年以上的时间从传统体制的瓦解中重新探索适应性的道路。[21]当然，也有人从西方国际关系理论入手，探讨它与英国学派中国际社会的关系，认为朝贡体系是东亚广泛的社会秩序的基本制度构造。只有当这些基本制度与共同制度实践成为共享的规范、习惯，构成中华帝国和其他组成这一体系的国家之间的深层游戏规则时，朝贡体系才构成一种社会结构，成为东亚国际社会的表现。[22]

中国的国际关系学者很早就认识到朝贡体系的特殊性和重要性，有学者认为它是建立国际关系的中国学派的一个重要思想渊源，因此很多人把关注点集中到这里并取得了许多研究成果。[23]东西方的国际关系体系存在着本质的不同，东方以朝贡体系为核心，强调文化优势，但同时也存在着国家力量和国家尊严的重要性。因此，除了从哲学思想出发以外，还应当从体系理论入手，探讨东方体系的特点和发展的动力，在体系与单元的互动中寻找我们的创新点。

东亚朝贡体系的特点

其一，中国主导下的和平。如上文所说，东亚朝贡体系具有鲜明的等级制，中国是该体系中占有主导地位的国家，其他国家则附属于中国。邻近国家只要向中国皇帝“称臣纳贡”，双方就可相安无事。中国还可应邀向当时的藩属国提供保护，如明清时期都曾应朝鲜的邀请，派军入朝与朝鲜军队共同抗击日本入侵。在历史上，在中国强大与稳定的时候，东亚地区一般比较稳定。但是，当中国软弱无力或内乱分裂时，东亚地区则往往陷入动乱之中。[24]

其二，“天下主义”与“和平主义”的外交倾向。天下帝国根本上就不是个“国家”，而是一种政治文化制度，或者说是一个世界社会。天下理论的重要性在于，它把“世界”看作是一个政治单位，一个最大并且最高的政治单位。“天下主义”有和平主义倾向，将各民族视为文化的共同体。陈黯的“华心说”认为：“夫华夷者，辨在乎心，辨心在查其趣向。生于中州而戾乎礼义，是形华而心夷也；生于夷域而行合乎礼义，是形夷而心华也。”[25]中国古代人看重的是对周边民族的文明教化，而不是用武力迫其臣服。虽然中国古代一些朝代的统治者曾多次对一些邻国发动过战争，但在明朝建立以后，这种战争大为减少。同时，中国在绝大多数情况下并不愿干涉这些国家的内政，各藩属国只限于对中国采取通商和文化交流的朝贡关系，而不是实际负有条约义务的政治从属关系。[26]

其三，以“礼”为核心调节和约束国家之间关系。中国古代许多朝代的统治者主张“克己复礼”，其主要目的之一是为了维护其统治下的国内秩序。同时，他们也建立了一整套以“礼”为核心的外交机制，以此来调节和约束中国与其他国家之间关系。朝贡体系长期以来也是中国史学界关注的对象，近年来出现了一批引人注目的研究成果。主要关注于中国各朝与外邦交往的礼仪与规章制度在组织与功能上的演变，即中国在对外关系上的一整套礼仪制度、官僚体制及文化表述的历史发展过程。这主要体现出中国处理对外事务的制度性建设，实际上是中国“和而不同”世界观的一种国际机制化安排。

东西方国际体系的比较

行为体的互动模式

在近代欧洲的国际体系中，其基本的行为主体是具有主权的民族国家。某种意义上来说，这意味着各国在国际法意义上的平等，是历史的进步。不可忽视的是，近代欧洲正处在资本主义发展的初期，许多工业部门出现新的技术发明和改进，有力地促进了生产力的发展和资本的原始积累。因此欧洲各国在政治、军事、文化、经济领域的交流异常活跃，对外贸易、金融货币体系都得到了巨大的发展。

政治方面，各国开始积极进行各种外交活动，这一时期的“宫廷外交”和“秘密外交”格外活跃，大国协调也成为一种常态。文化方面，在打破了神权一统天下的局面后，欧洲各国在思想、文化等领域的交流呈现活跃的趋势，文化传播的自由也直接推动了后来“启蒙运动”在欧洲的兴起。军事方面，由于体系始终只是暂时压制国家之间的冲突，为争夺权力和利益，欧洲各国之间的战争时有发生。[27]

而反观东亚国际体系，它是一种以中国中原帝国为主要核心的等级制网状政治秩序体系。中国作为宗主国和周边的藩属国共同构成了该体系中的行为主体，尽管在名义上藩属国必须依附和顺从宗主国，但很多情况下这种要求并不具有强制性，它们内部的自主权也不因此而被剥夺或侵蚀，即所谓“王者不治夷狄”[28]。因此，这与近代欧洲的民族国家体系还是有很大区别的。

朝贡体系的互动模式主要以朝贡制度为依托。朝贡制度是双向的，包括宗主国对藩属国的“遣使册封”和藩属国对宗主国的

“称臣纳贡”。通过这种制度，宗主国与藩属国之间长期维持了比较稳定的关系。藩属国在称臣的条件下从宗主国获取大量经济利益，宗主国则旨在维系其政治上的权威地位和体系内的和平。同时，中国文化也不断对周边藩属国造成影响，形成所谓的儒教文化圈，构成了后来东亚各国发展模式的文化和心理基础。[29]

体系的权力结构

近代欧洲经过三十年战争，基本维持了一种均势的权力结构。马丁·怀特在他的《权力政治》一书中所说，人类社会任何相互竞争的组织机构，“自然而然都会出现平衡的问题”[30]，而均势正是这一原则在国际政治范畴的体现。在欧洲近代的历史上，我们可以看到当一个支配性的强国出现时，许多国家就会联合起来以共同应对这股支配性的力量，均势原则在这里发挥了重要的作用。一般来讲，均势的功能大致有两种：一是确保以主权国家为基本单元、以相互承认主权的独立和平等为根本原则的国际体系的稳定延续；二是确保这一体系中大多数成员国的独立生存，即保持它们作为主权实体所必须具备的各项根本属性。[31]

但我们在研究欧洲均势问题时，也应注意到均势原则的两大根本前提是大国倾向和欧洲中心倾向，因此无论在国际政治还是外交政策的层面上均势论都具有一定的狭隘性[32]。20 世纪德国的历史学家路德维格·德约对这一研究范式进行了修正，他认为均势的政治现实是近代欧洲国家体系特定地理政治环境的产物，其主要特征是欧洲大陆东西两翼的国家不断地干预欧洲局势，从而阻止了多次出现的区域统一倾向。[33]

东亚国际体系在我们的印象中是以中国为中心的等级体系，是中国国内上下、尊卑的等级结构在对外政策上的延伸。因此朝贡体系的结构就是这样一种以中国为中心向四周逐渐辐射，又从四周向中心逐渐凝聚的差序等级结构。

但我们应该注意的是，朝贡体系不是一个近代西方意义上的殖民体系或者不平等体系。作为体系中心的中国，无意于征伐和军事占领，其目的仅是要求周边国家承认并尊重其至高无上的地位，从而维系一种上下、尊卑的内外秩序。体系内的其他国家拥有相当大的自主权，中国作为宗藩体系的权威国家，尽管有时候要履行对藩属国的册封等程序，有维护体系内的秩序和稳定的义务，但极少干涉他国内政。因此，这种等级结构确切地说是一种权威等级结构，与西方国际关系理论中的权力等级结构尚有区别。[34]

体系的组织原则

近代欧洲国际体系是以国际法来调整国家之间关系，国际法基本原则是在近代以来的国际关系中形成的，并随着国际关系的发展而日趋完善。被西方国际法学者称为“国际法之父”的格劳秀斯于1625年发表《战争与和平法》，将自然法世俗化并使其从神学中解放出来，奠定近代国际法的基础。这使稍后建立的近代欧洲国际体系能够用国际法来调整国家之间的关系。特别是18世纪末以后，随着欧洲国际关系的演变，国际法有很大发展。

而正如上文所说，朝贡体系中是以“礼”的规范加以约束和调整上下关系的。许多研究在关注中国各朝与外邦交往的礼仪与规章制度在组织与功能上的演变，即中国在对外关系上的一整套礼仪制度、官僚体制及文化表述的历史发展过程。这主要体现出中国处理对外事务的制度性建设，实际上是中国“和而不同”世界观的一种国际机制化安排。

在东亚的朝贡体系内，中心是作为宗主国的中国，四周拱卫着大大小小的藩属国，由内向外、由外向内，构成一种有序的宗藩网络。理论上，宗主国和藩属国之间有着明确的职能分工，根据不同的地位来划定不同的权利和义务。[35]

近世东亚国际关系发展的内在动力

在中国史的研究中，出现了从“冲击—反应”到“传统—近代”再向“中国中心观”的迈进，这一发展路径对我们思考东亚国际体系的发展也有影响。毫无疑问，西方的到来是近世东亚国际体系发展的重要因素，但我们试图在这里寻找东亚体系变革的内在变量。即站在东亚看东亚，树立某种东亚史观和寻找东亚的自主性。

中日矛盾带来的影响

朝贡体系下的中日交往

公元1、2世纪，邪马台国遣使洛阳，魏明帝曹睿封其女王为“亲魏倭王”。公元413年，统一了日本的大和国主动与中国建交，此后进入南北朝时期，日本依然不断请求册封，以满足自身的物品需求，同时还请求包括朝鲜半岛南部在内的封号，企图将势力拓展至朝鲜。大化改新之后，儒学思想传入日本，华夷之别的思想对日本也造成了一定的影响。

圣德太子时期竭力推行平等自主的外交政策，开始在中国皇帝面前自称东天皇，并称隋皇帝为西皇帝，为的是能与隋朝保持平等的关系，并通过能与中国建立对等的国际地位，来显示其在国际地位上优越于新罗、百济（朝鲜半岛的小国家）。

尽管日本力图在与隋朝的交往中坚持对等立场，但中国与日本之间在实力上存在着悬殊差距是其所不得不正视的事实，隋唐时期日本其实仍然置身于册封体制之下，而并没有因此从这一不平等的国际体系中跳出。公元 894 年废止了遣唐使后，日本真正试图从朝贡体系中跳出来，日本对外关系的态度也开始由开放转为保守，而怡然自得地享受起孤岛独有的安宁。

进入元朝后，忽必烈三次侵日均告失败，但日本没有与元帝国结成册封关系。不过日本的表现仍没有改变日本依然置身于东亚朝贡体系之中的现状。

室町幕府时期，日本又开始向明帝国治下的朝贡体系回归。足义利满稳固政权后，为了获取对华贸易的财源，同时为了稳固国内政权，开始全面接受华夏朝贡体制，加入了明朝的册封体制。尔后，日本进入战国时期，两国正常贸易往来再次中断，日本又回到了孤立的状态，置身于体制外而我行我素。日本一些沿海地区的领主、大名开始组织家人、武士、浪人和民众到朝鲜、中国沿海劫掠，以海盗为生。由于倭寇的横行，日本遭受到东亚体系的否定，又被抛到了体系外。

到了丰臣秀吉时代，日本与东亚国际体制的摩擦进一步加剧。为了夺取市场，日本提出了征服朝鲜，占领中国、印度，称霸亚洲的“宏伟蓝图”，首先就是试图通过武力侵略，敲开被大明朝闭锁的朝贡大门。侵略朝鲜的最终目的乃在于从朝鲜尽可能劫掠一些财货，并逼使明朝同意恢复朝贡贸易。丰臣秀吉在朝鲜休战和谈的七个条件中，要求恢复朝贡，希望能参加到中华世界体系中，分享到因此举而带来的好处。这无疑是日本外交的一种进步，尽管使用的手段不同，但要达到的目的（获利）是相同的。

江户时代，德川幕府没有同明、清两王朝建立册封关系，但日本的对外战略考虑依然是以中国为主要参考系数，根据中国的对外原则来调整自己的对外战略。

江户幕府实行的长达近270年的锁国政策，有学者指出就是受到了中国的影响，因为明清时期采取了“海禁”和封关自闭的做法，而这也是明代以后东亚国家所共有的。因此，日本的闭关自守政策只是顺应了那个时代的主流趋势而已。

日本对朝贡体系的影响

日本远离东亚政治权力中心，养成了它进出随意的性格。对它有利时，则对华夏帝国称臣；对其不利或无利可图时，则避而不见，甚至是鞭打来使。而中华帝国对其反复无常的态度，也没有更好的办法。

值得注意的是，日本长期以来一直受到华夏文明和朝贡体系的影响，因此即使加入到西方主权国家体系后，观念上依然沿袭着传统的东亚国际政治理念并试图构筑起以日本为中心的国际关系体系。这是近世东亚国际关系发展的重要动力，日本通过明治维新实现了迅速崛起，并在甲午战争后打破了长期由中国主导的地区体系，从根本上动摇了东亚朝贡体系的基础。

1879年日本吞并或侵占了琉球，1895年占领台湾，1910年占领朝鲜，1931年攻占了中国东北，1937年又攻占了大半个中国，1941年太平洋战争爆发后日本又占领了整个东南亚地区，逐步形成一个以日本为中心，包括众多殖民地和附属国的政治、经济、军事体系，即所谓“大东亚共荣圈”。日本在贯彻其战略意图的同时，一步步冲击原有的地区体系，这是东亚国际关系发展中的一个重大转折。

边缘地带的影响

中国传统的边疆理念

其一，大一统的“天下观”。由天子统领天下，外及四海，其下是诸侯管辖的城邦，城邦之内为卿大夫治理的家，这是中华民族凝聚力最根本的思想基础。大一统的天下观，既是指古代天子对于领土与疆域的一种观念，同时它还含有天子对其他各民族的统治的思想。

其二，服事观。所谓周有五服：“邦内甸服，邦外侯服，侯卫宾服，蛮夷要服，戎狄荒服。”服事观肯定了中央集权制政治统治核心的存在及其社会作用，同时反映了由核心逐渐向周边扩散的政治结构，事实上治与不治的区别总是相对而言的。

其三，华夷观。华夷观也是一种“内外有别，亲疏不同”的家族宗法观念在我国古代民族与边疆观念上的反映。

边缘地带观念的转变

这种转变也就是说不再是中国面向外部世界的单向互动，简单地将外部世界纳入中华帝国体系，而是将自身纳入全球体系来思考自己的空间地位。帝国之舆地学完成了从国内意义向国际意义的转变，产生了近代的地缘政治思想。

清代是近代国家意识逐步形成的时期，康熙皇帝对地理学的发展发挥了重要影响，康乾时国家进行大地测量，编修地理著作和地图。许多官员、学者参加了舆地学研究，学术大发展，出现了不少著名地理学家和著作。

如在西北方向上，产生了《西域置行省议》《上镇守吐鲁番领队大臣保公书》《蒙古图志》，应对俄国威胁和新疆“回乱”。在西南方向上，《汉西域图考》曾经记载："西北海滨之人，以夺据天竺，距云南仅千余里……呜呼！其为中国患如此，而中国之人，茫然不知所自来，可不大哀乎?"这里所指的威胁，其实就是如日中天的英帝国。而在东南沿海方向上，出现了《海录》《海国纪闻》等，开始关注东南沿海的潜在危机。

清朝时期进行了某种"民族—国家"的建设，旨在消灭内部的夷夏差异，这与西方强调民族特殊性、民族自决不同。在此基础上，中华帝国内部主权观念上升，并开始思考是否将西北方向应对俄国的外交模式用于对沿海诸国，建立一种新的与藩属国的关系模式。这一转变也对近世东亚国际体系的演变产生了重大影响，传统意义上中国的绝对主导地位和与其他国家的"臣属关系"受到了巨大冲击。

注释

1. 秦亚青：《层次分析法与国际关系研究》，《欧洲》1998 年第 3 期，第 4 页。
2. [美] 肯尼思·沃尔兹：《人，国家与战争——一种理论分析》，倪世雄等译，上海译文出版社 1991 年版，第 1—13 页。
3. J. David. Singer, "The Level-of-Analysis Problem in International Relations", *World Politics*, Vol. 14, No. 1 (Oct. 1961), pp. 80-81, 89.
4. [美] 布鲁斯·拉西特、哈维·斯塔尔：《世界政治》，王玉珍等译，华夏出版社 2001 年版，第 11—14 页。
5. [美] 肯尼斯·华尔兹：《国际政治理论》，信强译，上海人民出版社 2003 年版，第 9 页。
6. 宋伟：《国际关系理论》，上海教育出版社 2011 年版，第 130—133 页。
7. [美] 詹姆斯·多尔蒂、小罗伯特·普法尔茨格拉夫：《争论中的国际关系理论》，世界知识出版社 1987 年版，第 146 页。

8. Kenneth Waltz, *Theory of International Politics*, Addison-Wesley Press, 1979, pp. 71-72.

9. 刘鸣：《国际体系——历史演进与理论的解读》，中共中央党校出版社 2006 年版，第 1—3 页。

10. 宋伟：《国际关系理论》，第 92 页。

11. ［美］亚历山大·温特：《国际政治的社会理论》，秦亚青译，上海人民出版社 2000 年版，第 186—187 页。

12. 刘鸣：《国际体系——历史演进与理论的解读》，第 149—155 页。

13. 秦亚青：《权力·制度·文化——国际政治学的三种体系理论》，《世界经济与政治》2002 年第 6 期，第 9 页。

14. 王绳祖：《国际关系史》第一卷，世界知识出版社 1995 年版，第 63 页。

15. Charles W. Kegley, *From War to Peace: Fateful Decisions in International Politics*, Peking University Press, 2003, p. 45.

16. Ludwig Dehio, *Germany and World Politics in the 20th Century*, New York: W. W. Norton & Co., 1959, p. 38-71.

17. Ludwig Dehio, *The Precarious Balance*, London: Chatto & Windus, 1963, p. 102.

18. 王绳祖：《国际关系史》第二卷，世界知识出版社 1995 年版，第 14—16 页。

19. 简军波：《中华朝贡体系观念结构与功能》，《国际政治研究》2009 年第 1 期，第 132—133 页。

20. 赵汀阳：《“天下体系”帝国与世界制度》，《世界哲学》2003 年第 5 期，第 6 页。

21. 李扬帆：《“天下”观念考》，《国际政治研究》2002 年第 1 期，第 114 页。

22. 张勇进、巴里·布赞：《作为国际社会的朝贡体系》，《国际政治科学》2012 年第 3 期，第 41 页。

23. 秦亚青：《国际关系理论中国学派生成的可能和必然》，《世界经济与政治》

2006 年第 3 期。
24. 夏立平：《近代欧洲国际体系与古代东亚国际体系比较研究》，《国际观察》2006 年第 3 期，第 19 页。
25. 陈黯：《华心》，《全唐文》卷 767，上海古籍出版社 1990 年版，第 3540 页。
26. 王绳祖：《国际关系史》第一卷，第 3 页。
27. 胡礼忠、邢新宇：《宗藩体系与威斯特伐利亚体系——两种经典国际体系的比较与启示》，《国际观察》2011 年第 6 期，第 12 页。
28. ［宋］苏轼：《苏轼集》，中国戏剧出版社 2002 年版，第 238 页。
29. 李云泉：《朝贡制度史论——中国古代对外关系体制研究》，新华出版社 2004 年版，绪论。
30. ［英］马丁·怀特：《权力政治》，宋爱群译，世界知识出版社 2004 年版，第 114 页。
31. Hedley Bull, *The Anarchical Society*, New York: Columbia University Press, 1995, p. 102.
32. Michael Sheehan, *The Balance of Power: History and Practice*, London: Routledge, 1996, p. 115.
33. Ludwig Dehio, *Germany and World Politics in the 20th Century*, New York: W. W. Norton & Co., 1959, p. 125.
34. 秦亚青：《全球视野中的国际秩序》，载秦亚青主编：《中国学者看世界——国际秩序卷》，新世界出版社 2007 年版，第 13 页。
35. 柳岳武：《中国传统宗藩体制述论》，《南京师范大学学报（社会科学版）》2009 年第 6 期，第 42 页。

第三章　中国近世外交思想的双重性：

一个以硬、软实力架构为基础的尝试性分析

李太龙

导　读

中国传统外交思想建立在中国力量和文化的双重优势上，明清两代均存在硬实力和软实力的双重基础；中国近世对外战略存在进攻性和防御性的双重特征，并非单纯的扩张或单纯的防御。

问题的提出

笔者先从以下三个不同方面谈论本章的主题。这三个方面，包括了：第一，笔者为何会想到这个问题？第二，这个问题对理解当代中国国际关系的意义为何？第三，笔者分析这个问题的方式，及其可能遭遇的困难为何？

在笔者为何会想到这个问题方面，可以先从中、西方学者谈论中国近代外交战略的一些观点谈起。加拿大裔的美国学者江忆恩在分析中国近代外交的战略时，指出中国在外交战略文化上，存在两个不同的现象：第一，是将理想中的孔孟思想落实到战略与外交之上。在孔孟思想的观点中，“冲突”本身被视为一种“异常现象”，因此国家可以通过有效管理、控制外来威胁来加以避免。若国家无法通过以上两种方式来解决“冲突”这个“异常现象”，那么国家可以在“师出有名”的情况下，对外发起具有正当性的“正义之战”。于是，江忆恩指出，“武力”在中国的外交战略文化中，只能被视为一种防御性，而非进攻性的手段。第二，从政治与军事现实的角度出发，奉行顽固的现实主义。江忆恩表示，这个观点恰好与前述的第一个观点相反：在第一个观点中，“冲突”不过是一种“异常现象”，因此国家可以通过某些和平的方式来加以克服；然而，在第二个观点中，则认为“冲突”是一种“正常现象”，因此国家只能选择消灭对自己有害的对手，以求得自己的生存。于是，江忆恩认为，明朝从永乐至万历年间的外交策略，即反映出了中国外交战略文化中将“武力”视为一种积极进攻手段的一面。[1]

然而，对于江忆恩的看法，中国学者赵汀阳却提出了反驳。赵汀阳指出，江忆恩只考察了并无代表性的一个时段，并在其分析中忽略了中国战略文化中存在的某种连贯的“精神气质”及其与中国历史上出现的“扩张”的关系。赵汀阳提出了以下的看法：

> 中国古代帝国从来就与西方帝国有所不同，它似乎更相信文化的力量。当然，无论怎样，中国古代帝国也必须依靠强大的军事力量来保证它的存在和发展，但是它在精神气质上不是侵略性的。如果说中国古代帝国同样得到了扩张的话，这些扩张主要来自防守性战争的胜利所带来的额外成果（如汉唐对北方游牧民族的胜利确实导致了边疆的扩展），而在后来更大面积的扩张则更是偶然所得，是继承了入主中原扩张性蒙古和大清帝国的遗产。中国的主流思想包括儒家道家再加上佛家，都对侵略和战争非常不感兴趣。中国帝国的骄傲更多表现在对自身文化地位上而不是在版图上，它把自以为作为核心的文化传统当成是描述帝国的最重要的根据。[2]

另外，赵汀阳也认为，在游牧民族建立帝国的过程中，他们的确是以其侵略性和扩张性为战略特质。但在文化上而言，他们仅仅是以边缘地区的地方文化对中国主流的文化构成了政治和军事上的侵略，他们并未对中国主流文化构成文化意义上的侵略和取代关系，其身份也最终被中国的大一统文化完成了塑造。因此，不能说因为元和清既然是中国的王朝，就得出结论说中国文化是扩张性的。即使历代统一的中华帝国对游牧民族采取过战争策略，但是这些战争并不是以攻城略地、扩张帝国疆域为目的，而是用以威慑敌人和粉碎具有侵犯能力的部落联盟。总的来说，中国对游牧民族采取的战略以怀柔政策为基础。

最后，关于中国的战略与外交文化，赵汀阳亦提及了“朝贡体制”的影响。赵汀阳认为，朝贡体制之下的中国军事国防战略还体现为“天子守在四夷”的国防理念和“塞防重于海防”上。天子以四夷为屏障和缓冲地带，并不去兼并它们。而一贯强调陆地关隘防御的思想又显示中国的防御性战略思想之特质。国防战略上的上述思想其本源来自朝贡体制背后的“天下”观念。在天下观念中，中国皇帝以获得被公认为“仁政”“王道”的统治以及获得文化自负的优越感为最高、最重要的目标追求。尽管统一王朝时期，中国皇帝也多次出兵疆域之外，然而，无论是在朝鲜，还是在越南，历史上中国的出兵均体现出朝贡体制和天下观念支配下的军事国防战略思想的基本特质：在师出有名的道义旗号下，并没有真正采取进攻性战略一劳永逸地解决问题。相反，因为对朝贡属国的保护义务，中国经常被拖进周边国家纷争的泥潭。清末中国即面临的是这种防御性、理想主义对外战略的窘境。清朝中国最终瓦解于这个过程之中。[3]

从以上两名学者关于中国近代外交战略的分析中，能够进一步得知，在探讨中国近代外交战略的主题时，采用“冲突为异常—冲突为正常”的分析架构，可以是有效的。不论是美国学者江忆恩的分析，或是中国学者赵汀阳的观点，皆以相当的案例与论证，来补充或证实这套观点的内容。对笔者而言，这种“冲突为异常—冲突为正常”的分析架构，似乎与现代国际关系现实主义中“硬实力—软实力”的分析架构，有着类似的地方。因此，笔者这里想提出这样的一个疑问：若以“硬实力—软实力”的架构来分析中国近代的外交战略，其结果会不会与“冲突为异常—冲突为正常”架构的分析，得出一样的结果？若是可以，则这两者间的关系为何？若是不行，则差异为何产生？

其次，关于以“硬实力—软实力”的架构来分析中国近代的外交战略，究竟对理解当代中国国际关系研究有何意义的问题，笔者认为，其意义有以下两点：第一，“硬实力—软实力”为目前现实主义领域中较热门的分析架构之一；若能以“硬实力—软实力”的观点来审视中国近代的外交战略，也许更可以帮助我们从另外一个面向，来审视中国外交战略的脉络。第二，综合前面对中、西两方学者关于中国近代外交战略分析的回顾，若能了解“冲突为异常—冲突为正常”的分析架构与“硬实力—软实力”的架构的对应，在理论上亦不失为一种扩展。

最后，在如何分析这个问题方面，可以分成以下几个步骤：第一，先了解现实主义中关于“硬实力—软实力”的学说，界定“硬实力”与“软实力”的分析概念。第二，借由以上两个界定清楚的概念，来审视明、清两代中国的外交战略。第三，归纳对明、清两代中国外交战略的分析，并与“冲突为异常—冲突为正常”的架构作比较，并得出结论。

理论回顾：硬实力与软实力

在分析硬实力与软实力在明、清时代中国外交思想中所处的地位之前，需要先回顾一下硬实力与软实力在国际关系理论中是如何被定义的。“实力”作为现实主义理论中的核心概念，很早即已出现。被认为最早的现实主义者古希腊历史家修昔底德在其主要作品《伯罗奔尼撒战争史》一书中提到雅典与斯巴达之间之所以爆发了战争，是因为随着雅典的崛起及实力（军事、经济等）增长，对当时古希腊的霸主，即斯巴达，造成了威胁，同时挑战了斯巴达的霸权地位。以汉斯·摩根索为代表的传统现实主义认为，实力是国家能力的标志。在争夺权力的竞争中，实力具有国家能力的代表性，也可作为国家互相对比的标准。

在现实主义中，尤其在传统现实主义中，“实力”往往等于“硬实力”，即某个国家的军事、经济、财政等力量。然而，随着国际关系理论的演变，实力被分为两种范畴：硬实力与软实力。硬实力（hard power）是指支配性实力，包括基本资源（如土地面积、人口、自然资源）、军事力量、经济力量和科技力量等；软实力（soft power），则分为国家的凝聚力、文化被普遍认同的程度和参与国际机构的程度。创造“软实力”这一概念并发展出比较完整的理论的是美国学者约瑟夫·奈。他关于“软实力”想法的提出，是基于20世纪80年代美国国内关于美国国家实力和国际地位衰落的论调的流行（其中以历史学家保罗·肯尼迪1987年出版的《大国的兴衰》为代表）并由此引发的争论。约瑟夫·奈对软实力的定义分两点：（1）设定主权间政治议程之能力，以及（2）能够塑造另一个主权偏好之能力。依约瑟夫·奈这两个定义，一般被视为硬实力的军事及经济能力，其实也是软实力的一环：军事与经济皆可是主权拿来设定政治议程、塑造偏好之能力。例如，美国在布雷顿森林会议中，因为把握了当时全球大部分的黄金，因此握有设定主权间政治议程之能力，并创设了以美元为全球通货的“布雷顿森林体系”；此外，在第一次波斯湾战争中，由于美国展现了高科技的军事武力，所以同时也塑造了全球其他国家对军事的偏好，将均势发展的方向转往高科技。从以上两个例子能得知，用一般的看法来区分硬实力与软实力，在约瑟夫·奈的分类中，是没有意义的。概括言之，约瑟夫·奈认为，软实力即为一个主权能够以“软”的手段来影响到另一个主权的行为甚至改变之。约瑟夫·奈所说的软实力，主要包括文化吸引力、政治价值观吸引力及塑造国际规则和决定政治议题的能力，其核心理论是：软实力发挥作用，靠的是自身的吸引力，而不是强迫别人做不想做的事情。

综上，可以对硬实力与软实力这两个分析概念做出以下清楚的界定：第一，硬实力是国家在外交战略中所采取的一种支配性力量，其内容以军事、经济和科技力量为主；第二，软实力是国家采取的说服性力量，其内容以文化、制度的建立为主。然而，在界定硬实力与软实力的分析概念后，笔者最后得处理一个问题，方能使接下来对明、清两代外交战略的分析得以顺利进行。这个问题就是：中国在传统上并没有和西方相同的硬实力与软实力概念；如果要以这两个概念进行分析，势必得先建立起其与中国传统权力概念的联结。因此，以下将略为回顾一些中国政治哲学的传统经典，来了解西方硬实力与软实力的概念如何在中国政治哲学的领域中形成对应。

关于硬实力的部分，可以从墨子《非攻》篇中喜好攻战者与墨子的辩论，看出一些端倪。以下为一些笔者节选自墨子《非攻》篇的原文：

> 饰攻战者也言曰：南则荆吴之王，北则齐晋之君，始封于天下之时，其土地之方，未至有数百里也；人徒之众，未至有数十万人也。以攻战之故，土地之博至有数千里，人徒之众至有数百万人，是故攻战速也。
>
> 饰攻战者之言曰：彼不能收用彼众，是故亡。我能收用我众，以此攻战于天下，谁敢不宾服哉？[4]

至于软实力的部分，则可以参考《管子》《论语》及《孟子》。在《管子·版法》里有这么一句话："召远在修近，闭祸在除怨。"接着，在《论语》里也可以看到不少类似于现代软实力的说法："丘也闻有国有家者，不患寡而患不均，不患贫而患不安。盖均无贫，和无寡，安无倾。夫如是，故远人不服，则修文德以来之；既来之，则安之"（《论语·季氏第十六》），"德不孤，必有邻"（《论语·里仁》），"得天下有道：得其民，斯得天下矣；得其民有道：得其心，斯得民矣；得其心有道：所欲与之聚之，所恶勿施尔也"（《孟子·离娄上》）[5]。

综合以上对中国政治哲学传统经典的回顾，可以列出下表，来建立起西方"硬实力"与"软实力"与中国传统政治哲学概念之关系：

表 3-1　西方硬实力与软实力与中国传统政治哲学概念

西方的分析概念	定义	在中国政治哲学经典中之对应	可与西方对应之概念
硬实力	国家在外交战略中所采取的一种支配性力量，其内容以军事、经济和科技力量为主	以攻战之故，土地之博至有数千里，人徒之众至有数百万人，是故攻战速也。 我能收用我众，以此攻战于天下，谁敢不宾服哉。	以战争取得土地、人口等维持国家生存的资源
软实力	国家采取的说服性力量，其内容以文化、制度的建立为主	召远在修近，闭祸在除怨。 丘也闻有国有家者，不患寡而患不均，不患贫而患不安。盖均无贫，和无寡，安无倾。夫如是，故远人不服，则修文德以来之；既来之，则安之。 德不孤，必有邻。 得天下有道：得其民，斯得天下矣；得其民有道：得其心，斯得民也；得其心有道：所欲与之聚之，所恶勿施，尔也。	修"德""道"，以文化与制度的力量说服远人。

明朝的硬、软实力

关于明朝的硬、软实力，可以先从以下几个方面来进行分析：朝贡制度之建立、海禁之实施、对蒙古俺答汗之册封、万历二十年出兵朝鲜等。

明朝软实力主要体现于朝贡制度之建立、海禁之实施以及对蒙古俺答汗之册封。基于儒家政治思想中对“礼”的看法，明太祖朱元璋于1371年确立朝贡制度。儒家中的“礼”强调的是借由适当的仪式与制度，可以使每个行为者间的关系获得调和。朝贡制度发展的最高点，是1405年明成祖命郑和下西洋，使得中国的朝贡国大为增加，建立了一个以“礼”为核心的国际政治系统。第二，海禁的实施，为明朝软实力的另一个展现。海禁是一种消极的软实力，其用意在于隔绝不遵守“礼”的政治社群。因此，当陷入割据的日本无法管理其武装力量，放任海盗于明朝沿海地区劫掠时，明朝即以海禁的方式，将日本排除在外，并修正了朝贡制度，使其成为“贡市一体”——只有来朝贡的政治社群，才得以互市。最后，对蒙古俺答汗之册封，是明朝以“礼”来拉近与蒙古政治社群间的关系，使明朝与蒙古更为亲近。

明朝的硬实力最显著体现，是于万历二十年出兵朝鲜，协助其对抗日本丰臣秀吉政府之侵略。此种硬实力的展现，拉近了明朝与朝鲜间的距离，并使得日本丰臣秀吉政府瓦解，改变了旧有的政治格局。

清朝的硬、软实力

清朝，尤其清初，在一定程度上继承了明朝的对外政策。清朝如同明朝一样作为朝贡体系之核心，在与周边国家与民族的交涉中依靠文化力量，而非军事力量。文化仍然被视为中华文明之枢纽，其享受者为此感到骄傲。然而，清代中国硬实力与软实力的体现与明朝有所不同。

从软实力上来讲，清代中国的软实力也主要体现于朝贡体制。朝贡与册封仍是向国外推广文化与价值观的主要手段。然而，随着乾隆时代“天朝”观念的形成，清朝对外政策有了一些变化。台湾学者廖敏淑写道：

> 在乾隆朝以后，不论会典或是实录等官方汉文记录，往往突显清朝中国作为天朝的地位，经常对于清朝中国统治以外的外国或民族（包括属国在内），都称为“夷”。乾隆朝以后的中国竟然连属国都称之为“夷”，笔者以为这样的态度正是由于天朝世界观过度膨胀所造成的。……乾隆朝以后，华夷之分主要成为区分帝国内外的理念。结果，原先属于“向化”范围内的属国，在康雍两代还被称为外国，却在乾隆中叶以后天朝世界观过度膨胀的情况下，因为他们不隶于清朝版图、不受清帝国的统治，而成了“夷”[6]。

这种行为使中国的属国感到困惑，因此使中国失去对它们的吸引力。

至于清朝中国的硬实力，如同明朝一样不能说军事是清朝寻求目标的主要手段。虽清代中国与外国（俄罗斯、英国、日本）之间发生过战争，但这些战争并非中国发动的，反而是外国以侵略中国为目的而发动的。即使中国自己发动战争，其目标并非兼并领土，而是在传统朝贡体系框架内保护属国义务的履行。这表明清朝中国继承了“以文化影响夷狄”传统防御性的战略。

硬实力—软实力分析框架不适用于明清两朝

根据上文对明、清两代的分析，可以将其制成以下的比较表，来了解中国近代外交战略中的硬、软实力：

表 3-2　明清两代显示硬实力和软实力的行为

	在中国传统的定义	明代的例子	清代的例子	特色
硬实力	以战争取得土地、人口等维持国家生存的资源	万历二十年出兵朝鲜，协助其对抗日本丰臣秀吉政府之侵略	清代中国与外国（俄罗斯、英国、日本）之间发生过战争	武力的使用具有防卫、保卫盟友的“正义之战”倾向
软实力	修“德”“道”，以文化与制度的力量说服远人。	朝贡制度之建立、海禁之实施、对蒙古俺答汗之册封	朝贡体制	以朝贡体制作为主要的手段

综观中国明、清两代的外交与战略，可以发现，它们十分缺乏合乎西方定义下硬实力战略的实践。至于在中国政治哲学的脉络中，也找不到合乎的例子。明清两代对外使用武力，较多是出于防卫国土、协助盟友，而非向外夺取土地与资源。因此，笔者认为，使用“硬实力—软实力”的架构来分析明清两代中国的对外策略，并不适当。“硬实力—软实力”的分析架构无法帮助研究者更精细

地了解中国在这两个朝代使用武力的事实。明、清两代对外使用武力的案例，多数无法被明确地归入硬实力的概念中，更多的是一批既使用了武力，但又不被看成是硬实力的例子。就此而言，笔者认为，美国学者江忆恩与中国学者赵汀阳所主张的“冲突为异常—冲突为正常”的分析架构，更适合被用来解释明、清两代中国的外交与战略脉络。

最后，关于“硬实力—软实力”的分析架构为何在分析明、清两代中国的外交与战略脉络上有所不足，可以进行以下的反思：第一，西方现实主义理论的思考脉络与中国政治哲学传统脉络的落差，比预期的更要深刻。要将西方与中国这两种看待世界的不同方式连接在一起，还需要更多的努力。西方与中国看待世界角度最大的不同，主要在于方法论上。对西方而言，软实力和硬实力能够被谈论的前提，是要先有“主权国家”之概念。然而，在明朝时，中国政治思想中所具有的，类似“政治社群”（political community）的概念，而没有“主权”。“主权”这个源自于威斯特伐利亚体系的产物，要等到清朝与西方有更紧密的接触后，才逐渐融入中国政治思想的脉络之中。因此，在明、清两代没有主权的概念下，若以软实力和硬实力的范畴来分析明朝或清朝（除了晚清）的外交发展，即有可能会发生本章所遇到的问题——分析无效。

其次，延续上述中国与西方世界观的差异分析，笔者认为，若要更深入了解明、清两代中国的外交与战略与硬实力、软实力有何关系，则要试着在中国的世界观上进行细致的分析。由于文化给中国带来优越感和自豪感，因此中国人认为文化影响力才是最重要的，而非领土。具体来说，明朝和清初的中国没有如西方相似的“边界”这一概念，即没有清晰的主权范围。加入朝贡体系的“国家”同时也加入中国文化势力范围，最边缘的属国的边界即为中国文明的边界。既然没有西方理解的“边界”，因此也没有必要使用武力去吞并新领土，因此也没必要制定进攻性的战略。恰恰因为看重文化影响力，传统中国更多的是使用“怀柔政策”或所谓“软实力”。怀柔政策的显著特点也在于更多地依靠意识形态实力，而不是军事实力。至于朝贡制度，虽然中国并不借此干涉属国的内部事务，但这个制度本身，却持续地在背景中发挥一种所谓“王者不治夷狄”的功效；换言之，朝贡制度所发挥的“间接影响力”，及这种“间接影响力”所带来的以中国为核心的治理，可能是更为深远的。这种深远的间接影响，可能与中国政治哲学中对“礼”的看法有关。然而，究竟“礼”能不能单纯地被划入西方软实力概念中，被视为一种借由建立与安排国际制度的方式，并借以成为中国扩充影响力的方式，还有待商榷。

注释

1. 参见李扬帆：《涌动的天下——中国世界观变迁史论（1500—1911）》，知识产权出版社 2012 年版，第 83 页。
2. 赵汀阳：《没有世界观的世界》，中国人民大学出版社 2003 年版，第 82 页。
3. 李扬帆：《涌动的天下》，第 85 页。
4. 吴毓江：《墨子校注》，中华书局 1993 年版，第 200—201 页。
5. 同上书，第 214 页。
6. 廖敏淑：《清代中国：对外关系新论》，台北：政大出版社 2013 版，第 399—400 页。

第四章　明清帝国身份构建与东亚国际关系[1]

李扬帆

导　读

建构主义以身份认同（identification）为核心概念，试图解释国际关系行为体之间的相互构建现象。明清两朝在帝国身份构建上存在很多的不同。明朝建立在反元斗争之上，强调汉人治国和文明的正统地位，疆域整合不强调多民族特征；清朝建立在反汉为满的基础上，强调清对中华文明的继承性地位，强调多民族共治的身份，疆域整合强调多民族的融合；近代中国又经历了反满为汉和五族共和的过程，在借用西方民族国家的概念上构建了近代共和国体。

在明清易代的17世纪，建立在中国朝贡体制之下的东亚传统国际关系是否一如既往的稳固？一般的观念认为直至19世纪后半期，因为西方的冲击，朝贡体制才开始瓦解。但是，对这一问题的考察，需要深入到这一时期东亚主要政治行为体的自我认识和相互认识的观念之中。从身份认同[2]的角度而言，因为明清易代的冲击，东亚主要政治行为体（晚明、清、南明、郑氏集团、日本和朝鲜）无论是对自身的认识还是相互的认识，均经历了一个迷失和重新认同的过程。这个过程对传统朝贡体制的稳固产生了消解作用，而且这是一个自发的过程，与欧洲（西方）无关。17世纪东亚国际关系的波动其压力来自中国本土的政治权力变迁。尽管最终清朝取得正统地位，恢复了传统东亚朝贡体系，但是它只是掩盖了以后继续会导致东亚巨变的内在动因：日本和朝鲜自此已经不再真正尊崇这个体系；而被迫皈依于清朝的晚明遗民也将反清复明作为一个隐性的政治目标。正是从这个意义上而言，中国近代发生的看似由西方冲击导致的东亚的巨变其实早有其内在的动因。

绪 论

明清易代时期的东亚主要政治行为体包括晚明、清、南明、郑氏集团、日本和朝鲜。现代国际关系学是用民族国家的理论来解读国际关系，但是，对于东亚而言，17世纪在国际层面发生相互关系的政治行为体并不具备现代民族国家的身份，上述主要政治行为体因为对当时的东亚国际关系均产生重大影响，他们的行为也具有国家行为的典型特征，如：清和晚明自始至终认为自己属于不同的国家，南明则以继承晚明正统自居，并向欧洲国家求救，郑氏集团在台湾也以自立朝廷的身份与荷兰、英国和日本接触，至于日本和朝鲜则因其典型的国家身份而不必辨认其行为是否具有国际意义。正是在这个意义上而言，上述主要政治行为体具有行为上的可比性。

有学者发明了一个新词汇“地缘体”（geo—body）以消解现代民族国家话语统括东亚历史的一般理论，认为以泰国为例的东亚国家的地位（nationhood）是“绘制”（mapping）出来的，“制图造就了一个新的泰国——一个从来没有地缘体的新的实体”，国家地位的定义和领域不是天赋的，“是建构出来、雕刻出来、镌刻出来、编造出来的”[3]。正是在这个意义上而言，东亚之自发的历史进程不受后来民族国家理论的影响。但是基于“geo—body”这一概念的不成熟性，用“地缘体”概括明清易代时期东亚各主要政治行为体的理论条件并不成熟，因此，从其本身的特性和行为上得出上述政治力量是东亚的“政治性行为体”（Political Behaviour Bodies）的结论，而不用现代的“国际政治行为体”（International Actors）概念来综括他们的身份特征是符合明清易代时期东亚历史的真实性的。

明清之交是东亚政治行为体之间互辨身份的过程。自晚明开始，东亚政治行为体即面临身份认同的两大压力：明朝和清争夺中国正统和西风东渐（天主教和欧洲殖民及贸易势力）。前一个冲击以清政权取得正统地位而暂告终结。清征服中原这一重大族群整合事件加强了中国士大夫传统的基于朝代观念的身份认同，但并没有使中国成为一个真正意义上的民族国家，反而埋下随后数百年民族国家身份不明的心理线索，同时导致日本和朝鲜与中国在朝贡体系当中的至尊地位渐行渐远。从这个意义上而言，明清易代时期朝贡体系变动的根本原因是满洲以夷变夏的身份问题。它导致无论是中国内部的被迫臣服的士大夫还是中国外部的日本和朝鲜均丧失了对朝贡体系赖以建立的“夷夏大防”观念的瓦解。后一个冲击（西方东渐），则以清初的闭关、禁教而终结，西方没有扮演冲击的角色。

最终，清得到天下，名义上恢复了朝贡制度，却掩盖了19世纪末东亚国际关系的巨变的真正原因：日本和朝鲜自此已经不再真正尊崇这个体系；而被迫皈依于清朝的晚明遗民也将反清复明作为一个隐性的政治目标。正是从这个意义上而言，中国近代发生的看似由西方冲击导致的东亚的巨变其实早有其内在的远因。

“以夷变夏”带来的身份认同问题

传统朝贡体制建立在“用夏变夷”的观念之上[4]，清通过“以夷变夏”，颠覆了传统朝贡体制赖以建立的价值观，导致中国范围内各主要政治行为体的身份迷失。

清的身份认同之变迁

入关前的满洲身份认同

当标志着欧洲走向近代国际关系的三十年战争（1618—1648）正在进行的时候，中国出现了明清易代的重大历史变迁，东亚的各种政治力量也发生了主要行为体多元化的现象。这些行为体包括：晚明（1644 年为止）、清（1636 年皇太极改国号为清，曾与荷兰联合攻打郑氏集团）、南明（1644—1662，与清不共戴天，并向欧洲和日本求救）、具有相当独立性的郑氏集团（1628—1683，与满洲为敌，并向日本求救）、日本（1598—1644 年及之后，不再与中国维持朝贡关系）和朝鲜（1644 年之后虽被清征服，但不服清，独尊已经消失的明朝）。

明清易代导致这些行为体在身份认同上发生了巨变，先是迷失，继而因相互关系的发展和满洲最终定鼎中原而重新确立不同于传统身份定位的认同。

这一巨变的始作俑者是满洲。满洲以其夷狄之地位冲击中华统治权，首先面临的即是加强本族群的政治和文化认同的问题。从满洲身份认同和起源的角度认识清朝，属于“阿尔泰学派”（Altaic School）的观念。这些学者的观念主要有：

欧立德（Mark C. Elliott）教授认为满洲人之所以可以成功主政，是因为他们没有变成中国人。这是指，满洲人正确地认识到，他们可以维持少数统治的原因，主要因为他们能够一方面运用中国政治传统，一方面又同时维持其独特之认同。[5]

罗友枝教授（Evelyn Rawski）通过研究，指出皇太极统治下的后金政权是个混合体，其中既有女真各部和东北其他部落群体，也包括蒙古人、汉人、朝鲜人等等。1635 年，清太宗皇太极废除旧有族名“诸申”（女真），定族名为“满洲”。次年，皇太极把国号“大金”改为“大清”，这是其统治者通过整合不同民族政治群体而塑造新的统一形象以挑战明朝的政治手段。[6]

根据柯娇燕（Pamela Kyle Crossley）教授的研究，满族的民族发展是一个人为的政治过程，它是近代民族国家概念引入和汉族民族主义刺激双重作用的产物，直到清末才出现所谓“满族”。[7]

路康乐（Edward Rhoads）教授认为 19 世纪之前的满族“与日本武士一样，是一个世袭军功阶层。真正的分水岭是在 19 世纪末和 20 世纪初，在这个时期越来越多的汉族知识分子和官僚在西方帝国主义的威胁下，开始逐渐摆脱从文化角度审视中国，转而从政治和地缘角度定义中国”[8]。

为解释上述现象，必须考察一下满洲从建国到得天下的过程中是经历了怎样的一个身份构建和认同的演变过程。

从明万历十一年（1583）努尔哈赤起兵，到明崇祯十七年、清顺治元年（1644）清兵入关定鼎中原，大约 60 年间，见于文献记载的满洲使用的国号有“女直国”“建州国”“后金国”“大金国”和“大清国”。[9] 万历二十四年（1596）正月初五日努尔哈赤致朝鲜方面的回帖中自称“女直国建州卫管束夷人之主佟奴儿哈赤禀，为夷情事。蒙你朝鲜国我女直国二国往来行走学好，我们二国无有动兵之礼”，此书之印迹为“建州左卫之印”。[10] 这是努尔哈赤使用“女直国”国名的最早记载。“女直”即女真，因辽兴宗讳宗真，故改称女真为女直。“女直国”表示努尔哈赤对女真及建州女真的民族认同，“后金国”“大金国”则表明即将完成及已经完成统一的女真各部对共同国家的认同，而皇太极改“金”为“清”，通过建立政权和改号，实际上由此确立的是争夺天下统治权的政治目标，并非因此形成了一个单一的政治族群。

满洲建国初期自认为“夷”。如要实现“以夷变夏”的政治目标，必然要展开一系列长期的、有意识的、不间断的身份重组和确认工作。为明确自己以绝对少数的民族身份治理帝国的合理性，清初朝廷必须树立多民族国家的意识，这也最终导致传统天下观念的内涵发生嬗变。清朝皇帝自立国到最终确立天下一家的世界观，经历了一个漫长而激烈的身份挣扎过程，最终在武力和观念说教的双重攻击下，以外族身份入主中原，继承中国大统的身份得到了合法性证明，从而最终完成了清对中国传统世界观的继承和适应性改变——“以夷变夏”。

要完成以夷变夏的政治目标，必须混同族群名称、朝代名称和国家名称这三对概念。入关前，满洲即从上述三个层次的概念中寻求认同。在确立了“满洲”（族群）和“清”（朝代）认同之后，必须进一步确立“中国”的认同，才能将得天下的政治梦想付诸实施。

以“北朝”自居的努尔哈赤虽然先是奉明朝为“中国”[11]，但认定“中国”并不是明朝皇帝，也不是汉族人可以永久垄断的。当努尔哈赤称“英明汗”，建元“天命”并改国号“后金”时，就表明他要缔造一个不奉明朝正朔、与大明平起平坐的国家。他还向往着有朝一日到北京、汴京、南京当皇帝的美好愿景。[12]

在努尔哈赤和皇太极的“中国”概念中，他们尊崇“中国”，但认为“中国”之君不是万世一姓的。他们奉明朝为“中国”，但环“中国”之外，还有蒙古、女真等许许多多“国”或“部”的存在，他们和“中国”一起构成了“天下”。如果明朝不能秉持公道，那么就可以被取代。用现代政治语汇而言，即明朝是政府，而中国或天下是国家。努尔哈赤讨明檄文《七大恨》中第七恨指责明朝偏袒哈达、叶赫，与建州为敌：“天降大国之君，以为天下共主，岂独吾一身之主?”[13]皇太极后来也说：“明既为中国，则当秉公持平，乃他国侵我，则置若罔闻。”[14]最终得到“天下”并巩固了治理之后，至乾隆中期，“中国”才正式成为清朝对自己身份的确定称谓。[15]

清在入主中原之前，为加强族群的政治认同，除了从上述政治上确立国号和对中国的认同之外，因清之于中原文化，实在是不能相提并论，清初兴之时，尚无文字，遂借蒙古文以创老满文，从而从文化认同上加强身份认同。

著名史家柳诒徵认为，己亥年（明万历二十七年，1599），满洲创制国书，时国中文移往来，皆习蒙古字，译蒙古语。太祖命巴克什额尔德尼、噶盖以蒙古字改制国书，颁行国中。后来虽经达海改进，仍然不能以此文字创造具有自己特色的学术，仅可以借以翻译汉籍。柳诒徵就此论曰：“其人之鄙塞可知。凭借运会，及得汉人之指导，始知所谓官职朝仪。”[16]

由此可知，入关前，满洲皇帝通过一系列的政治和文化操作，既加强了本族群的统一，同时也确立了自己可以得天下的统治者身份。

入关后满洲身份认同的变化及其再认识

入主中原以后，清初康雍乾三朝均积极采取了若干措施加强多民族统一国家和统治合法性的身份构建。

康熙朝主要解决了多民族统一的问题。除了统一台湾及其他少数民族地区之文治武功之外，康熙在这个过程中，因其自身为“夷狄”的身份得天下，所以还在理论上加强构建“以夷变夏”的合理性。康熙十六年（1677），在闻讯厄鲁特、喀尔喀蒙古发生冲突后，康熙说道：

> 闻厄鲁特、喀尔喀，交恶兴戎，虽虚实未确，朕统御寰宇，一切生民，皆朕赤子，中外并无异视。[17]

1706年，康熙在给《平定朔漠方略》作序时说：“朕祗承天眷，懋绍祖宗丕基，为亿兆生民主。海内外皆吾赤子，虽越在边徼荒服之地，倘有一隅之弗宁，一夫之弗获，不忍恝然视也。”[18]通过整合各少数民族、推行比较平等的民族政策，康熙为自己的夷狄身份获得了正统的地位。

雍正朝则通过曾静案而实现了对国内的大一统体制，确立了天下共主的合法身份。雍正六年（1728），曾静并不成功的谋反导致雍正注意到问题的严重性，他敏锐地认识到清尚未取得统治的合法性是导致汉人不认同的根本原因，这是夷夏大防的传统价值观产生的心理隔阂。于是，雍正著《大义觉迷录》颁布全国，为其以夷变夏的合法性辩护。

雍正帝承认满洲为“夷”，“夷狄之名，本朝所不讳”。[19]但是，他指出华、夷的本义不是文化的差别，只是地域上的区别，“不知本朝之为满洲，犹中国之有籍贯”。而统一天下最重要的是德，不管是华还是夷，有德者可得天下，“上天厌弃内地无有德者，方眷命我外夷为内地主”。也就是说，满洲人因德有天下，“舜为东夷之人，文王为西夷之人，曾何损于德乎？”[20]

雍正解决了以夷变夏的统治合法性之后，乾隆时期通过两个手段加强了满洲人的身份认同。其一是通过“文字狱”的政治高压祛除盘桓在汉人心中的华夷之辨。其二是加强满语应用和满洲族谱的修订，以此构建和强化满汉之别和满洲人的族群意识。[21] “在任何意义上，种族不过是社会史、文化史中的一种现象。种族特征是一种由亲缘关系赋予的稳定的道德、文化特征，它使得任何个人或群体无法被同化或被改变。”[22]乾隆朝的努力开始使满洲人认识到自己与原来不同，也与汉人或其他人不同，是一个独特的种族。

在国际上，乾隆继承了传统朝贡体制，乾隆朝《会典》载：

> 凡四夷朝贡之国，东曰朝鲜，东南曰琉球、苏禄，南曰安南、暹罗。西南曰西洋、缅甸、南掌，西北番夷见理藩院，皆遣陪臣为使，奉表纳贡来朝。凡敕封国王，朝贡诸国遇有嗣位者，先遣使请命于朝廷。朝鲜、安南、琉球，钦命正、副使奉敕往封；其他诸国，以敕授来使赍回，乃遣使纳贡谢恩。[23]

在清朝五部《大清会典》中，乾隆朝的《大清会典》是记载朝贡国数目最多的。

终于，满洲统治者通过身份的转变，实现了以夷变夏，反转了传统逻辑。

明末遗民身份的迷失与重新认同

满洲统治者，反转了“以夷变夏”的传统逻辑，却并未真正得到晚明士大夫的认同。

明清易代对晚明士大夫产生的身份认同危机，是一场血与火的考验。“在经历了‘易代’这一重大事件的士人，‘明亡’划出了一条至关重要的时间界限，因了这一界限，诸多事物、行为的意义都被改变了。”[24]

明末遗民面临身份迷失的重大挫折感。他们多持“夷夏大防”之观念。出于对明朝的忠诚，著名思想家王夫之、黄宗羲和顾炎武都曾进行了殊死的抵抗。

黄宗羲曾经东渡日本，向日本“乞师”，这说明了当时明朝遗民在面临身份定位迷失的时候，其视野是超越中国大陆一隅的，具有国际关系的性质。南明鲁监国政权临近覆亡时，黄宗羲曾数次东渡日本，乞师求援，雍、乾间学者全祖望在《梨洲先生神道碑文》中明确记载：“是年（顺治六年，南明永历三年，1649 年），监国（鲁王）由健跳至翁洲，复召公（黄宗羲）副冯公京第乞师日本，抵长埼，不得请，公为赋《式微》之章以感将士。”“公有《日本乞师纪》，但载冯侍郎奉使始末，而于已则无豫。……公尝偕冯以行，而后讳之。”[25]而黄宗羲本人所记录的，是在舟山的南明军两次出使日本情况。他说，日本不出兵帮忙，是因为“（日）本国且忘武备，岂能渡海为人复仇乎？”[26]

除了国际关系的视野之外，如何从理论上和心理上解决“夷夏大防”的身份定位难题成为当时士大夫亟待解决的问题。顾炎武的理论提供了他们身份认同之转变的契机。

顾炎武面对清军入关，与大多数晚明遗民一样，面临名节（即身份认同）的危机考验。所不同的是，顾炎武发明了一套理论为清初所有的晚明遗民遗种们找到了解决危机的办法。这个办法就是把文化和政治分开，把肉食者和匹夫分开，从责任和义务的角度细分了解决问题的层次。

与王夫之、黄宗羲一样，顾炎武本是极端重视“夷夏大防”的人，并在晚明抗清士大夫中均为著名人士。然则，随着夷狄占领了中原，并开始稳固统治天下的时候，需要一套理论去解释和接受这一不可更改的现实。顾炎武在夷夏大防的思想背后，逐渐开始为晚明遗民们解决身份迷失的问题。这便有了他“积三十余年，乃成一编，取子夏之言，名曰《日知录》，以正后之君子”[27]的著作了。

对于身份危机之解决之道，顾炎武是这样说的：

> 君臣之分，所关者在一身；华裔（钞本“华裔”作“夷夏”）之防，所系者在天下。故夫子之于管仲，略其不死子纠之罪，而取其一匡九合之功，盖权衡于大小之间，而以天下为心也。夫以君臣之分，犹不敌华裔之防，而《春秋》之志可知矣。[28]

臣民的身份问题本质上也是个忠诚问题。在顾炎武看来，忠于君王（王朝）和忠于天下是不同的。忠于天下要高于忠于君王。

在随后的论述中，顾炎武明确提出了在亡国和亡天下时匹夫的正确选择应该是以天下为己任，而不是以“国”（即王朝）为己任。

> 有亡国，有亡天下。亡国与亡天下奚辨？曰：易姓改号，谓之亡国；仁义充塞，而至于率兽食人，人将相食，谓之亡天下……自正始以来，而大义之不明，遍于天下，如山涛者既为邪说之魁，遂使嵇绍之贤，且犯天下之不韪而不顾。夫邪正之说，不容两立，使谓绍为忠，则必谓王裒为不忠而后可也。何怪其相率臣于刘聪、石勒，观其故主青衣行酒而不以动其心者乎？是故知保天下，然后知保其国。保国者，其君其臣肉食者谋之；保天下者，匹夫之贱与有责焉耳矣。[29]

顾炎武的逻辑是动态的，并且是隐含了深刻的政治含义的。因为“国”（实际是王朝）的灭亡就在眼前，明朝亡了，那么天下还在吗？这是正在发生的历史，所以对于顾炎武而言，他必须要进一步观察，因此他的逻辑是动态的。此外，顾炎武提出的这一忠诚度标准，还隐含一个重大的命题，即如果得到天下的这个王朝能够顺天下之意而治理，那么，匹夫忠于这个王朝本身也就是忠于天下了。这与后来晚清革命党人曲解后高度浓缩的政治口号“天下兴亡，匹夫有责”甚或“国家兴亡，匹夫有责”所含之意是有重大区别的。

就这样，顾炎武（卒于1682）和王夫之（卒于1692）、黄宗羲（卒于1695）他们看到了康熙大帝（1661—1722在位）的文治武功，在亡国之后看到了一个新的得到治理和巩固的天下，而更重要的，康熙朝在大兴文字狱之同时却继承了中原文化的道统，这无疑是对“华夷之辨”的重新诠释，因之不能不逼迫晚明士大夫们重新思考家国天下危机下的身份问题。最终，他们集体融入天下一统的洪流中去。

然而，这种集体的皈依并非是全部真实的历史。“尽管清朝皇帝在使自己被接受为合法的天子方面毫无疑问获得了成功，但是，他们却无法彻底压制民间或知识精英阶层对其统治所做的种族中心主义的抵抗。清朝统治初期王夫之、黄宗羲、顾炎武等所写的反满的论著，再加上描写清朝实行屠杀的故事集《明季野史》，在19世纪中期以后重新出现。”[30]换言之，清朝只是名义上获得了统治身份，这个过程部分掩盖了中国因明清易代导致的中国人身份认同的困惑，并在19世纪中期后再次凸显出来。

郑氏集团的身份迷失与重新认同

郑芝龙的身份之变迁

郑成功的父亲郑芝龙（一官，1604—1662）是郑氏集团创始人，是明清易代时期东亚最大的海商兼军事集团首领，在中国朝代更替和东亚国际关系巨变的时候，具有相当的独立性，起着举足轻重的作用。在晚明清初之时，先认大明，抗击荷兰，后降大清，实现身份转变。

他的实力变化和身份变化，以及他具有的国际性视野，说明当时郑氏集团本身构成了东亚国际关系中的一个重要力量。

从崇祯元年至八年（1628—1635），郑芝龙先后消灭了李魁奇、杨六、杨七、钟斌、刘香（即刘香老）等海上武装集团，成为东方海洋世界的唯一强权。其实力已经完全足以与欧洲人相抗衡。

接受招安后的郑芝龙于崇祯六年（1633 年）10 月 22 日，率明军 150 艘左右的帆船（其中 50 艘为特大战船）在金门料罗湾打败荷兰武装商船，迫使荷兰签订赔偿条约，其行为已经具有国际关系性质。

面对满洲南侵，郑芝龙先是进行坚决的抵抗。“这个使鞑靼人害怕的人，出身在中国，名叫一官（Icoan，即郑芝龙），此名当时甚至传遍远方各个国家。”[31] “其结果是，一官受到荷兰人的重视……于是一官被荷兰人视为中国之王，胜过皇帝本人。”“现在荷兰人看重这个海盗的威势，超过看待皇帝，所以此后他们向一官派遣正式使臣，而非遣使北京朝廷；只向他表示礼敬，进献贡品；甚至有次送他一柄权杖和一顶金冠，由此激励他谋求皇位；为今后可以利用他，他们竭力帮助他。”[32]在郑芝龙的部队中，甚至还有黑人。[33]可见当时的东亚国际关系之复杂性。郑成功后来降服荷兰人收复台湾，这些均说明明清易代时期的郑氏集团并未受到所谓的西方冲击，反而是他们给予西方以沉重的打击。

与晚明遗民黄宗羲等人一样，郑芝龙集团的视野也已经是国际性的，他曾向日本借兵求援抗击清军。南明隆武二年（清顺治三年，日本正保三年，1646年），郑芝龙派遣黄征明为正使，出使日本借兵。日本天皇给一官的使臣答复如下："天皇陛下一向只与相等的帝王交往，若中国合法君王崇祯在需要时要求援助，可派遣大量精兵前往救援，若有其正统继承者提出要求，亦乐于如此做。但私人之请，他不能允许。他朝内有负责政事的大臣，有事可通过大臣上奏。"[34]此后，郑成功和郑经均多次向日本乞师，均未得日本实质支持。[35]

实际上，在清朝立国之初的两年里，郑芝龙集团居于海上和福建东南地区，形成一个相对独立的海上王国。

郑芝龙最终投降了清朝，并向儿子郑成功多次发出劝降书。[36]郑成功则数次拒绝。顺治十一年（1654年）清廷作最后一次努力。郑成功写一回信给郑芝龙，表明了自己在身份认同上与父亲的不同，其中对"剃发"和"明、清"的字眼甚为敏感，说明了该时期郑氏集团对身份归属和认同的高度重视：

> 和议实非初心。……天下间岂有未受地而遽称臣者乎？天下间岂有未称臣而轻剃发者乎？……天下间岂有不期信以心而期信以发者乎？……清朝若能信儿言，则为清人；果不信儿言，则为明臣而已。……儿此时惟有秣厉以待，他何言哉？他何言哉？[37]

和谈既已失败，清廷改而用兵。郑芝龙失去了利用价值，1662

年，其全家十一口被斩于北京。

郑成功的身份之认同与迷失

郑成功时期，更将郑氏集团的势力进行了扩张，可以与清朝、日本和荷兰抗衡。其一，他垄断了东亚海上贸易。“从 1647 年至 1662 年，入（长崎）港的中国船主要来自郑氏势力范围内的地区。比如 1650 年来港的 70 艘中，来自郑氏势力范围内的漳州、安海、福州有 59 艘，约占 80% 以上，而且几乎是年年如此。”[38] 当时与郑氏保持贸易往来的有巴达维亚、东京、交趾、暹罗、占城、广南、马尼拉、柬埔寨、柔佛、北大年、六昆等地。

其二，其力量强大到足以击败荷兰殖民者。1662 年春，在迫使荷兰殖民总督揆一签字投降、撤离台湾的《谕降书》中，郑成功义正词严地表达了自己和台湾均属于中国的身份：“贵国人民远渡重洋，经营台岛，至势不得已而谋自卫之道，固余之所壮也。然台湾者，中国之土地也，久为贵国所踞。”[39]

取得台湾后，“现在他则有了驻军的土地，而且它十分富庶，可以构想一个新国家，建立一个王国”[40]。郑成功在收复台湾两个月后，还向西班牙人发出征讨檄文，准备赶走吕宋的西班牙殖民者。“取得对荷兰人的著名胜利后，国姓顺利地自称为王，在台湾岛建立王朝，但他不满足于这个有限的岛屿，想使菲律宾纳贡称臣。”[41]

郑成功致信西班牙驻菲律宾总督，说明郑成功此时的力量已经足以和东亚任何一个海上力量相抗衡，并且在面对西方殖民者的侵略时具有强烈的自信。檄文写道：

中国总督国姓爷友好告诫马尼拉长官 Sabiniano Manrquez de Lara

谕令

从古至今，尊贵的天子都接受外邦的朝贡藉以表彰其正统性。……但念在这些年来，见你们稍有悔意，遣来使者向我乞求商讨贸易条款，比起那些荷兰番来说的确是略有长进，所以我决定暂缓从艾尔摩莎岛出兵的征讨行动。仅派出教会神父们为我的使节，前去宣示我友好的口谕，给你们这个小国。……只要你们纳贡，我将让你们继续保有王室之地与尊贵，否则将与予焚毁殆尽，届时后悔莫及。……请慎思，并速速决定，以免因迟延而造成不堪设想的后果。谨此友好的忠告与谕示。

永历十六年农历三月七日

即1662年4月21日于艾尔摩莎岛，艾尔摩莎岛的王国姓（Cogsen）及中国大老爷（gran señor）。[42]

此檄文还说明，郑成功在身份上认同自己是“南明—中国”人。因他用的还是南明唐王隆武帝赐其国姓时得的称号“国姓爷”落款，并附上的是南明的年号。

西班牙人见到国书后大惊，立即集体屠杀在吕宋的数以万计的华人。事后西班牙人怕郑成功攻击，乃命使者来台湾乞和。郑成功知华人遭到集体屠杀后大怒，即决定遣兵南征吕宋，但竟一病而殁，加上郑氏王朝内的王位争夺，最终郑氏集团没有能力再攻打菲律宾的西班牙人。

郑成功的身份认同存在双重性：在国家意识上，他自认为是中国人，在朝代归属上，他自认为是明朝（南明）人。然而，他的母亲因为是日本人[43]，这又导致了清初东亚国际关系的一个重要的身份争夺战：郑成功身份的“他者”认同问题。

日本人在清初就曾将其视之为“大和英雄”。日本著名作家近松门左卫门（1653—1724）在1715年曾写了一部名为《国姓爷合战》的净琉璃剧，风靡一时，连续上演17个月。《国姓爷合战》以郑成功抗清复明、攻打南京城为背景写成。然而，该剧本却严重歪曲历史事实，其中最严重的是对郑成功身份的扭曲和对日本占领南京的描写。郑成功被写成了日本武士“和藤内”，在日本长大，娶日本人为妻，二十几岁以后才回到中国。“和藤内”和父母一同去大明国，在大明国靠着日本武士的神威，打败鞑靼（清）兵，攻陷南京城，城内明将与“和藤内”合作，并拥戴“和藤内”为“延平王”。[44]通过偷梁换柱，郑成功成为日本的“和藤内”，大明国也被日本的江山取代了。日本对郑成功身份和历史的篡改，成为其近代军国主义侵华思想的一个重要源头。

郑经的身份及其国际行为

郑成功的儿子郑经，继承了其父亲的遗志[45]，与清朝抗衡，在身份认同上，他走得更远，一方面，他企图建立和朝鲜一样的对清地位；[46]另一方面，他曾经自立为国（有说称其为东宁国王）。[47]郑经的力量也十分强大，取代荷兰人和西班牙人垄断了东亚海上贸易，在与英国东印度公司的来往中，英国东印度公司还曾称郑经为“台湾王”[48]。

郑经为抗击清朝，还向日本、荷兰（尽管处于敌对状态）、英国乞师求救，并作出了出让部分“国权”的让步。

在1664年1月的《嗣封世子札致荷兰出海王》一信中，郑经表示：“惟王念和好之德，通商之利，合力御虏，务使彼此有信可凭。盟约已定，即授王以南澳之地，悉还荷兰之人。信使来往，货物流通，岂不美哉。和好之后，两无爽约。”[49]东印度公司在巴达维亚的高级商务员波尔特（Baltasar Bort）就是那个“荷兰出海王”。郑经以南澳岛为条件争取荷兰人的援助并没有成功。同时，清廷任命施琅为靖海将军，曾与荷兰人联合攻台。因耗费巨大，荷兰东印度公司先是支持，后来停止了在中国沿海的大规模军事活动。[50]郑经随后退守台湾，死后两年，其子郑克塽于1683年降清。郑克塽投降清朝时上缴的是“延平王”和“招讨大将军”金印，可见郑氏集团还是以晚明身份终世。

从郑氏集团的兴亡历史来看，他们一直在进行身份认同的挣扎，并且一度改变了东亚的海上权力结构，由于其力量的强大，在长达半个世纪的历程中与东亚主要政治行为体（明朝、晚明、日本、荷兰、西班牙等）进行了复杂的外交斗争，不能不说这一时期的东亚国际关系因为郑氏集团的存在而变得极具现代外交的意味，郑氏集团也因此具有了国际行为体的性质。

南明身份的迷失：信仰和王朝利益瓦解了传统统治者的身份

南明王朝（1644—1662，此后1683年的郑氏集团继续名义上一直奉朱术桂为监国，使用永历年号）继承明朝大统，虽然在形式上保持了安南、占城、吕宋和琉球等几个有限的朝贡国[51]，事实上却无法真正维持这个体制的完整性，并且在第一个皇帝（弘光）有限的一年的统治期间，还向清求和准备向其朝贡。[52]

在存续时间最长的永历帝（1646—1662）期间，南明已经不再是一个传统的大陆政权，因其大部分朝廷成员都信了天主教，加上抗清的战略需要，该政权还向罗马天主教廷和法国求救，由此可知此时作为东亚主要国际行为体的南明政权已经改变了信仰，并具备了超越东亚国际关系的视野。

南明朝廷信奉天主教，正如著名学者方豪所总结的："桂王（即永历帝朱由榔）政权差不多半是个天主教徒的政权，永历帝的拥立者大学士瞿式耜、司礼监庞天寿、焦琏、丁魁楚等大员皆教中人，帝之嫡母王太后、生母马太后、正妻王皇后、太子慈火亘也都从德籍神父瞿安德领洗入教。"[53]

南明朝廷还利用这一信仰，将其转化为外交手段。1650 年，在清军向西南大举进攻的情况下，南明永历皇帝的王太后决定派使节向罗马教皇求援，西洋在华传教士卜弥格被委派为全权特使。为了使欧洲更为直观地了解南明朝廷，司礼太临庞天寿特命年轻官员陈安德携带永历皇帝的亲笔信函与卜弥格同行，陈安德遂成为第一个赴欧洲的中国外交官。此举具有开创性意义，说明东亚此时的国际关系已经和欧洲联系在一起了。

王太后致教皇信中说：

> 大明宁圣慈肃皇太后烈纳致谕于因诺曾爵—代天主耶稣在世总师、公教皇主圣父—座前：窃念烈纳本中国女子，忝处皇宫，惟知阃中之礼，未谙域外之教，赖有耶稣会士瞿纱微在我皇朝敷扬圣教，传闻自外，予始知之，遂尔信心，敬领圣洗，使皇太后玛利亚、中宫皇后亚纳及皇太子当定……更望圣父与圣而公一教之会，代求大主保佑我国中兴太平，俾我大明第拾捌代帝、太祖第拾贰世孙主臣等，悉知敬真主耶稣，更冀圣父多送耶稣会士来，广传圣教。……俟太平之时，即遣使官来到圣伯多禄、圣保禄台前，致仪行礼，伏望圣慈鉴兹愚悃，特谕！
>
> 永历四年十月十一日

王太后又敕谕耶稣会总会长书：

> 大明宁圣慈肃皇太后烈纳敕谕耶稣会大导总师神父：予处宫中，远闻大主之教，倾心既久。……今祈尊师神父并尊会之友，在天主前，祈保我国中兴、天下太平，俾我大明第拾捌帝、太祖拾贰世孙主臣等，悉知敬真主耶稣。更求尊会相通功劳之分，再多送老师来我国中行教。待太平之后，即着钦差官来到圣祖总师意纳爵座前致仪行礼。今有尊会士卜弥格，尽知我国事情，即使回国，代传其意，谅能备悉，可谕予怀。钦哉！特敕。
>
> 永历四年十月十一日[54]

王太后的外交信写得充满宗教意味，初看起来是教徒致教宗和教会的信，并且只表达帮助南明祈福和多派教士来华的意思。同时送去的还有司礼太监庞天寿上罗马教皇因诺曾爵书和奉耶稣会总会长函，也表达了同样的意思。但是，罗马教廷当时已经通过传教士得知中国发生的政治巨变，不可能不懂得南明求救的实质含义。只是他们会慎重考虑这件事，经过了几年的考虑，才有最后的回信。而早在永历五年（1651），信教最坚的王太后以及瞿安德先后去世，而卜弥格亦因葡属印度官员反对其任务，而不被允许搭船返欧。在清政权已然巩固，耶稣会因此在瞿安德过世之后，就不再派人至南明。

1655 年 12 月，新上任的教皇亚历山大七世终于接见卜弥格，并交给他两封分别致王太后和庞天寿的回信，但其中只是应酬式的内容。

教宗亚历山大七世致函南明永历王皇太后复信中说：

> 我恳求天主应许受到祝福的皇太后、皇太子和皇后

的诉情，并真诚祈祷皇太后的国土得到重新统一，享有和平，皈依信仰。

1655 年 1 月 18 日[55]

1655 年 12 月 25 日，耶稣会总长也答复了皇太后，内容大体一致，均为客套话语。希望“大明皇图璀璨、德合天地”，并“为此祝祷，为此不断虔求天主”[56]。

自称代表明廷出使的卜弥格，于 1656 年 3 月搭船离开里斯本，随身携带着两封教皇的复书、六封耶稣会总会长致明廷中人的信、两封葡萄牙国王约翰四世致永历帝和庞天寿的信，而法国国王路易十四据说当时亦曾致函皇太后，其中葡王或是唯一有具体回应的，他应允将提供明廷军援。[57]由于耶稣会的日本省或中国副省都不承认卜弥格为其成员，无助的卜弥格辗转进入中国，1659 年 8 月 22 日（永历十三年七月五日）终因劳顿而死于边境。

此外，南明还多次向日本乞师，包含前文所述的黄宗羲、郑芝龙等的乞师在内，共有十数次。[58]

南明向日本和欧洲的求救说明他们的身份具有了国际行为体的性质，其视野也拓展到东亚之外。在信仰和王朝利益双重影响下，南明已经在心理上放弃了传统的朝贡体制，其“中国—天下”共主的身份也自行瓦解。

朝贡身份认同的瓦解：朝鲜和日本对明清易代的反应

朝鲜身份认同的向背

中国和朝鲜半岛国家间的关系受朝贡体制影响深远。朝鲜李氏王朝（1392—1910）几乎经历了中国明清两朝的全部历史。因之，他们对明清易代的反应最能说明此时东亚传统国际关系的内在渐变问题。

随着满洲的兴起，在后金（清朝）起兵抗灭明朝之过程中，伴随的是朝鲜国家身份的转变过程。因此，“去大明化”是后金（清）对朝鲜的主要政治目的。

起初，努尔哈赤为了避免两线作战，不敢冒险，故对朝鲜采取拉拢的政策，曾多次派遣使臣赴朝投书，希望朝鲜与明朝脱离关系，同后金结盟。但是朝鲜不为所动，仍坚决支持明朝，反对后金。在这个过程中，朝鲜坚定地表明了自己的身份认同：与明朝的关系如同父子关系。

1619 年，朝鲜遣使送书与后金，曰：“明与二国，历二百余载，毫无怨恶。今贵国与明为仇，因而征战，生民涂炭，不特邻邦，即四方皆动干戈矣。亦非贵国之善事也。明与我国，犹如父子，父之言，子敢违乎！盖大义所在，不可拒也。”希望“吾二国各守疆圉，复修前好，岂不美哉！”[59]

后金决定征服朝鲜。天聪元年（明天启七年，1627 年）一月八日，皇太极命东征，是为朝鲜“丁卯之役”。

朝鲜与后金议和，在李朝内部引起强烈反响。议和的核心问题就是与明朝的关系问题。后金给朝鲜国王书曰：“两国和好，共言美事，贵国实心要好，不必仍事南朝，绝其交往，而我国为兄，贵国为弟。”这是后金第一次提出要求朝鲜永绝明朝，朝鲜国王李倧认为“大义所系，断不可许”。“事大交邻，自有其道。今我和贵国者所以交邻也，事皇朝者所以事大也，斯二者并行而不相悖矣。”朝鲜以与大明朝的关系为“事大”，坚决不绝与明朝关系。后金见朝鲜对明朝的态度坚持不改，故对永绝明朝一款不再强求，最后向朝鲜来使表示："不绝天朝一款，自是好意，不必强要。"[60]

后金又提出去明年号。朝鲜在致后金书中皆书明天启年号，后金对此非常不满。最后双方都作了让步，接受"不书年号，从揭帖式"的折中意见。[61]皇太极通过"丁卯之役"，虽然向朝鲜索取许多权益，但是仍然承认朝鲜对明朝的臣属关系，而后金与朝鲜仅约为兄弟之邦。

随着后金国力不断壮大，兵势日益强胜，皇太极不再承诺朝鲜与明朝维持君臣关系，而要改变与朝鲜兄弟相称，把朝鲜置于后金直接控制下的藩属。天聪九年（明崇祯八年，1635 年）四月，皇太极统一漠南蒙古。次年四月，皇太极称帝大典时，朝鲜使臣拒不跪拜，双方撕扯，仍不屈服。皇太极想利用上尊号之机，采取强硬手段，迫使朝鲜称臣，永绝明朝。

崇德元年（明崇祯九年，1636 年）十二月，称帝后的皇太极率领十二万大军，往征朝鲜，是为朝鲜历史上的"丙子之役"。朝鲜国王李倧没有屈服于皇太极的军事威胁，主张坚决打击入侵者。

皇太极遣使敕谕朝鲜国王李倧，提出投降条款十七项，其中主要是"去大明化"和建立"臣属关系"：

> 当去明国之年号，绝明国之交往，献纳明国所与之诰命册印；躬来朝谒，尔以长子，并再令一子为质；诸大臣有子者以子，无子者以弟为质；尔有不讳，则朕立尔质子嗣位；从此一应文移，奉大清国之正朔；其所进往来之表，及朕降诏敕，或有事遣使传谕，尔与使臣相见之礼，及尔陪臣谒见，并迎送馈使之礼，毋违明国旧例；朕若征明国，降诏遣使，调尔步骑舟师，……不得有误；每年进贡一次，其方物数目，黄金百两，白银千

两，……米万包。[62]

朝鲜败。由此之后，清帝表面上致使朝鲜臣服，建立了双方的朝贡关系。朝鲜的身份也从表面上发生了彻底变化。李倧死后，顺治六年八月丁未，清帝封朝鲜世子李淏为朝鲜国王。[63]

然而，朝鲜君臣百姓持有强烈的夷夏大防意识，对明朝死忠，从内心里根本就不认同这个被他们视为“蛮夷”的清朝统治。因此，即便大清继承了明朝的对朝鲜封贡政策和体制，但是从这个时候起，东亚以中国本土为中心的认同体系已经从属国的心理上开始解体。

清军入关推翻明王朝，中华上下剃发易服，朝鲜举国震惊，感情上无法接受。今后如何处理与清政府的关系，成为朝野议论的重大问题。

明亡以后，清朝被视为“夷虏”，不能代表中国，朝鲜只承认明朝是中华正统，明亡之后因为朝鲜是小中华，与中国相比，朝鲜自称东国。到这时，朝鲜士人已经以中华正统自居了。李朝的士大夫们不堪忍受清统治下的中国，称“今天下中华制度，独存于我国。彼人之尊敬我，以有华制也”[64]。

在与中国的长期交往中，朝鲜的思想文化政治制度都深受中国的影响，形成了以慕华思想为主要特色的“小中华”思想。历史上朝鲜自认是中国文化的分支。[65]慕华是朝鲜的传统，慕华思想深入人心。但是，朝鲜所谓的“华”并不包括清朝，朝鲜认为清朝是“夷狄”，不是中国。明朝灭亡对于当时的汉人来说是天崩地裂，对朝鲜人来说则是文化崩溃，心灵上受到的打击是不可估量的。

金履安（1722—1791）轻蔑地认为“今也戎狄入中国、中国之民、君其君、俗其俗、婚嫁相媾、种类相化”，而不屑与之交流。

而朝鲜自古即与中国同属于人类，其余地方的人则为夷狄，过去只是由于朝鲜自己过于慎重，故而以夷狄自居。金履安对于当时朝鲜人仍自贬为东夷表示不满。他说："然吾方仆仆然自以为夷，而名彼中国。呜呼，吾言非邪！"[66]

洪大容（1731—1783）曾三次随"赴京使臣"到过北京。洪大容与中国皈依了清朝的晚明士大夫接触，冲击了朝鲜知识分子对中国改朝换代的看法，其中有一人是洪大容以兄事之的先辈金钟厚。金钟厚视中国为朝鲜，是应该雪耻复仇的由野蛮民族统治的地方。因此他不分彼此地称中国为"腥秽雠域"，对于洪大容接触的严诚、潘庭筠等应满族统治者的科举而赴京赶考的汉族知识分子则称为"剃头举子"。他言道："及闻其与剃头举子结交如兄弟，至无所不与语，则不觉惊叹失图。"[67]

导致这种意识的一个重要原因是本身没有多少文化的清朝推行骇人听闻的文字狱。文字狱迫使中原士大夫再也不敢以大明遗民自居，从而在政治高压下，他们集体完成了身份的转变。出使、游历大清的朝鲜人曾经有敏锐的观察和记载：

康熙五十一年（1712）出使清廷的朝鲜使者闵镇远（1664—1736）曾与一个自称是明皇室后人的读书人笔谈。读书人说："见老爷们所着衣冠，不胜钦羡，吾之所着，即与牛马何异。"然后，小心翼翼地把笔谈问答的纸投入火中焚化，"流涕呜咽，日恐有人窃听，慎之慎之"。[68]

乾隆三十年（1765）出使北京的洪大容，与文人潘庭筠进行了笔谈。在洪大容的一再追问下，潘庭筠承认他们读书已经不再务实了，"此时读书，不过记诵而已"。当他听到洪大容说到"宫中大事"，就大惊失色，"随书随裂，举措慌忙"，他承认自己是"平生怕死之人”。洪大容由此感到“盖汉人于当今，反同羁旅之臣，谨慎嫌畏，其势然矣”。[69]

1780年6月，朝鲜著名学者朴趾源（1737—1805）随堂兄朴明源率领的使团到中国祝贺乾隆70岁大寿，游历了北京和承德，与当时的中国学者多次进行笔谈。同年8月回国后将所见所闻记成辑为《热河日记》。朴趾源向一个中国读书人王鹄亭一再询问禁书的事，王鹄亭只好小心翼翼地告诉他：“比岁禁书该有三百余种。”朴趾源注意到他急忙把笔谈的纸撕掉，免得留下证据。[70]

朝鲜人不惧怕清朝的文字狱，尊明攘夷、反清复明的主张大行其道。曾经担任过凤林大君的师傅的著名学者宋时烈（1607—1689）是当时最为激烈的反清人物，他在给孝宗的奏议中提出了著名的“北伐议”，主张北伐中原，恢复大明乾坤。宋时烈为仁祖陵墓（长陵）撰写的碑文，拒不奉清朝正朔，依然使用明朝纪年。宋时烈此举影响很大，为朝鲜学者所仿效。朴趾源《热河日记·渡江录》开首记渡鸭绿江的年份朝鲜正祖四年（乾隆四十五年）为“后三庚子”，即崇祯后的第三个庚子年。朴氏解释说：

> 曷为后三庚子？记行程阴晴，将年以系月日也。曷称后？崇祯纪元后也。曷三庚子？崇祯纪元后三周庚子也。……清人入主中国，而先王之制度变而为胡。环东土数千里划江而为国，独守先王之制度，是明明室犹存于鸭水以东也。虽力不足以攘除戎狄、肃清中原，以光复先王之旧，然皆能尊崇祯以存中国也。崇祯百五十六年癸卯，洌上外史题。[71]

朝鲜文人在乾隆年间到中国访问，对中国以夷变夏的后果极为不屑，对传统中国充满惋惜。在他们看来，凡是剃发者，即使学识如顾炎武、朱彝尊，也都是犬羊、畜生。朴趾源说：

> 皇帝也薙（剃）发，将相、大臣、百执事也剃发，士、庶人也剃发。虽功德侔殷、周，富强迈秦、汉，自生民以来未有剃发之天子也。虽有陆陇其、李光地之学问，魏禧、汪琬、王士澂（祯）之文章，顾炎武、朱彝尊之博识，一剃发则胡虏也，胡虏则犬羊也。吾於犬羊也何观也？此乃第一等义理也。

他愤懑地表示：“诚得十万之众，长驱入关，扫清函夏，然后壮观可论。”“我朝服事皇明二百余年，忠诚剀挚，虽称属国，无异内服。万历壬辰倭敌之乱，神宗皇帝提天下之兵以救之，东民之踵顶毛发，莫非再造之恩也。……及四海值天崩地坼之运，薙（剃）天下之发而尽胡之，一隅海东虽免斯耻，其为中国复仇刷耻之心，岂可一日而忘之哉！”[72]

明清易代导致中国传统服饰发生了令人痛彻万分的变化，传统服饰只有在戏剧中出现了。朴趾源痛苦地记述道：

> 演剧者蟒袍、象笏、皮笠、棕笠、藤笠、鬃笠、丝笠、纱帽、幞头之属，宛然我国风俗。道袍或有紫色而方领黑缘，此似古唐制也。呜呼！神州之陆沉百有余年，而衣冠之制犹存，仿佛於俳优戏剧之间，天若有意於斯焉。[73]

在此后的李朝历代，朝鲜士大夫的思想中始终遵奉“反清尊明”的思想，与中国的联系也仅保持在名义上的朝贡和经济方面，而在思想文化上则全面停止了交流。可以说，自满洲得天下，这个天下已经不是明朝时期的天下了，东亚国际关系就此已经改变。

日本之身份变迁

日本自丰臣秀吉侵朝失败后本来就已经不再奉明朝正朔，不再向中国朝贡，而清的得天下，则更加加深了日本对中国的隔阂。清初恢复对东亚其他国家的朝贡体制的时候，令日本人大为震惊，他们视清朝为当年侵略日本的忽必烈元朝，保持高度的戒备，长期不和清朝发生正式的政治关系。与朝鲜相比，日本不仅心理上不参与中国规划的东亚秩序，连形式上都不尊崇了。因此，从明清易代之后起，日本已经是完全独立的东亚国家。

此外，日本还另有打算。1603 年，江户幕府缔造者德川家康继承了丰臣秀吉的扩张战略，企图建立起自己想象中的、模仿中国的日本式朝贡体制。经过 1609—1611 年的对琉球征服，日本迫使琉球向其朝贡，琉球也进入同时向明朝和日本朝贡的“双属”时期。

清初日本人以“华夷变态”的观念视中国发生的明清易代，成为当时日本官方的主流意识。德川幕府的儒官、著名的幕府智囊林罗山的儿子林春斋（林恕）于 1674 年将来长崎贸易的中国商人提供的“明清鼎革”以及所有关于中国的情报“唐风说书”编撰成册，题名《华夷变态》。序言中解释道：“崇祯登天，弘光陷虏，唐鲁才保南隅，而鞑虏横行中原，是华变于夷之态也。”[74]

日本人对中国发生的文化巨变甚有感触。他们与朝鲜一样，对于清朝持有夷夏大防的传统观念。尽管经过了 150 年的统治，18 世纪末中国的以夏变夷的情况还是令他们震惊。1799 年（日本宽政十一年，嘉庆四年），长崎地方官中川忠英派遣部下官吏向中国商人系统询问了当时中国社会情况、风俗习惯，编为《清俗纪闻》一书。

其序言当中即表达了日本人对中国易服剃发的蔑视：

序一：

抑夫海西之国，唐虞三代亡论也，降为汉、为唐，其制度文为之隆尚，有所超轶乎万国而四方取则焉。今也，先王礼文冠裳之风悉就扫荡，辫发腥膻之俗，已极沦溺，则彼之土风俗尚真之不问可也。而子信之有斯撰，自有不得已者也。

余观今之右族达官贵游子弟，或轻佻豪侈是习，而远物珍玩是贵。即一物之巧，寄赏吴舶；一事之奇，拟模清人，而自诧以为雅尚韵事，莫此过焉。吁亦可慨矣。

序二：

夫国于天地而有与立焉，日月彝伦推诸四海而无所不准，则奚必华贵而夷贱哉。然必推中国而华之以贵之者，以其三代盛王之所国，而礼乐文章非万国所能及也。

而今斯编所载清国风俗，以夏变于夷者，十居二三，则似不足以贵重。

序三：

北京、盛京之间民俗名物，其为满也纯矣。西南方或大满而小汉矣。其小满而大汉可以观唐宋遗风者，独有闽浙而已。然则明府今日之求不必他及邪，臣等亦不能他及也。[75]

日本人的观感加强了他们对清统治下的中国人的鄙夷和轻视。由此也加强了他们远离中国的决心。实际上，自从清统治中国，日本对古典华夏的心理认同就逐渐消退，乃至变成对现实清国的鄙夷与仇视。并河天民（1679—1718 年）在 1716 年向幕府呈献《开疆录》称："大日本国之威光，应及于唐土、朝鲜、琉球、南蛮诸国。……大日本国更增加扩大，则可变成了大大日本国也。"[76] 1683年（康熙二十三年），德川幕府就颁布了旨在限制华商长崎贸易的贞享令。1715 年（康熙五十三年）德川幕府又向长崎华商颁布"正德新令"，规定以后赴长崎贸易华商必须要持有幕府官方发放的"信牌"才能进行入港交易，并且规定入港华商船数和购铜额。自此，日本与清朝的政治经济关系处于完全对等的地位。

在清代几朝的《大清会典》中，清廷如实地反映了上述事实，并没有把日本列为朝贡国。[77]而中国士大夫与日本的关系也加深了隔膜。直至 19 世纪中期以后，中国才又关注到日本的存在。诚如王韬所说："余尝读日本国史，见其所纪我国之事而慨然焉。我史自汉以来，皆以日本为朝贡之国，列于屏藩，即《大清一统志》亦然。其使奉国书至者，悉以朝贡例之，而日本之史以为未尝内属。……按此，则日本自辩为非我朝藩属，不过聘问往来而已，其说或可信也。因考诸其国史而著厥大凡，俾后之谈东瀛掌故者有可稽焉。"[78]

因此，无论从心理上，还是从国家关系上而言，明清易代之时的日本已经是一个完全独立的国家。所谓东亚朝贡体制早已土崩瓦解。

明清易代时期朝贡体制之被消解

东亚主要行为体因身份认同问题而对传统朝贡体制产生了消解作用。这是一个自发的过程，其主要动因是满洲的"以夷变夏"，与欧洲（西方）的冲击无关。事实上，在 17 世纪至 18 世纪早期，明清易代及之后的时间内，中国和西方国家的关系也处于不能有效维持朝贡体制的过程中。耶稣会即因礼仪之争最终终止了对华关系（1704—1742 年间）。荷兰、西班牙、葡萄牙对中国的“朝贡”完全是一种贸易关系，因为清朝并没有对其国王册封（这是朝贡体制的最核心内容），他们的对华关系是一种“功能性朝贡”，何伟亚说：清初的朝贡体制是“二元的”，通过“朝贡和贸易、礼仪和外交、意识形态和实用主义”等双重的立场得以维持。[79]这与此前中国统治者在东亚曾经构建的具有实质性意义的朝贡体制已经大异其趣。

此外，康熙和雍正年间与俄罗斯的特殊关系也说明朝贡体制在这个时期不能正常维持。康熙二十八年（1689）的《尼布楚条约》、雍正五年（1727）的《布连斯奇条约》以及雍正六年（1728）签订的《恰克图条约》，彼此以平等方式行文，以拉丁文为范本。并且俄罗斯使者在前后多次来华谈判的过程中，坚决拒绝向中国皇帝行象征朝贡的三叩九拜大礼，这些均说明朝贡体制不能真正及于欧洲国家。康雍时期对俄罗斯采取的完全欧洲式的外交方式，是基于俄罗斯和中国发生了大规模战争之后清朝认识到俄罗斯强大的事实。这和日本的情况一样，凡是以强大力量挑战了中国权力的，均没有维持朝贡体制。即便是一些少数民族地区也曾拒绝向清朝朝贡，比如浩罕国。[80]

由于行为体的多元化和对身份认同的抗争，导致中国独尊的天下一统的传统朝贡体制在明清易代时期不能维持其核心和基础的地位。这个时期的东亚主要行为体之间的关系是典型的外交交涉关系，并未尊崇朝贡体制。最重要的三个行为体（中国、日本和朝鲜）事实上已经不存在朝贡关系，而日本和朝鲜对清朝在心理上的不认同，更是消解了朝贡体制的礼仪基础和文化基础。

虽然随着大清一统的加强，从力量结构上而言中国还是部分维持了朝贡的传统体制，但是仅仅整合了中国因素（晚明、清、南明、郑氏集团），并没有真正整合朝鲜和日本。况且中国因素的内部一直充满着“反清复明”的政治诉求。这些都在19世纪末成为推动传统东亚国际体系发生巨变的内在因素。对俄罗斯的条约关系和对西欧的“功能性朝贡”之维持也削弱了天下一统的说服力。大清王朝实际上只是自我满足于想象中的朝贡体制和天下观念当中，因各主要行为体在身份认同上的变迁，已经从根本上改变了传统体制。清王朝不断加强的统一只是暂时掩盖了涌动的东亚各种政治力量将分离行为付诸实施的欲望。直至19世纪，随着中国国家权力的崩溃，东亚国际关系才再次涌动起来。“冲击—反应”模式和欧洲中心论只观察到了传统东亚国际关系后半部分的变化，没有看到前半部分被掩盖的事实。用滨下武志的话来说，即是：“亚洲的近代化是以其对朝贡关系如何处理的内容来决定，而不是由西洋化取代的程度来决定”，“和西方发生的新的关系，顶多只能算是亚洲历史发展的契机或手段而已”。[81]

注释

1. 本章内容曾发表在《国际政治研究》2010年第3期。
2. 本章采用一般意义上而言的身份认同概念，即个人或群体试图追寻、证明自己在文化上、政治上和对他人（其他群体）的关系中的“身份”时表达出的一种观念确认。
3. Thongchai Winichakul, *Siam Mapped: A History of the Geo-body of a Nation*, Honolulu: University of Hawaii Press, 1994. pp. 130, 173.

4. 孟子曰："吾闻用夏变夷者，未闻变于夷者也"（《孟子·滕文公上》）。限于篇幅，朝贡体制中的基本观念及其形态不作进一步探讨。

5. Mark C. Elliott, *The Manchu Way: The Eight Banners and Ethnic Identity in Late Imperial China*, Stanford, Calif.: Stanford University Press, 2001, p. 3.

6. Evelyn Rawski, *The Last Emperors: A Social History of Qing Imperial Institutions*, Berkley: University of California Press, 1998, p. 298.

7. Pamela Kyle Crossley, *A Translucent Mirror: History and Identity in Qing Imperial Ideology*, Berkeley: University of California Press, 1999, and "The Tong in Two Worlds: Cultural Identities in Liaodong and Nurgan during the 13th-17th Centuries", in *Ch'ing Shih Wen-t'i* (《清史问题》), 4: 9, 1983.

8. Edward Rhoads, *Manchus and Han: Ethnic Relations and Political Power in Late Qing and Early Republican China*, Seattle: University of Washington Press, 2000, p. 291.

9. 据《清太祖武皇帝实录》卷一"满洲源流"载，清皇室始祖布库里雍顺"其国定号满洲"，"南朝误名建州"。但是，这是清初《清太祖武皇帝实录》撰稿者的杜撰。清开国时期从未使用"满洲国"一称。参见：潘喆、李鸿彬、孙方明编：《清入关前史料选辑》第一辑，中国人民大学出版社1984年版，第298页。由此可见清初统治者急于表明自己独立建国的心态。

10. [朝] 申忠一：《建州纪程图记》，《清初史料丛刊》第十种，辽宁大学出版社1979年版，第22页。

11. 《后金檄万历皇帝文》述及萨尔浒之战时说："南朝又说我何敢举兵抗拒，中国发兵四十万，四路齐进，意欲剪灭除根。"《清入关前史料选辑》第一辑，第295页。

12. 天命七年四月十七日，金致书明军守将："我汗公正，蒙天眷佑，其南京、北京、汴京，原非一人独据之地，乃诸申、汉人轮换居住之地也。"中国第一历史档案馆、中国社会科学院历史所译注：《满文老档》，中华书局1990年版，第378页。

13. 《清太祖武皇帝实录》卷二，天命三年四月十三壬寅。

14.《清太宗实录》卷十八，天聪八年三月：“明国复无一言。明既为中国，则当秉公持平，乃他国侵我，则置若罔闻。”

15. 乾隆三十二年（1767）谕旨称：“对远人颂述朝廷，或称天朝，或称中国，乃一定之理。”《清高宗实录》卷七八四，乾隆三十二年五月上。

16. 柳诒徵：《中国文化史》下册，东方出版社 2008 年版，第 647—648 页。

17.《清圣祖实录》卷六十九，康熙十六年十月甲寅。

18.《圣祖仁皇帝亲征平定朔漠方略》，卷首，（文渊阁）《四库全书》第 354 册，台北：台湾商务印书馆 1983 年影印本，第 425 页。

19. 清世宗：《大义觉迷录》第 1 卷，中国社科院历史研究所清史室编，中华书局 1983 年版，第 22 页。

20. 同上书，第 5 页。

21. 修于康熙年间、最终成于乾隆年间的《五体清文鉴》，本为官修的一部满文分类辞典。至乾隆末年，随着国家政治上的统一，又增加了汉、蒙、藏、维吾尔文的释文，合称“五体”。乾隆九年（1744）编修的长达 80 卷的《八旗满洲氏族通谱》，加强了满洲民族的自我认同。但是大量证据表明，这次修订活动有目的地销毁了大量史料。

22. Pamela K. Crossley, *A Translucent Mirror*: *History and Identity in Qing Imperal Ideology*, University of California Press, 1999, p. 14.

23. 乾隆朝《大清会典》卷 56，《礼部 · 主客清吏司 · 朝贡》，《大清五朝会典》，线装书局 2006 年版。

24. 赵园：《制度 · 言论 · 心态》，北京大学出版社 2006 年版，第 31 页。

25.［清］全祖望：《梨洲先生神道碑文》，《鲒埼亭集》第二册，卷十一，《国学基本丛书》，商务印书馆 1936 年版，第 136、141 页。

26.［清］黄宗羲：《日本乞师》，《行朝录》卷八，《黄宗羲全集》第 2 册，浙江古籍出版社 1986 年版，第 180—183 页。

27.［清］顾炎武：《日知录》，［清］黄汝成：《日知录集释》上册，上海古籍出版社 2006 年版，第 1 页。

28.［清］顾炎武：《日知录》卷七，《管子不死子纠》，同上书，第 412 页。

29. ［清］顾炎武：《日知录》卷十三，《正始》，同上书，中册，第756—757页。

30. ［美］杜赞奇：《从民族国家拯救历史》，王宪明译，社会科学文献出版社2003年版，第48页。

31. ［西］帕莱福、［比］鲁日满等：《鞑靼征服中国史·鞑靼中国史·鞑靼战纪》，何高济译，中华书局2008年版，第53页。

32. ［西］帕莱福、［比］鲁日满等：《鞑靼征服中国史·鞑靼中国史·鞑靼战纪》，何高济译，第62、64页。

33. 广州城内有三百多黑人，是郑芝龙原来从荷兰人那里得来的奴隶。郑芝龙降清后，一部分归顺大清，另一部分归在金门的郑成功。同上书，第118页。

34. 同上书，第69—70页。

35. 顺治十七年（永历十四年），郑成功曾遣兵官张光启往日本借兵，出使无果的张回来后称："上将军以其前出兵损失，坚意不允；仅助铜熕、鹿铳、盔甲、倭刀而已。"［清］江日升：《台湾外记》，《台湾文献史料丛刊》第6辑，台湾大通书局1959年版，第190页。可见日本曾经有过一定的支持。

36.《清史稿·列传十一·郑成功》载："芝龙率所部降，成功谏不听。"

37. ［南明］杨英：《延平王户官杨英从征实录》，"中央研究院"历史语言研究所1931年影印版，第52—54页。

38. 杨彦杰：《一六五〇至一六六二年郑成功海外贸易的贸易额和利润额估算》，《郑成功研究论文选续集》，福建人民出版社1984版，第224页。

39. 连雅堂：《台湾通史》上册，台湾：黎明文化事业股份有限公司2001年版，第64页。

40. ［西］帕莱福、［比］鲁日满等：《鞑靼征服中国史·鞑靼中国史·鞑靼战纪》，何高济译，第252页。

41. 同上书，第255—256页。

42. 程绍刚译注：《荷兰人在福尔摩莎》，台北：联经出版事业公司2000年版，第561页。"中国大老爷（gran señor）"应该翻译成"国姓爷"。

43.《清史稿·列传11·郑成功》载:“芝龙尝娶日本妇,是生森(郑森,即郑成功)。”连横:“(郑芝龙)居无何,落魄之日本,娶平户士人女田川氏,生成功”(连雅堂:《台湾通史》下册,第864页)。鲁日满:“尼古拉(即郑芝龙)的这个年轻儿子(即郑成功)是日本女人所生,从未信教,也没有接受圣洗礼”(《鞑靼征服中国史·鞑靼中国史·鞑靼战纪》,第228页)。又,笔者在北大图书馆发现一本与18世纪的日本人林春斋所编同名的书《华夷变态》,其中,郑成功说:“成功生于日。”见《郑成功启日本文》,载小林叟发编:《华夷变态》,东京:秀光社,第60页。此书出版时间标为“黄帝纪元4604年”,黄帝纪元是中国清朝末期革命派使用的纪元。黄帝纪元4604年应为公元1906年。所以,这本《华夷变态》应为支持中国革命派的日人所编。里面还编有吴三桂的讨清檄文。此足以证明明清易代的长波段的历史性影响一直持续到晚清革命时期。

44. [日]近松门左卫门:《国姓爷合战》,《近松净琉璃集》下册,《新日本古典文学大系》第92卷,东京:岩波书店1995年版,第244—245页。

45. 郑经说:“本藩焉肯坠先王之志。”“和议之策不可久,先王之志不可坠。”[清]夏琳:《海纪辑要》,《台湾文献丛刊》第22种,台北:台湾银行经济研究室1958年版,第37页。

46. 郑经与清使谈判时以朝鲜“免剃发”为借口,声称只要“免剃发,不登岸”即可称臣纳贡,所谓:“朝鲜岂非箕子后乎?士各有志,苟能如朝鲜例,则敢从议,若欲削发,至死不易。”清臣明珠复书说:“但以阁下为中国之人,不宜引朝鲜之例”,不允。[清]江日升:《台湾外记》,《台湾文献史料丛刊》第6辑,第253页。

47. 这个说法出自李筱峰、刘峰松:《台湾历史阅览》,台北:自立晚报出版部1999年版,第67页。1664年3月郑经失去大陆后来台,又永历帝业已被弑,乃谨守藩封,废东都,以“东宁”称全台湾,在与清廷大臣明珠的书信中,也自称“建国东宁”,并非“东宁国王”,即“东宁”从未成为国号。《台湾外记》记载了几个郑经与明珠之间往返的文件,其中七月初七日条,《复明珠书》云:“顷自迁界以来,五省疏离,万里丘墟,是以不谷不惮远离，建国东宁。”又《复明珠书》云：“远绝大海，建国东宁，于版图疆域之外别立乾坤。”［清］江日升：《台湾外记》，《台湾文献史料丛刊》第6辑，第256页。

48. 1670年6月23日，英国东印度公司万丹分部航抵台湾，当英国代表Crispe离船上岸向郑经递交万丹分部经理的信函时，“沿途两旁皆有士兵排列，由两位大官陪同入宫晋谒，国王（指郑经）盛装高坐，Crispe依照英国人之仪式行礼后，即献呈公函。宣读公函时，放炮鸣锣，唱歌庆祝”（台湾银行经济研究室编印：《十七世纪台湾英国贸易史料》，《台湾研究丛刊》第57种，1959年版，第25页）。实际上，当时东方皇权制度下次于皇帝的“王”，在英文中也可叫“King”，郑经是南明的延平王，并非与欧洲意义上的国王一样。

49. 袁冰凌：《新发现的郑经致“荷兰出海王”信考》，《东南学术》2001年第6期。作者发现了这封保存于荷兰莱顿大学图书馆的信，并首次进行了考证。

50. 《清史稿·列传四十七·施琅》：“琅募荷兰国水兵，以夹板船要击，斩级千馀，乘胜取浯屿、金门二岛。叙功，加右都督。三年，加靖海将军。”

51. 比如，《鲁王谕琉球国王》说：“汝国为我朝屏藩，殚宣忠允，嘉尔懿德，将锡新封。呜呼，中国尊安四方，得所予。”见《华夷变态》，东京：秀光社，黄帝纪元4604年（1906年）印刷。

52. 崇祯十七年（1644）七月，兵部右侍郎左懋第被派往北京议和，称顺治帝为清国可汗。在诏书中，弘光帝提出四件事：要安葬崇祯帝及崇祯皇后、以山海关为界，关外土地给予清朝、每年十万岁币，并“犒金千两、银十万两、丝缎万匹、犒银三万两”、建国任便。意图令南明和清朝共存，通好议和。不过左懋第到北京被囚，使事失败。

53. 方豪：《中国天主教史人物传》中册，中华书局1988年版，第275页。

54. 以上二书见方豪：《中国天主教史人物传》上册，中华书局1988年版，第295—297页。亦见黄一农：《南明永历朝廷与天主教》，《中梵外交关系史国际学术研讨会论文集》，台北：辅仁大学历史学系2003年版，第79—

118页。

55. 杨森富：《中国基督教史》，台北：台湾商务印书馆1968年版，第148页。

56. 方豪：《中国天主教史人物传》上册，第311页。

57. 黄一农：《南明永历朝廷与天主教》，《中梵外交关系史国际学术研讨会论文集》，第79—118页。

58. 郑氏家族和南明向日本乞师事见：［日］藤家礼之助《日中交流二千年》，张俊彦、卞立强译：北京大学出版社1982年版。

59.《清太祖实录》卷六，天命四年五月癸未朔。

60. 吴晗辑：《朝鲜李朝实录中的中国史料》，中华书局1980年版，第8册，第3301—3313页。

61. 同上书，第3318页。

62.《清太宗实录》卷三十三，崇德二年正月戊辰。

63.《清史稿》，本纪四，世祖本纪一。

64. 吴晗辑：《朝鲜李朝实录中的中国史料》卷八，第11册，中华书局1962年版，第4397页。

65. 朱云影：《中国文化对韩越的影响》，台北：黎明文化事业公司1981年版，第264页。

66.［朝］金履安：《华夷辩》下，《三山斋集》卷十，《杂著》，韩国民族文化推进会编：《标点影印韩国文集丛刊》第238册，汉城：景仁文化社1999年版，第503页。

67.［朝］金钟厚：《本庵集》卷3，《答洪德保》，韩国民族文化推进会编：《标点影印韩国文集丛刊》第237册，汉城：景仁文化社1999年版，第380页。

68.［韩］闵镇远：《燕行录》，《燕行录选集》下册，汉城：成均馆大学校1962年版，第342页。

69.［朝］洪大容：《乾净笔谈》，《湛轩燕记》卷五，《燕行录选集》，汉城：成均馆大学校1962年版，上册，第398页。

70.［朝］朴趾源：《鹄汀笔谈》，《热河日记》，朱瑞平校点，上海书店出版社1997年版，第226页。

71. [朝] 朴趾源：《热河日记》卷一，朱瑞平校点，上海书店出版社 1997 年版，第 1 页。

72. 同上书，第 60—61 页。

73. 同上书，第 81 页。

74. [日] 林春斋、林凤冈编：《华夷变态》，《东洋文库丛刊》第十五，东京：东方书店 1981 年再版，第 1 页。

75. [日] 中川忠英编著：《清俗纪闻》，方克、孙玄龄译，中华书局 2006 年版，第 2、3、5—6 页。

76. 转引自 [日] 本庄荣治郎：《日本经济思想史研究》，东京：有斐阁 1960 年版，第 34 页。

77. 只有《大清一统志》（乾隆八年，1743 年成书）错误地将日本列入朝贡国，反映出前清士大夫的自负心理。

78. [清] 王韬：《日本通中国考》，《弢园文录外编》，上海书店出版社 2002 年版，第 118—119 页。

79. James Hevia, *Cherishing Men from Afar: Qing Guest Ritual and the Macartney Embassy of 1793*, Durham, NC: Duke University Press, 1995, p. 14.

80. [美] 杜赞奇：《从民族国家拯救历史》，王宪明译，第 46 页。

81. [日] 滨下武志：《近代中国的国际契机：朝贡贸易体系与近代亚洲经济圈》，第 32 页。

第五章　“中国”国名的形成与近代民族主义的构建[1]

李扬帆

导　读

国名对于民族国家的身份认同具有强烈的凝聚意义和符号价值。“中国”作为一个国家名称的形成有其特殊的历史背景。在以天下观念为核心的王朝时期（1912 年以前），中国并没有将“中国”正式、长期和稳定地作为自己国家的名称，而是以王朝的名称代替国家的名称。近代从西方引进的民族国家意识兴起后，作为民族主义主观构建过程的最终结果，“中国”才凝结成为中国的正式国家名称，构成了中国人对其身份的认同。然而，用民族主义叙述中国身份认同具有相当大的局限性，中国式的民族主义与源自欧洲的民族主义存在本质上的差别。欧洲民主意识先于民族主义产生，而中国却走向了其反面，同时，在构建民族国家的过程中，中国传统的天下观念并没有退出历史舞台，并且中国回归了大一统。

“中国”国名渊源暨中外交流中中国的称谓

不在乎国名的王朝国家

世界上绝大多数国家的国名是在历史上逐渐形成的。国名具有排他性，宣示一国之主权。国名也具有形成后的稳定性，代表在国际上该国的国际人格，且不以政权名称的变更而改变。《奥本海国际法》以法国为例说：“在过去几个世纪中，法国虽然取得、丧失和收复它的一部分领土，曾经改变它的朝代，曾经是一个王国、一个共和国、一个帝国，然后又是一个王国，又是一个共和国，又是一个帝国，而现在又是一个共和国，仍然保持了它的同一性，尽管有这些重要变动，法国作为国际人格者的一切国际权利和义务仍然继续不变。”[2]

与这种频繁的变化相比，中国的情况颇为类似，只是法国发生的是政体的变化，中国则是王朝的循环。辛亥革命之前的中国历史可以称之为王朝循环的历史，这是中国历史的特殊现象，所谓“天下大势，分久必合，合久必分”。王朝时期，中国不断发生“易姓革命”，每一个得到中国的政权皆以家族世袭模式君临天下，同时，作为核心治统价值观的天下观[3]也因此抹杀了构建国家名称的必要性。天下观念在本质上是反民族主义的。天下观支配下的中国，不认为自己是世界的一部分，也没有主权意识，因此谈不上为国家取一个名字的需要。[4]

天下观念也可称为“世界主义”，“中国人的理想人生实在并不错，错的只在他的世界主义上。要真实表现出中国人的理想人生，则非真达到世界主义的路程上不可。但中国人自始就自认为中国已是一个大世界。中国文化在此一点上走过了头，使它和现实的世界脱节，不接头”[5]。这种世界主义的后果之一就是自身身份的模糊性。在天下观念的支配下，中国自统一王朝建立之后直至晚清，一直缺乏一个一以贯之的“国家名称”，而只有王朝名称。换言之，传统中国在民族身份认同上出现了问题。迟至晚清，中国学者才幡然醒悟般意识到这个问题。1900 年，主张新民说的梁启超论曰：“吾中国有最可怪一事，则以数百兆人立国于世界者数千年，而至今无一国名也。”[6] 为了唤醒国人的现代国家意识，梁启超把中国人国家观念的缺失总结为三个特点：“不知国家与天下之差别”，“不知国家与朝廷之界限”，“不知国家与国民之关系”。[7]

梁启超意识到要树立近代国家观念，首先必须从“不知国家与天下之差别”的传统天下观中摆脱出来。“中国人向来不自知其国之为国也。我国自古一统，环列皆小蛮夷，无有文物，无有政体，不成其为国，吾民亦不以平等之国视之。故吾中国数千年来，常处于独立之势，吾民之称禹域也，谓之为天下，而不谓之为国。”他深刻地批判了那种用天下代替国家的传统思维，指出传统天下观的弊端导致“中国人一方面骄傲而不愿与他国交通”，另一方面“又怯懦而不欲与他国争竞”。梁启超强烈感受到在这个“自由竞争最烈”的世界，已经容不得这种超脱的思想。[8] 这是中国进入 20 世纪后对国家和国权十分敏感的历史性原因。

晚明[9] 以前“中国”的概念及西方对中国的早期称谓

晚明以前“中国”概念的使用

在讨论古人对自己国家身份的认识时，首先要考虑的问题即是“我们是谁?”“中国”是我们共同具有的身份，但这个概念并不是一开始就代表“这个地区”具有的国别意义上的政治身份。在历史上“中国”有多种含义。

王尔敏指出，先秦典籍中的“中国”一词虽有“京师”“国境之内”“诸夏之领域”“中等之国”“中央之国”五种含义，但最主要的是被用来指称“诸夏之领域”：

> 在秦汉统一以前，“中国”一词所共喻之定义已十分明确。那就是主要指称诸夏之列邦，并包括其所活动之全部领域。至于此一称谓之实际含义，则充分显示民族文化一统观念。诸夏列邦之冠以“中国”之统称，主要在表明同一族类之性质与同一文化教养之两大特色。因为实际上自远古以来并无政治统一之事实，而族类之混同，则已构成一致同血缘之庞大族群，在当时则称为诸夏。同时文化之融合与同化，也已构成一致之观念意识，生活习惯，语言文字与社会结构，在当时则形容为中国。所以“中国”称谓之形成，实际显示出当时中华族类全体之民族与文化统一观念。[10]

在金文中，“中国”一词最早见于西周成王（公元前1042—前1021年在位）时代。1963年，陕西宝鸡出土的何尊铭文记载：“隹（唯）武王既克大邑商，则廷告于天，曰：‘余其宅兹中或（国），自之乂民。’”[11]与《逸周书·度邑》对读可知，这里的“中国”指的是河洛交汇的今洛阳地区。在古书中，“中国”最早见《尚书》之《梓材》篇“皇天既付中国民，越厥疆土于先王”。意思是皇天上帝将中国版图及其人民赐给先时的圣王。

在《诗经》中，“中国”多次被使用，多是表示和四方、四夷对应的中原地区，既有地理方位的意义，也有文化的意义。如：“惠此中国，以绥四方”[12]；“《小雅》尽废，则四夷交侵，中国微矣”。[13]

在秦、汉、唐、宋几大王朝时期，“中国”一词在官方历史文献中频繁出现，在此不一一举例。其共同特征是从没有一个王朝将“中国”作为一个固定的国家名称。下面略述“中国”概念在稍晚近的明清两代的使用情况，兼及西方对中国称呼的变迁。

其一，明初官方文档的记录中，交替使用“中国”“中华”“中原”等词。

朱元璋北伐檄文（1367年）中说：“自古帝王临御天下，中国居内以制夷狄，夷狄居外以奉中国，未闻以夷狄居中国而制天下者也。自宋祚倾移，元以北狄入主中国，四海内外，罔不臣服，此岂人力，实乃天授。彼时君明臣良，足以纲维天下，然达人志士，尚有冠履倒置之叹。”“当此之时，天运循环，中原气盛，亿兆之中，当降生圣人，**驱除胡虏，恢复中华**，立纲陈纪，救济斯民。”[14]1369年（洪武二年），朱元璋致日本国书说道：“上帝好生，恶不仁者，向者我中国，自赵宋失驭，北夷入而据之，播胡俗以腥膻中土，华风不竞，凡百有心，孰不兴愤。自辛卯以来，中原扰扰。彼倭来寇山东，不过乘胡元之衰耳，朕本中国之旧家……”[15]同时赐爪哇国王玺书曰：“中国正统，胡人窃据百有余年，纲常既隳，冠履倒置，朕是以起兵讨之，垂二十年，海内悉定。朕奉天命，已主中国，……”[16]

洪武二十八年（1395）九月，明太祖在垂暮之年，为明朝的万世基业着想，将不可兴兵轻伐之构想写进祖训之中（始纂于洪武二年，1369年），其中使用“中国”概念：

> 四方诸夷皆限山隔海，僻在一隅，得其地不足以供给，得其民不足以使令。若其不自度量来扰我边，则彼不祥；彼既不为中国患，而我兴兵轻伐，亦不祥也。吾

恐后世子孙倚中国富强，贪一时战功，无故兴兵，致伤人命，以干天和，切记不可。[17]

永乐末年，翰林院侍读李时勉、侍讲邹辑等人就曾上奏称，“连年四方蛮夷朝贡之使，相望于道，实罢（疲）中国。宜明诏海外诸国，近者三年，远者五年一来朝贡，庶几官民两便”，而明成祖“嘉纳之”。[18]嘉靖四十三年（1564 年），福建巡抚谭纶在《条陈善后未尽事宜以备远略以图治安疏》中指出：“闽人滨海而居者不知其凡几也。大抵非为生于海则不得食，海上之国方千里者，不知其凡几也，无中国续绵丝帛之物。则不可以为国。”[19]

其二，在论及海防或论及与海外关系时，明朝士大夫在著述中也曾使用“中国”这个概念。

郑和最后一次下西洋的次年（宣德九年，1434 年），巩珍著《西洋番国志》，这是关于郑和下西洋的最初著述。书中以“中国”称明朝：占城国（今越南南部）“所喜者中国青瓷盘碗等器”。“国王岁采方物犀角象牙茄蓝等香赴中国进贡。”[20]爪哇国（今印度尼西亚）通用中国铜钱：“中国铜钱通使。”[21]“亦有村主，管番人千余家门。亦有中国人。”[22]“国人多富，买卖俱用中国铜钱。”“每斤二十两，每两十六钱，每钱四姑邦。每姑邦该中国秤二分一厘八毫七丝五忽”，“以八升斗，名曰捺黎，该中国一斗四升四合”。“国人常采方物，遣使进贡中国。”[23]暹罗国（今泰国）“若其妻与中国男子情好，则喜曰：‘我妻有美，能悦中国人’。”[24]古里国（今印度西海岸一大城）国王“遣头目乃那进贡中国”[25]。

记载郑和下西洋的另一著作、费信的《星槎胜览》中，也用“唐人”称呼中国人。如说真腊国刑罚规定：“蕃人杀唐人偿其命，唐人杀蕃人则罚其金，无金卖身赎罪。”[26]

嘉靖年间，郑若曾在《筹海图编》中多次用“中国”与“倭”（日本）对称。如记载主事唐枢所说：“今之海寇，动计数万，皆托言倭人，而其实出于日本者，不下数千，其余皆中国之赤子无赖者，入而附之耳。大略福之漳郡居其大半，而宁、绍往往亦间有之，夫岂尽能为倭也。”[27]

曾任过行人司行人的严从简，编成《殊域周咨录》一书，其中“中国”“华”用以表达国家名称。万历二年（1574年），严从简写道：

> 按四夷使臣多非本国之人，皆我华无耻之士。易名窜身，窃其禄位者。盖因去中国路远，无从稽考。朝廷又惮失远人之心，故凡贡使至必厚待其人，私货来皆倍偿其价，不暇问其真伪。射利奸氓，叛从外国益众，如日本之宋素卿，暹罗之谢文彬，佛郎机之火者亚三，凡此不知其几也。遂使窥视京师，不独经商细务，凡中国之盛衰，居民之丰歉，军储之虚实，与夫北虏之强弱，莫不周知以去。故诸蕃轻玩，稍有凭陵之意，皆此辈为之耳。为职方者，可不慎其讥察也哉！[28]

因此，就明朝廷而言，自我身份的认同问题主要发生在对外关系当中。但“中国”“中华”“中原”“唐”的混用，也说明明朝没有将“中国”作为固定的、正式的国家名称。

西方对中国的早期称谓

一般而言，“认同”（identification）是一个双重的过程，既包含了自身认同，也包含了他者认同。在初期的中西交往中，中国自身认同和他者认同在中国国名称谓上并不统一。原因也是双方的，由于信息的不对称和中国特殊的世界观，以及西方对东方的想象，导致了这种不统一。

西方人最初称中国为拉丁文中的“塞里斯”（Seres）。莱布尼茨认为，“中国人在很早以前就已接受过耶稣的福音。我们知道，罗马人和希腊人曾称中国人为‘塞里斯人’（Seres）”[29]。莱布尼茨在这里说的中国接受福音，指的是景教曾经在中国流传。从欧洲方面来讲，至少在古希腊地理学家斯特拉波（Strabo，公元前63/64—24年）的眼中，丝国人（Seres）就是指中国人。[30]

在公元1000年左右，诺特克尔·托伊托尼库斯（Notker Teutonikus）在他的波伊提乌斯评注中，首次用德语提到了“赛里斯”（Seres），意指一个遥远、梦幻般以生产丝绸著称的亚洲国家。随后，海因里希·勒弗（Heinrich der Love）在其《卢西达留斯》（1190年）、鲁道夫·冯·艾姆斯（Rudolf von Ems）在其《世界编年史》（1240年）中也提到了“赛里斯”这个名字。[31]

《圣经》中有一个叫“Syene”或“Sinim”的国家。圣经古卷中希伯来文写的是“Sinim”，今日较通用的英文圣经《修订标准本》（1952年）与《牛津圣经新译本》（1970年）已将“Sinim”（希尼，埃及一个古小国）改为“Syene”即“秦”国。《圣经·以赛亚书》第49章12节写道：“看啦，这些从远方来；这些从北方、从西方来；这些从秦（原文是西尼）国来”（Lo, these shall come from far away, and lo, these from the north and from the west, and these from the land of Syene.）。[32]但是，对于“Syene”是否是指中国的秦国，是有争议的，其中主要是时间问题。以赛亚作为先知的时代是公元前720年至公元前681年，当时中国处于东周时期，秦国当时仅是数百诸侯国之一，且其影响力无法与后世的秦帝国相比。但是，鉴于秦国处于中国最西段，并且陆上丝绸之路必经秦国，因此，用“Syene”指代中国也是可能的。西方传教士们相信，这就是指中国。晚明时期的西班牙的门多萨[33]、法国的李明[34]等传教士，即坚持认为中国古人早就和基督教有了接触。1842 年，美国长老会海外传教差会派到中国本土的第一位传教士娄礼华（Walter Macon Lowrie）到达澳门，他就认为，《圣经》中的这段话就是神派遣他们到中国传教的预言。[35]

晚明时期西方对中国国名的观察

利玛窦（Matteo Ricci）之前

中国没有自己固定的国名，这在晚明时期即已被传教士们观察到了。1549 年，非法进入中国被中国俘虏的葡萄牙人伯来拉记述道：

> 我们习惯把这个国家叫做“China”，百姓叫做“Chins”，但当我们被囚时，我决定了解一下他们的名称，有时他们也问我们，因为我们叫他们 Chins，他们不懂我们的意思。我回答说，所有印度的居民都叫他们 Chins，因此我请他们告诉我，为什么他们叫这个名字，或许他们有一个叫这个名字的城，像葡萄牙得名于葡萄牙古城（Porto，Oporto），其他民族也同样得名于他们的王国。他们对此的回答始终是，没有这个名字，从来都没有过。然后我问他们，整个国家叫什么名字，如果有别的民族问他们是哪国人，他们怎样回答。他们告诉我说，这个国家在古代有很多国王，尽管现在都归一个统治，每个国家仍拥有它最初的名字，这些国就是我前面提到的省。他们最后说，整个国家叫做大明（Tamenb），

居民叫做大明人（Tamenjins），因此在本国没有听说他们名叫 China 或 Chins。我认为邻近另有一个叫做交趾支那（Cochinchina）的国家，爪哇（Joas）和暹罗（Siames）人因靠近马六甲，对它必定有最初的认识和了解，由此既产生一个民族和另一个叫做 Chins 的名字，整个国家也被叫做 China，但他们的本名则如上述。[36]

葡萄牙人到来之前，欧洲对中国的称谓主要来自马可·波罗的记述。在《游记》中，中国被称为“Cathay”，葡文常写作“Catalo”，就是曾经在中国北方称雄一时的“契丹”。自中国向西，明末以前，中国被称作“China”或“Chys”“Chin”“Cina”“Sina”，这是阿拉伯人、马来人最早对中国称呼的转音。这一称谓，当始于秦始皇统一六国并发展对东南亚通商贸易之后。可知，“China”一词所表示的既不是“瓷器”，也不是“茶”，而是对外产生重大影响的强大的“秦”或“秦国”。自 15 世纪中叶起，葡萄牙人一直向往到达那个“遍地黄金”的“Cathay”。然而，他们并不清楚这个“Cathay”其实就是“Chin”。

1581 年，西班牙人门多萨（Juan Gonzalez de Mendoza）曾准备从西属墨西哥前往中国，并携带着国王费利佩二世的信，但墨西哥方面没有支持他的行为，致使他滞留于兹。在此期间，他利用所收集的大量有关中国的宝贵资料，写出了震撼欧洲的旷世杰作：《中华大帝国史》，在 1585 年出版。尽管他没有到中国，但他记载了当时中国人对国家的称呼：“这个大帝国我们习惯称之为中国，没人知道这样称呼的来源和根据。中国附近各帝国将它称作‘常来’（Sangley），中国自己的语言称作‘大明国’。大明国的含义就是‘帝国’的意思。”[37]

1603 年，鄂本笃（Bento de Goes）修士奉印度上司之命，穿上亚美尼亚人的服装，携带为了生活也为了便于通行的商货，从莫卧儿国都城拉合尔出发，去寻找传说中的契丹国。第二年冬天，他们到达长城，经由一个叫做嘉峪关的地方进入中国，他认为这就是契丹的别名。[38]鄂本笃是近代第一个从西部进入中国的天主教士，这极有利于澄清中国与曾经存在的契丹王朝的关系。

直到意大利耶稣会士利玛窦据鄂本笃日记辑录整理，了解了中国西部情况后，在 1608 年 3 月 8 日自北京致函耶稣会会长，指出“China”就是过去人们所说的“Cathay”，北京就是马可·波罗讲述的“Cathay”的古都汗八里，最终证实了“China”就是“Cathay”的另外一个名字时，这场长达一个多世纪的争执才算结束。[39]

利玛窦时代

利玛窦到达中国（1582 年）后，对中国的名称做了最明确的考证。晚年他将自己的传教经历写下来，由比利时籍耶稣会士金尼阁（Nicolas Trigault，1577—1628）于 1613 年在回欧洲的途中翻译、整理，即《利玛窦中国札记》。其中写道：

> 这个远东最遥远的帝国曾以各种名称为欧洲人所知悉。最古老的名称是 Sina，那在托勒密（Ptolemy）的时代即已为人所知。后来，马可·波罗这位最初使欧洲人颇为熟知这个帝国的威尼斯旅行家，则称它为 Cathay。然而，最为人所知的名称 China 则是葡萄牙人起的，葡萄牙人在大规模海上探险之后到达这个王国，并且直到今天仍在东南部的广东省进行贸易。China 这个名称被意大利人和其他几个欧洲国家稍加改变，因为他们不熟悉和拉丁语略有不同的西班牙语的发音。所有西班牙人读

China 的发音都和意大利人发 Cina 这个音相同。……毫不足奇的是，中国人从来没有听说过外国人给他们的国度起过各样的名称，而且他们也完全没有察觉这些国家的存在。在他们当中，没有发现这些名称的任何迹象，也没有任何理由可以解释这么繁多的名称。中国人自己过去曾以许多不同的名称称呼他们的国家，将来或许还另起别的称号。这个国度从远古时代就有一个习惯，常常是统治权从一个家族转移到另一个家族，于是开基的君主就必须为自己的国家起一个新国号。……从目前在位的朱姓家族当权起，这个帝国就称为明，意思是光明；现在明字的前面冠以大字，因而今天这个帝国就称为大明，也就是说大放光明。与中国接壤的国家中，很少有知道这些不同名称的，因此中国境外的人民有时就称它这个名称，有时又称它另外一个。今天交趾人和暹罗人称这个帝国为 Cin，从他们那里葡萄牙人学会了称这个帝国为 China。日本人称它为唐。鞑靼人称它为汉，而生活在更西边的撒拉逊人（Saracen）则称之为 Cathay。在中国人自己——拉丁作家们总是按托勒密的办法经常称他们为中国人——除了新王朝以来就取一个名字以外，这个国家还有一个各个时代一直沿用的称号，有时候别的名字就和这个称号连用。今天我们通常称呼这个国家为中国（Ciumquo）或中华（Ciumhoa），第一个词表示王国，另一个词表示花园。两个字放在一起就被翻译为“位于中央”。我听说之所以叫这个名称是因为中国人认为天圆地方，而中国则位于这块平原的中央。[40]

被利玛窦称作各个时代一直沿用的“中国”或者“中华”，在明朝时期的确也在使用。通常是在提及外事时使用。从此，“China”便成了外国特别是西方国家对中国的称呼。然而，自从公元912年阿保机继皇帝位建立契丹国，中国北部邻邦俄罗斯即以“КИТАЙ”（契丹）称中国[41]，且至今没有更改。

《利玛窦中国札记》记载，鄂本笃修士于1605年年底到达甘肃，“一进入长城，再走一天便达肃州（Soceu）城，在那里他们听人谈到北京和他们曾经听说过的其他地方。就在这里，鄂本笃修士最终打消了他对契丹和中国除了名字之外完全是同一个地方这一点所抱的任何怀疑”[42]。

清前期中国国名及中国的身份认同

清朝对边疆少数民族地区和台湾等的治理，是中国历史上重新界定中国国家特性的一次巨大突破，是一种前所未有的宏伟大业。[43]清朝统治者在完成自身身份认同转变的同时，也重塑了中国作为一个多民族国家的身份。

作为主体的入主中原的清朝，直到雍正时期，才正式地就“天下”巨变带来的身份迷失作出政治上的权威解释。雍正六年（1728年），曾静并不成功的谋反导致雍正注意到问题的严重性，他敏锐地认识到清朝尚未取得统治的合法性是导致汉人不认同的根本原因，这是夷夏大防的传统价值观产生的心理隔阂。于是，雍正著《大义觉迷录》颁布全国，为其以夷变夏的合法性辩护。

雍正帝承认满洲为“夷”，“夷狄之名，本朝所不讳”[44]。但是，他指出华、夷的本义不是文化的差别，只是地域上的区别，“不知本朝之为满洲，犹中国之有籍贯”。而统一天下最重要的是德，不管是华还是夷，有德者可得天下，“上天厌弃内地无有德者，方眷命我外夷为内地主”。也就是说，满洲人因德有天下，“舜为东夷之人，文王为西夷之人，曾何损于德乎”[45]。

但是，雍正在论证以夷变夏的统治合法性时，仍然混同使用了“天下”“中国”和“华”的概念。

最终得到“天下”并巩固了治理之后，至乾隆中期，“天朝”和“中国”都可正式作为清朝对自己身份的确定称谓。[46]自信的中国统治者有意模糊作为天下的中国与作为一个国家的中国概念，其根本原因仍然在其天下观念的理想主义情结。这种理想主义情结主要体现在：王朝统一且力量强大时，周边国家的朝贡成为普遍现象，而交通不便和交流甚少的海外和更远的西方则会被想象成朝贡地区。对于根本就不是来朝贡的、实际来做贸易的西方国家，仍然将其记录为朝贡，甚至煞有介事地记录它们朝贡不定期、不定额。[47]

在与欧洲国家的早期关系中，与俄罗斯的关系是清朝比较特殊的对外关系。由于俄罗斯一直拒绝被纳入朝贡体制，其使臣也拒绝向中国皇帝行象征臣属的三拜九叩之礼[48]，加上俄罗斯在几次战役当中，使清朝认识到其强大，因此有理由认为中国天下体制的变通性往往以对手是否强大为前提。早期西班牙、荷兰、葡萄牙和英国未能像俄罗斯那样与中国发生大规模军事冲突，也就未能展示其国力之强大，这是它们始终被当成朝贡体制中夷狄的主要原因。清朝最初与俄罗斯签订的条约都是以典型的欧洲国与国之间的条约为蓝本，中国在这些条约中体现了何种自我认同呢？

1689 年 9 月 7 日（农历七月廿四日）《中俄尼布楚条约》签订。《条约》开头称：“中国大皇帝钦差分界大臣领侍卫内大臣议政大臣索额图……”[49]但此《条约》只有拉丁文、满文和俄文本，并没有汉文本。中俄双方于1727年11月2日签订《恰克图条约》，该《条约》所付通商定约规定："中国行俄罗斯之公文，仍照从前用理藩院印信，咨行二龙山萨那特衙门，及托博勒城守尉印信，咨行中国理藩院衙门。""此次议定，互相给与之文凭，使臣萨瓦用俄罗斯文字兼书拉替努文字，钤印书押，交中国大臣存贮；中国大臣用满洲文字书拉替努文字，钤印画押，交俄罗斯使臣萨瓦存贮。"[50] 其中的"中国"一词均属俄文、拉丁文和满文翻译过来，换句话说，这里的"中国"称谓是外国对中国的称呼，而不是清朝的自称。

晚清中国的国名及其最终的确定

条约中的国名和国民的自我认识

由于长达数百年并没有强大的国家力量（俄罗斯除外）对中国产生危及国家存续的外来侵略，在天下观的关照下，对"他国"的意识是建立在中国优势基础之上的真实事实。由此导致中国并不存在一个清晰的"敌人"意识。通常，通过对"敌人"的定位是确立自己身份认同的重要一环，这种情况直到19世纪后期才发生。

从晚清开始，中国和外国的传统朝贡关系，开始由条约关系逐渐取代。条约是主权国家之间的约定。如此，如何在条约中称呼自己则体现了对自己身份的认同。在通常情况下，"中国"代表了国家，"大清"代表了政府。当然也有用"中华"代替国家者。

《南京条约》（1842年8月29日）是中国第一个与欧洲国家签订的有中文本的近代条约。其中说："兹因大清国大皇帝，大英君主，欲以近来之不和之端解释，息止肇端，为此议定设立永久和约。"割让香港岛的规定是"今大皇帝准将香港一岛给予大英国君主暨嗣后世袭主位者常远驻守主掌，任便立法治理”。所欠英商三百万元，“准明由中国官为偿还”。关于释放罪犯的规定“且凡系中国人，为英国事被拿监禁受难者，亦加恩释放”[51]。这是第一次在外交中正式混同用中文使用“中国”和“大清国”的称呼。

《虎门条约》（即《五口通商附粘善后条款》，1843 年 10 月 8 日），称“中华地方官必须与英国管事官各就地方民情，议定于何地方，用何房屋或基地，系准英人租赁”（第七款）。[52]可见也有用“中华”的情况。

洋务运动期间，在使节递交的国书当中，中国自称“大清国”，如薛福成向英国女皇维多利亚递交的国书抬头即说：“大清国大皇帝，问大英国大君主、五印度大后帝好。”[53]

经过 60 年的中外冲突，中国人对自己身份的认识发生什么变化了吗？从《辛丑各国和约》（1901 年 9 月 7 日）来看，“大清国”“大清国国家”“中国”和“中国国家”仍然在混同使用。甚至在一句话当中，也是混同使用。如在同一段中都混同使用：“大清国国家既如此，按以上所述西历一千九百年十二月二十二日，即中历光绪二十六年十一月初一日文内各款，足适诸国之意妥办，则中国愿将一千九百年夏间变乱所生之局势完结，诸国亦照允随行。”[54]

国人对自己国名的认识，反映出“天下”观念和王朝意识导致国人在身份认同上的混乱。1907 年，日本早稻田大学清国留学生部存藏的毕业纪念题名录《鸿迹帖》第四册中，共有 95 人题词，其中有 62 人附记了自己的国籍，其写法如下：支那 18 人[55]，清国 12 人，中国、中华 7 人，不附国号者 25 人。[56]

出现这种情况不是偶然，它反映出天下观念和王朝意识对中国人对自己国家身份认同的影响是深远的。

辛亥革命前后中国国名的诠释与确定

辛亥革命前，“中国”被革命者诠释为革命后拟建立的“中华民国”。“中华民国”国号的提出者是孙文，章炳麟的《中华民国解》则对之进行了解释与分析。[57]在这篇1907年的宏文中，章炳麟雄辩地论证了“华”“夏”与“汉”的关系，说“华云、夏云、汉云，随举一名，互摄三义。建汉名以为族，而邦国之义斯在。建华名以为国，而种族之义亦在。此中华民国之所以謚”。而中国在字面上无特别意义，仅指地理位置居中。“印度亦称摩伽陀为中国，日本亦称山阳为中国，此本非汉土所独有者。”章太炎强调了文化认同对形成中华的意义，他设问道：“纵今华有文化之义，岂得曰凡有文化者尽为中国人乎？”只有“特以同有文化，遂可混成为一”。指出中华文化实质上是汉族文化，而蒙、回、藏乃至满等少数民族只是在被汉族文化同化之后才能纳入中华文化之中。[58]

1911年，辛亥革命（武昌起义）以后，“中国”的称呼才固定下来。革命党人于1911年11月11日晚组织了谋略处，作出了下面这样一些重要决定：“一、以咨议局为军政府及都督；二、称中国为中华民国；三、四（阙）；五、称中华年号为黄帝纪元四千六百零九年……”[59]“称中国为中华民国”的含义深远：其一，它说明在此之前，“中国”已经是这个地方的国家和民族的称号，“中华民国”只是将其具体化。即先有中国，而后才有中国的各种解释。其二，它说明自此后，“中国”概念由文化、地域和模糊的指称正式被赋予了明确的政治含义。中国不再是文化共同体，而是现代政治共同体的指称了。

可以说，“中国”的名称是在天下观念的崩溃和王朝循环历史终结的废墟上建立起来的，并最终由革命者将其规定为中国人集体的认同。在国际上，把“华人”“华侨”“中国人”等混同使用，以淡化一国之概念，这恰恰是天下观念的历史遗产。

中国式民族主义对中国身份的构建[60]

叙述的困惑：作为标签的民族主义

欧洲式民族主义不能合理地解释中国近代民族主义的独特性，用民族主义构建近代中国历史仍然令人困惑。民族主义将民族视为线性发展的有机体，是一种历史决定论的单向性逻辑。有学者尝试用“复线历史”（bifurcated history）重构近代中国的转型[61]，这种叙述更能反映近代中国民族国家形成的历史面貌。

中国式民族主义与天下观念的转型存在内在的纠葛

国名是一个国家最先认同的标志性符号。标志性的符号通过启动与其相关的知识来影响人们的想法和行为。国家符号不仅表征着国家的一般概念，还浓缩了知识、价值观、历史和与国家有关的记忆。[62]

基于对“中国”成为这个国家的国名的历史考察，我们可以看出，中国近代以来的国家身份认同必然面临着从天下观念向民族主义观念转化的纠葛。这种纠葛反映出中国式的民族主义从根本上和欧洲“一个民族一个国家”的传统理论逻辑存在差别。由于中国历史和文化的特殊性，用民族主义叙述中国身份认同具有相当的局限性。

中国“整个文明的信心的崩溃”实际上发生在1894—1895年的中日甲午战争。[63]1895年以后，中国知识分子在论述中国民族问题和世界观问题时概念使用的变迁，也足以说明甲午战争对中国天下观崩溃产生的影响。其中，“天下”“国家”“民族”“世界”这些具有强烈价值暗示词汇的使用出现了激烈波动。据统计，在1895—1899年间，“天下”这个词的使用达到历史上从未有过的高峰，而“国家”一词的使用，也是在1895年后突然增加了，“民族”一词的使用则到1900年后才开始出现井喷之势，同时自1900年以后，“天下”一词的使用急遽减少。“世界”一词的使用也在1901—1908年间达到高峰。[64]“甲午战争前，在中文文献中‘世界’一词基本上仍是沿袭传统用法，即指现世社会状态，而且并不常用；随着万国观的去中心化，一种新的社会组织蓝图正在形成，这就是：‘万国’在竞争互动中演化，最后达到世界大同。”[65]

因此，中国式民族主义语境下的中国身份认同实际上仍然是一个文化中国如何转化为政治性的民族国家认同的问题，但在这个转化过程中充满了中国传统天下意识的强烈影响。民族主义并不是中国世界观的核心或终极关怀。存于中国之心的，仍然是对天下的关怀。民族主义的动员力量的确在20世纪的中国发挥了重要作用，但个人的价值观日益多元化。文化中国的身份认同对于中华民族的复兴可能更能提供一种新的价值体系。

天下观是中国独有的世界观，其体制（结构）上的终结和文化心理上的终结并不同步，或者说后者从未真正终结。在这个双重过程中，到底民族国家观是否取代了天下观便成了问题。列文森在其名作《儒教中国及其现代命运》中用“非文化主义的中国民族主义”（non-culturalistic Chinese nationalism）来表述近代中国知识分子对中西关系的解释方法：放弃“文化主义”而提倡“民族主义”这种新的文化价值，就能“从作为‘天下’的中国的失败中取得作为‘国’的中国的胜利”。他认为，“天下”就是“中华帝国”，亦即“世界”。同时，他又指出，相对于作为“权力体”的“国”，“天下”是一个价值体。[66]“近代中国思想史的大部分时期，是一个使‘天下’成为‘国家’的过程。”[67]这些结论仍然是值得重新思考的。

中国学者曾指出，“中国在上世纪的中心问题是要建立一个现代‘民族—国家’（nation-state），但中国在21世纪的中心问题则是要超越‘民族—国家’的逻辑，而自觉地走向重建中国作为一个‘文明—国家’（civilization-state）的格局”。[68]

重归大一统

从本土的历史过程看，近代中国因革命的需要而反满，因反满而导致中国身份的重新认同，从而有了近代中国民族主义的诞生之契机，“民族主义作为一种意识形态和思想体系是近代西方的产物，是自由主义和其他普世主义激进意识形态的副产品，但在很大程度上又是对它们的反动”[69]。中国式民族主义的确在西方意识形态的影响下发生，但是其内在准备早在明末清初中国被想象为被异族征服时期即埋下了伏笔。因之，中国式民族主义的历史性准备具有典型的中国“夷夏大防”的特征。

在与改良派的论战中，最迟在1902年前后，孙中山等革命派终于放弃了纯粹的反满诉求而逐渐接受了多民族共和的主张。因为单纯的反满必然导致尚未建立一个新的国家而旧的中华又出现严重分裂。尽管孙中山在卸下临时大总统之任后即率党徒祭拜明太祖朱元璋陵[70]，但辛亥革命从反满的最初诉求走向五族共和的中华民族认同（重归大一统）即是走了一条与欧洲式民族主义不同的道路，大一统重新成为主流思潮或者认同。

民族救亡优于以自由民主立国的启蒙

民族主义的现代性范式阐释者盖尔纳（Ernest Gellner）认为：

“民族主义首先是一条政治原则，它认为政治的和民族的单位应该是一致的……民族主义是一种关于政治合法性的理论，它在要求族裔疆界不得跨越政治的疆界，尤其是某一个国家中，族裔的疆界不应该将掌权者与其他人分割开。”[71]盖尔纳还指出，民族国家是西方现代性的产物，是主权国家为适应工业社会的同质性和规范化的世俗文化而建构的。在西方现代性脉络中，民族主义是与自由民主同等的政治正当性原则。在这种现代性的理解中，民族主义被牢牢地限定在欧洲经验当中，不仅在“一个民族一个国家”的概念上，而且在国内政治基本原则上，也以欧洲的自由民主为基准。

后现代范式的民族主义理论经典作家本尼迪克特·安德森（Benedict Anderson）在其著名的《想象的共同体》中写道：

> 民族是一种想象的政治共同体——并且，它是被想象为本质上有限的，同时也享有主权的共同体。……民族被想象为拥有主权，因为这个概念诞生时，启蒙运动与大革命正在毁坏神谕的、阶层制的皇朝的合法性。……民族于是梦想着成为自由的，并且，如果是在上帝管辖下，直接的自由。衡量这个自由的尺度与象征的就是主权国家。[72]

有学者认为，近代中国的危机是一种从文化认同到价值意义、意识形态的全方位思想危机。出现如此深刻的思想危机即使在世界文明史上也是极为罕见的。只有当本土文化日暮穷途时，异域文化的冲击才会显示出某种摧枯拉朽的力度。中西文化碰撞早在明末即已发生，但中国文化的危机却迟至清末才出现，其原因就在此。[73]这种危机的最紧迫表现就是“亡国灭种”的焦虑。如何能最快速最有效地解决危机？当这个问题成为精英们的主流共识的时候，那种慢慢地通过启蒙开启民智的想法渐行渐远。

在救亡与革命之间纠缠不清的晚清社会政治运动最终既没有很好地解决“民族主义”的创生问题，也没有很好地解决“民主主义”的中国适应性问题。[74]这也就是辛亥革命的局限性。

西方的民族主义是信仰危机之后的产物，本身也构成信仰，而中国式的民族主义是王朝危机和天下危机后产生的政治诉求，本身没有信仰那样的高度，如果谈及信仰，中国人的信仰恰恰是天下主义而不是民族主义。[75]

近代以民族主义构建中国身份认同的主观努力

从救亡角度重新书写中国历史，构建中国认同

对于本尼迪克特·安德森令人困惑的“想象的共同体”（imagined community）及“发明的”（invented）这些激进的措辞，安东尼·史密斯持有不同意见，他更明确地使用“重建”（reconstructed）这个概念。他说：

> 通常只要一个现代国族自认为拥有独特的族群历史，所谓“被发明的传统”就会暴露出它事实上比较接近于过去历史的“重新建构”。族群的过去会限制“发明”的挥洒空间。虽然过去可以被我们以各种不同方式“解读”，但过去毕竟不是任何过去，而是一个特定共同体的过去，它具有明显的历史事件起伏型态、独特的英雄人物，以及特定的背景系络。我们绝对不可能任意取用另外一个共同体的过去以建构一个现代国族。[77]

一般而言，族群的历史记忆成为维系族群的根本纽带。通常，原来没有共同“历史”的族群，以寻根来发现或创造新的集体记

忆。[78]中国式民族主义在晚清的凸显，充满自我构建的典型特征。正是由于民族主义话语在中国的实用功能，才导致中国晚清出现前所未有的“创造”“构建”“重构”民族身份认同的浪潮。

沈松侨认为，近代中国的民族主义是通过对历史文化的重构性想象而建立起来的，由此形成三种不同的民族想象模式：一是章太炎、孙中山等革命派知识分子以黄帝符号为中心，辅之以岳飞等反抗异族的民族英雄，建构一个反满的种族民族主义；二是以梁启超为代表的立宪派知识分子反对以族群界限为依据，用向外开疆拓土、宣扬“国家”声威的张骞、班超、郑和等建构民族英雄的谱系，试图建立一个国家民族主义；三是反对黄帝纪年法、主张孔子纪年法的康有为，将孔子所代表的儒家道德文化秩序，从普世性的天下理想，改造为民族特定的文化符合系统，从而建立一个儒教民族主义。[79]所有这些模式都将中国想象成一个万世一系的民族存在体。

史密斯认为，要构建“民族认同”（national identity），需要从如下几个方面入手：（1）历史形成的领土；（2）共同的神话传说和历史记忆；（3）共同的大众文化；（4）所有成员所具有的法律权利和义务；（5）共同的经济。[80]这些要素实际上分两类：民族共同体要素和政治共同体要素，也即包含了民族主义和民主主义两大方面。

中国式的民族主义既然是实现强国之梦的手段，在如何实现的途径上出于不同的政治思考，便产生了对外问题优先解决还是对内问题优先解决的对立思路。早期是强兵和改革的次序问题，后期是革命和改良的次序问题，其后是“启蒙”和“救亡”的次序问题。中国式民族主义在上百年的争论中一直被当成工具来回被当权者和在野者使用，何启对曾纪泽的“急外缓内说”和“中国先睡后醒论”的争论即反映了上述矛盾。[81]

尽管没有证据表明曾纪泽对何启的反驳有过什么回应[82]，但是，上述两种国家发展的不同倾向意见却说明在“中国式民族主义”开始兴起的时候，强国梦本身即暗含了国内和对外两大道路的分歧。前者将中国引向改良，后者则走向革命。

由曾纪泽的文章引起的一个近代民族主义现象是所谓中国“睡狮论”在晚清最后几年的泛滥。[83]然而，曾纪泽并非是中国“睡狮论”的发明人。查《中国先睡后醒论》中文版，曾纪泽没有使用“睡狮”的概念，只有“睡”的概念。而 11 年以后，梁启超将大英博物馆的“佛兰金仙”（Frankenstein）这个人造怪物与曾纪泽的“睡论”扯到一起，认为曾纪泽以这个怪物为“睡狮”比喻中国，这是梁启超的独创。梁启超至少在四个讲演和文章中提及此事。[84]

此后，“睡狮”成为维新派和革命党人专门形容中国形象的代名词。“睡狮论”在中国开始蔓延开来。比如，黄遵宪的《病中纪梦述寄梁任父》（1903）中说：“散作枪炮声，能无惊睡狮？睡狮果惊起，牙爪将何为？”[85]可视为对梁启超“睡狮论”的回应。邹容的《革命军》（1903）中说：“天清地白，霹雳一声，惊数千年之睡狮而起舞，是在革命，是在独立。”[86]创刊于 1905 年 8 月的《醒狮》，封面就是一头狮子。而陈天华还在 1905 年写小说《狮子吼》歌颂革命党时，尽管直接批驳了梁启超的《新中国未来记》，但是仍然用“狮子”来比喻中国的形象。从此以后，“睡狮”成为寄托中国民族奋进崛起的典型形象，其影响直至今日。这是一个典型的民族认同构建事例，旨在唤起民族共同的心理预期。

与国名再认同配套的国旗和国歌的认同构建

作为国家身份认同的重要标识的国旗和国歌，也是在晚清伴随着国名的认同而逐渐明确。从其历史演变也可看出近代中国人是如何尽力地将一个老大帝国塑造成一个民族国家的。

中国第一面国旗是1866年由总理衙门所制的三角形黄底青龙旗。1878年出使英法的郭嵩焘批评三角形黄龙旗形制不符国际规范，建议使用二龙长方形国旗。1884—1887年出使美秘西三国的张荫桓建议朝廷将长方形黄色龙旗作为国旗。1888年，李鸿章也建议将国旗定为长方形黄底青龙旗。直至辛亥革命，民国的创立者们最终改国旗为五色旗，红、黄、蓝、白、黑分别表示汉、满、蒙、回、藏五族共和，这清晰地表达了中国式民族主义与欧洲单一民族的民族主义的不同。

国歌是国家身份的有声证明。清末一直没有确定国歌。1878—1886年出使欧洲的曾纪泽有感于中国（大清）无国歌不符外交礼仪，临时作《华祝歌》作应付，但其回国后该私人定制国歌并未被清廷采纳。1896年，李鸿章出使欧美，因仪式需要，临时将一首唐诗改编为国歌，时人称《李中堂乐》。中国第一首国歌的颁布是在1911年10月4日，被谕旨称为“国乐”的这首国歌就是著名的《巩金瓯》。6天后，武昌起义爆发。

改良派和革命派也纷纷为这个古老的帝国创作类似国歌的爱国歌曲，一时间形成了国歌创作热潮，国歌的主动创作即表明晚清国民意识的觉醒，此种热忱构成了中国国家身份构建的盛举。这其中包括借用日本歌《君之代》曲调的《一统旧江山》，梁启超作词、日本横滨大同学校作曲的《爱国歌》，夏颂莱作词、作曲的《何日醒》，石更作词、辛汉作曲的《中国男儿》，杨度作词、沈心工作曲的《黄河》，李叔同作词、作曲的《祖国歌》《我的国》，徐谦作词、沈彭年作曲、流行于广东一带的《广东军政府歌》；佚名的

《美哉中华》；佚名作词、借用英国国歌曲谱的《中华美地歌》，等等。

1912 年民国成立后，围绕国歌问题争执了多年。自教育部于 1912 年 2 月发布征集国歌的广告开始，直至 1937 年抗战全面爆发，曾经被正式或非正式使用的国歌计有：1913 年汪荣宝的《卿云歌》，1915 年袁世凯时期的新《卿云歌》，1926 年北伐时期的《国民革命歌》，1930 年国民党党歌（代用）。1937 年 6 月 3 日，国民党最终将孙中山主持黄埔军校开学典礼时的训词（1924 年 6 月发布）作为中华民国国歌，总算完成了中国国家形象的构建。

中国近代民族主义的起点是中华民族身份认同的确立（以“中国”作为国名为主要标志，以国旗和国歌的逐渐确定过程为次要标志），而民族身份认同的确立和新国家的构建在同步解决的时候却不得不面临传统世界观的转变与调适。主动和有意识的构建并没有抵消传统世界观的影响，加上革命派混乱而多变的民族意识，以及“先造民国，再造国民”的次序颠倒，使得辛亥革命在确立合法的中华民族身份认同的时候既没有很好地解决“民族”问题，也没有很好地解决“民主”问题。

注释

1. 本章内容曾发表在《国际政治研究》2014 年第 5 期，有删改。
2. ［英］詹宁斯、瓦茨修订：《奥本海国际法》第 1 卷第 1 分册，王铁崖等译，中国大百科全书出版社 1995 年版，第 133—134 页。
3. 关于天下观念，学者们的论述可谓汗牛充栋。可参见李扬帆：《“天下”观念考》，《国际政治研究》2002 年第 1 期；李扬帆：《涌动的天下：1500—1911 中国世界观变迁史论》，知识产权出版社 2012 年版，总论部分。

4. 梁漱溟先生曾评论道："今天我们常说的'国家'，'社会'等等，原非传统观念中所有，而是海通以后新输入的观念。旧有'国家'两字，并不代表今天这涵义，大致是指朝廷或皇室而说。自从感受国际侵略，又得新概念之输入，中国人颇觉悟国民与国家之关系及其责任。常有人引用顾亭林先生'天下兴亡，匹夫有责'的话，以证成其义（甚且有人径直写成'国家兴亡，匹夫有责'），这完全是不看原文。"参见梁漱溟：《中国文化要义》，学林出版社 1987 年版，第 166 页。冯友兰则直截了当地总结道："人们或许说中国人缺乏民族主义，但是我认为这正是要害。中国人缺乏民族主义是因为他们惯于从天下即世界的范围看问题。"参见冯友兰：《中国哲学简史》，涂又光译，北京大学出版社 1996 年版，第 163 页。
5. 钱穆：《中国文化史导论》，商务印书馆 1994 年修订版，第 251 页。
6. 梁启超：《中国积弱溯源论》，载《饮冰室文集》第 2 集，吴松、卢云昆等点校，云南教育出版社 2001 年版，第 672 页。
7. 同上书，第 671—673 页。
8. 梁启超：《中国积弱溯源论》，载《饮冰室文集》第 2 集，吴松、卢云昆等点校，第 671 页。
9. 之所以以晚明划界，是因为晚明（16 世纪中期开始）以后，西方与中国进入大规模接触的现代时期，正是在这种交往中，中国的身份问题才凸显出来。
10. 王尔敏：《"中国"名称溯源及其近代诠释》，载《中国近代思想史论》，社会科学文献出版社 2003 年版，第 371—372 页。
11. 唐兰：《何尊铭文解释》，《文物》1976 年第 1 期。
12.《诗·大雅·民劳》。
13.《诗·小雅·六月序》。
14.《明太祖实录》，卷 26，吴元年十月丙寅，"檄谕齐鲁河洛燕蓟秦晋之人"。
15.《明太祖实录》，卷 39，洪武二年二月辛未。
16. 同上。
17. 朱元璋：《皇明祖训》，祖训首章，载《明朝开国文献》第 2 册，台北：台湾学生书局1966年版，第5—6页。

18.《明太宗实录》，卷236，永乐十九年四月甲辰，台北：“中央研究院”历史语言研究所1963年校勘本，上海书店1982年影印版。

19.《谭襄敏公奏议》，卷1，《条陈善后未尽事宜以备远略以图治安疏》，《文渊阁四库全书》，史部诏令奏议类，第429册，台北：台湾商务印书馆1986年影印版，第629页。

20. 巩珍：《西洋番国志》，向达校注，中华书局2000年版，第4页。

21. 同上书，第6页。

22. 同上书，第7页。

23. 巩珍：《西洋番国志》，向达校注，第10页。

24. 同上书，第13页。

25. 同上书，第32页。

26. 费信：《星槎胜览》，冯承钧校注，后集，中华书局1954年版，第1页。

27. 郑若曾：《筹海图编》，卷11，上，李致忠校点，中华书局2007年版，第671页。

28. 严从简：《殊域周咨录》，余思黎点校，中华书局1993年版，第281—282页。

29. [德] 莱布尼茨（Gottfried Wilhelm von Leibniz）：《莱布尼茨致读者》，载《中国近事》，[法] 梅谦立、杨保筠译，大象出版社2005年版，第12页。

30. [英] 赫德逊（C. F. Hudson）：《欧洲与中国》，王遵仲等译，中华书局1995年版，第32—33页。

31. 曾艳兵：《卡夫卡与中国文化》，首都师范大学出版社2006年版，第1页。

32. 中国基督教协会：《圣经》（中英文对照版），中国基督教协会1995年出版，第1114页。

33. 参见 [西] 门多萨（Juan Gonzalez de Mendoza）：《中华大帝国史》，孙家堃译，中央编译出版社2009年版。

34. 参见 [法] 李明（Louis le Comte）：《中国近事报道1687—1692》，郭强等译，1990年法文版序，大象出版社2004年版。

35. 参见 W. M. Lowrie, "The Land of Sinim," *Chinese Repository*, Vol. 13, p. 113; 转引自吴义雄:《在宗教与世俗之间:基督教新教传教士在华南沿海的早期活动研究》,广东教育出版社 2000 年版,第 436 页。

36. [英] 博克舍 (C. R. Boxer):《十六世纪中国南部行纪》,何高济译,中华书局 1990 年版,第 18 页。

37. [西] 门多萨 (Juan Gonzalez de Mendoza):《中华大帝国史》,孙家堃译,第 31 页。译者注:菲律宾人对中国称"常来",表示友好。另一说是当初西班牙人与汉人接触时,双方常问各自的年份。中国人便说来此地是为了"生理",因此,Sangley 有"生理"的含义,于是中国人在菲律宾被当地人称作"生理人"。

38. [葡] 曾德昭 (Alvaro de Semedo):《大中国志》,何高济译,上海古籍出版社 1998 年版,第 20—21 页。曾德昭在万历四十四年 (1616 年) 南京教案时称谢务禄,在南京被逮捕后被押解澳门。1620 年改用曾德昭名再入内地传教。

39. [意] 利玛窦 (Matteo Ricci)、[法] 金尼阁 (Nicolas Trigault):《利玛窦中国札记》,何高济等译,第十二章,中华书局 1983 年版,第 549 页。

40. [意] 利玛窦 (Matteo Ricci)、[法] 金尼阁 (Nicolas Trigault):《利玛窦中国札记》,何高济等译,第 3—6 页。

41. 中国科学院近代史所编:《沙俄侵华史》,第 1 卷,人民出版社 1976 年版,第 18—19 页。

42. [意] 利玛窦、[法] 金尼阁:《利玛窦中国札记》,第 558 页。

43. Peter C. Perdue (濮德培), *China Marches West*: *The Qing Conquest of Central Eurasia*, The Belknap Press of Harvard University Press, 2005, pp. 1-4.

44. 清世宗:《大义觉迷录》,载中国社科院历史研究所清史室编:《清史资料》第 4 辑,第 1 卷,中华书局 1983 年版,第 22 页。

45. 同上,第 5 页。

46. 乾隆三十二年 (1767) 谕旨称:"对远人颂述朝廷,或称天朝,或称中国,乃一定之理。"《清高宗实录》,卷 784,乾隆三十二年五月上,中华书局

1986 年影印版。

47. 曾任礼部主客司主事的龚自珍说：“我朝藩服分二类，其朝贡之事，有隶理藩院者，有隶主客司者。其隶理藩院者，蒙古五十一旗，喀尔喀八十二旗，以及西藏、青海、西藏所属之廓尔喀是也。隶主客司者曰朝鲜、曰越南（即安南）、曰南掌、曰缅甸、曰苏禄、曰暹罗、曰荷兰、曰琉球、曰西洋诸国。西洋诸国，一曰博尔都嘉利亚，一曰意达利亚，一曰博尔都噶尔，一曰英吉利（此三字均加口字旁）。自朝鲜以至琉球，贡有额有期，朝有期。西洋诸国，贡无定额，无定期。朝鲜、越南、琉球，皆有册封之礼。”龚自珍：《主客司述略》，载《龚自珍全集》上册，中华书局 1959 年版，第 118—119 页。

48. 比如，在 1676 年（康熙十五年）6 月的一次觐见中，俄国使臣尼果赖（Nikolai G. Milescu Spathary）故意不按赞礼官的赞导节奏和清廷惯例行礼。他叩头很快，而且头也不到地。当他被清廷官员劝告要向其他朝廷官员那样叩头时，他说：“那些人是博格德汗的奴仆，他们善于叩头，我们不是博格德汗的奴仆，就只能按我们知道的方式叩头。”他还故意不按快步行走——“趋”——的方式向大殿走，而是慢吞吞地走。苏联科学院远东研究所编：《十七世纪俄中关系》，第 1 卷，第 3 册，厦门大学外文系《十七世纪俄中关系》第 1 卷翻译小组译，商务印书馆 1978 年版，第 599—600 页。相反，在 1731 和 1732 年的两个赴莫斯科的中国使团却向俄国安娜女沙皇行了跪拜大礼，这在中国强大的统一王朝时期是不寻常的历史事件。参见［俄］尼古拉·班蒂什·卡缅斯基编：《俄中两国外交文献汇编（1619—1792 年）》，商务印书馆 1982 年版，第 230 页。

49.《中俄尼布楚条约》，载《中俄边界条约集》（俄文本），商务印书馆 1973 年版，第 17 页；王铁崖：《中外旧约章汇编》，第 1 册，生活·读书·新知三联书店 1957 年版，第 1 页。该《条约》署明签订时间是 1727 年 10 月 21 日，这是俄历，被大多数书籍误以为是阳历，因为这个《条约》当时没有中文版。而俄历的这一天实为阳历 1727 年 11 月 2 日。参见苏全有：《有关中俄关系史的两则考订》，《世界历史》2001 年第 6 期。

50. 参见王铁崖：《中外旧约章汇编》第 1 册，第 5—13 页。拉替努文即拉丁文。拉丁语的中文名称在明、清朝的文献中曾有 40 多种异译，如“大西字”“红毛字”“番字”“喇提诺”“腊底诺”“辣第诺”“拉替努”“赖丁”等等。

51.《江宁条约》，载王铁崖：《中外旧约章汇编》第 1 册，第 30—32 页。

52.《五口通商附粘善后条款》，载王铁崖：《中外旧约章汇编》第 1 册，第 35 页。

53. 薛福成：《出使四国日记》，中国社会科学文献出版社 2007 年版，第 72 页。

54.《辛丑各国和约》，载王铁崖：《中外旧约章汇编》第 1 册，第 1008 页。

55. 缅文古称中国为 Cin'（sin'）或 Cina（Sina），梵文也称中国为“支那”，并在印度佛经中成为对中国的正式称号，具有“思维之国”的含义。佛教经籍中称中国为支那，也写作至那、脂那等，也有说仅仅是音译的中国名称的。《大唐西域记》多次记载玄奘引用印度人的说法将中国称“至那”（支那）：卷第五：王曰：“大唐国在何方？经途所亘，去斯远近？”对曰：“当此东北数万余里，印度所谓摩诃至那国是也。”卷第十：“初，闻有至那国沙门在摩揭陀那烂陀僧伽蓝，自远方来，学佛深法，殷勤往复者再三，未从来命。”卷第十二：“其自称云是至那提婆瞿呾罗（唐言汉日天种）。”（唐）义净：《南海寄归内法传・师资之道》：“且如西土名大唐为支那者，直是其名，更无别义。”（唐）慧苑：《华严经音义》，卷下：“支那，此翻为思维，以其国人多所思虑，多所制作，故以为名。即今汉国是也。”佛经传到日本后，也把“支那”这个词带入日本。既然由中国人发明，当可排除日本人假借汉字的会意方式贬损中国的可能性。然而，中国国内对“支那”一词的反应在甲午之战到辛亥革命之间有很大的变化。比如，1905 年 6 月，宋教仁、黄兴等创刊的《二十世纪之支那》是华兴会的机关报，一度成为同盟会机关报，后改名《民报》。梁启超也用“支那少年”为笔名，康有为次女康同璧 1902 年时也曾在诗中称：“若论女子西来者，我是支那第一人。”为表示对清的反对，在日本的华人用“支那”表示国号在 1905 年前后是普遍的。但是，随着日本侵华的加强，日本人称中国为“支那”

逐渐被认为具有侮辱含义。另外，也有旅日革命的激进者发表言论说：“我民族今日权利尽失，疲靡恭茧，‘支那人’三字成为地球上可嫌可恶之名词。”参见阙名：《论中国之前途及国民应尽之责任》，《湖北学生界》1903 年第 3 期，可见当时的混乱状态。1930 年，国民政府训示外交部，凡载有“支那”二字的日本公文一律拒收；日本外务省不得已提请内阁讨论，才正式改称我国为“中华民国”，但其民间使用“支那”现象仍然不减。全面侵华战争爆发后，日本外务省仍然开始称中国为“支那”、称中国人为“支那人”、称卢沟桥事变为“支那事变”。第二次世界大战后，应中国代表团的要求，盟国最高司令部政治顾问团对“支那”称谓进行了调查，并确认“支那”称谓含有蔑意，故责令日本外务省不要再使用“支那”称呼中国。根据这一指示，1946 年 6 月，日本外务省迅速向各主要报社，以及政府各省、各都道府县等发送了题为《关于回避使用支那称呼之事宜》的文件。其后，文部省次官又将这一文件转发给了各大专院校。于是，“支那”称谓开始从日本政府的公文里、学校教科书中、报纸、杂志、广播中消失了。

56. 忻剑飞：《世界的中国观》，学林出版社 1991 年版，第 9 页。

57. 胡阿祥：《有关“中华民国”国号的“一重公案”》，《唯实》2013 年第 1 期。

58. 参见章炳麟：《中华民国解》，载《章太炎全集》第 4 册，上海人民出版社 1985 年版，第 252—262 页。该文首发于《民报》1907 年第 15 期。

59. 张难先：《湖北革命知之录》，载武汉大学中国近代史教研室编：《辛亥革命在湖北史料选辑》，湖北人民出版社 1981 年版，第 149 页。

60. “中国式民族主义”的提法用以强调中国近代兴起的民族主义，这与源自西方的民族主义具有极大区别，详见下文。

61. 参见［美］杜赞奇：《从民族国家拯救历史：民族主义话语与中国现代史研究》，导论、第一编及总结论部分。

62. David A. Butz, “National Symbols as Agents of Psychological and Social Change,” *Political Psychology*, 30, No. 5, 2009, pp. 779-804.

63. 葛兆光：《中国思想史》第 2 卷，复旦大学出版社 2000 年版，第 448 页。

64. 金观涛：《观念史研究：中国现代重要政治术语的形成》，法律出版社 2010 年版，第 242—246 页。

65. 同上书，第 250 页。

66. ［美］列文森：《儒教中国及其现代命运》，郑大华、任菁译，第 84 页。

67. 同上书，第 87 页。

68. 甘阳：《从“民族—国家”走向“文明—国家”》，《21 世纪经济报道》2003 年 12 月 30 日，第 2 版。

69. 刘军宁：《民族主义四面观》，载乐山主编：《潜流：对狭隘民族主义的批判与反思》，华东师范大学出版社 2004 年版，第 267 页。

70. 1912 年 2 月 15 日举行“民国统一大典”。作为大典的一项内容，就是由孙中山亲自率领“国务卿士、文武将吏”拜谒明孝陵。这次拜谒活动，以孙中山名义发表了两个文告：一是《祭明太祖文》，一是《谒明太祖陵文》。前一篇是祝告文，后一篇是宣读文，以告慰“我太祖在天之灵”。参见孙中山：《祭明太祖文》、《谒明太祖陵文》，载《孙中山全集》第 2 卷，中华书局 1982 年版，第 95—97 页。孙中山在兴中会创立伊始即持汉族中心主义的观念。据冯自由记载，孙中山对年少的冯自由说：“我等之兴中会便是汉朝之刘备、诸葛亮。今之满洲皇帝，便是曹操、司马懿。我等之起兵驱逐满洲，即如孔明之六出祁山也。”“时兴中会之宣传品仅有二种：一为《扬州十日记》，篇末附以清摄政王多尔衮及明阁部史可法来复二书；二为黄梨洲《明夷待访录》选本之《原君》、《原臣》篇。”参见冯自由：《革命逸史》上册，新星出版社 2011 年版，自序，第 8 页。

71. ［英］盖尔纳：《民族与民族主义》，韩红译，中央编译出版社 2002 年版，第 1—2 页。

72. ［美］本·安德森：《想象的共同体》，吴叡人译，上海世纪出版集团 2005 年版，第 6—7 页。

73. 许纪霖、陈达凯主编：《中国现代化史 1800—1949》第一卷，上海三联书店 1995 年版，第 24—27 页。

74. 孙中山在 1912—1913 年间曾高调的宣称：“民族、民权二大主义均已达到目的，民生主义不难以平和办法，逐渐促社会之改良。”参见广东省哲学社会科学研究所历史研究室、中国社会科学院近代史研究所中华民国史研究室和中山大学历史系：《孙中山年谱》，中华书局1980年版，第159页。然而，很快他就发现自己错了。

75. 20世纪作为中国革命的世纪，其两大主流思想——“天下为公”的三民主义和对共产主义的追求——其本身即充满着强烈的本土的天下关怀意识。当代中国学者尽管其目的各不相同，但就其对中国自身能为世界提供何种世界观和价值观的关注而言，**其本质即是回应顾炎武的命题**。传统意义上的近代以来，中国学界走了一条完全误读顾炎武“天下兴亡，匹夫有责”的道路，将“天下”偷换为“国家”，而标榜“国家兴亡，匹夫有责”。顾炎武的原意是：“有亡国，有亡天下。亡国与亡天下奚辨？曰：易姓改号，谓之亡国；仁义充塞，而至于率兽食人，人将相食，谓之亡天下……自正始以来，而大义之不明，遍于天下，如山涛者既为邪说之魁，遂使嵇绍之贤，且犯天下之不韪而不顾。夫邪正之说，不容两立，使谓绍为忠，则必谓王裒为不忠而后可也。何怪其相率臣于刘聪、石勒，观其故主青衣行酒而不以动其心者乎？是故知保天下，然后知保其国。保国者，其君其臣肉食者谋之；保天下者，匹夫之贱与有责焉耳矣。”参见顾炎武：《正始》，载《日知录》，卷13，上，黄汝成集释，上海古籍出版社2006年版，第756—757页。

76. 尽管民族国家主权意识的形成是在三十年战争时期（1618—1648），但是“民族主义”却是19世纪发生的事件。

77. Anthony D. Smith, “The Nation: Invented, Imagined, Reconstructed?” in Marjorie Ringrose and Adam J. Lerner eds., *Reimaging the Nation*, Buckingham: Open University Press, 1993, pp. 15-16.

78. 王明珂：《华夏边缘：历史记忆与族群认同》，社会科学文献出版社2006年版，第32页。

79. 参见沈松侨：《我与我血荐轩辕：黄帝神话语晚清的国族建构》，《台湾社会研究季刊》1997年第28期；《振大汉之天声：民族英雄系谱与晚清的国族想象》，《“中央”研究院近代史研究所集刊》（台北）2000 年第 33 期；《近代中国民族主义的发展》，《政治社会哲学评论》（台北）2002 年第 3 期；《国权与民权：晚清的“国民”论述 1895—1911》，《“中央”研究院历史语言研究所集刊》（台北）2002 年第 73 本第 4 分册。

80. Anthony Smith, *National Identity*, London: University of Nevada Press, 1991, p. 14.

81. 参见曾纪泽：《中国先睡后醒论》，《曾纪泽集》，补录，喻岳衡点校，岳麓书社 2008 年版，第 368—374 页；何启、胡礼垣（何启的好友，曾在苏禄国协助苏禄国王管理国政）：《〈曾论书后〉或曰书曾袭侯〈中国先睡后醒论后〉》，载许政雄：《清末民权思想的发展与歧异》，台北：文史哲出版社 1992 年版，附录二，第 131—154 页。

82. 曾纪泽对自己的文章非常满意。当年 2 月和 6 月，该文分别被香港的英文报纸《德臣报》（*The China Mail*）转载英文版、上海《申报》刊载该文的汉译本。他在当年 4 月致马格里（Halliday Macartney，曾协助曾纪泽写就此文）的信中曾这样写道：知悉《亚洲季刊》（*Asiatic Quarterly*）文章备受热议，当然尚不了解近况如何。吾已命同文馆懂英语之学生将其译作汉语，以馈知近传阅。但祈顺遂。参见 Demetrius C. Boulger, *The Life of Sir Halliday Macartney*, K. C. M. G., London: J. Lane, the Bodley Head, 1908, p. 435。可见，曾纪泽是知道他的文章引起了社会反响的，但他并没有给予回应。

83. “睡狮论”一向被认为出自被囚于圣赫勒拿岛的拿破仑之口，但就目前的考证而言，这可能是谣传。参见［澳］费约翰（John Fitzgerald）：《唤醒中国：国民革命中的政治、文化与阶级》，李恭忠等译，生活·读书·新知三联书店 2004 年版，中文版序，第 2—3 页；以及佩雷菲特：《停滞的帝国》，王国卿等译，生活·读书·新知三联书店 1993 年版，第 596 页。佩雷菲特说：“为什么他们至今尚未证明他可能说过的预言：‘当中国觉醒时，世界也将为之震撼’呢?”他没有提及这句话是否包含了“中国是一头睡狮”的话，显然他是持怀疑态度的。

84. 梁启超在 1898 年 4 月 21 日保国会第二次会议上的演讲。参见丁文江、赵丰田编：《梁启超年谱长编》，上海人民出版社 1983 年版，第 111 页。1899 年 4 月，流亡日本的梁启超发表《自由书·动物谈》，参见梁启超：《自由书·动物谈》，《饮冰室合集》，专集之二，中华书局 1989 年版，第 43—44 页。1899 年 5—8 月间，梁启超在《瓜分危言》中再次提及曾纪泽和“睡狮论”。参见梁启超：《瓜分危言》，载《饮冰室合集》，文集之四，第 21、42 页。1902 年，梁启超在《新中国未来记》又提及“睡狮论”，参见梁启超：《新中国未来记》，广西师范大学出版社 2008 年版，第 103 页。

85. 黄遵宪：《黄遵宪集》上卷，载吴振清等编校：《黄遵宪集》，天津人民出版社 2003 年版，第 287 页。

86. 邹容：《革命军》，华夏出版社 2002 年版，第 60 页。

第六章　清末民初革命者的民族主义与中国认同

田田叶

导　读

历史上的“中国”概念和中国认同处于不断变化和被建构的过程中。中国近代民族主义的兴起和发展有其深刻的历史文化根源与历史延续性，并不完全是对西方冲击的反应。清末民初的革命者以其“排满”的民族主义重新塑造了中华民族的身份认同与国家认同，其民族主义思想也经历了从“驱除鞑虏”的工具理性到“五族共和”的价值理性的嬗变。中华民国的建立标志着现代中国认同的初步形成。理解近现代中国应摆脱西方民族国家体系的框架，而更应置于“家国天下”的历史体系中。

问题的引入

在一般人的观念和语境中，“中国”常常是一个具有绵延五千年历史的文明古国，自秦始皇之后，中国的历史从宏观来看基本是一个大一统国家和中华文明的历史。大家习以为常地在各种论述中使用“中国”这一概念，并将其作为历史叙述的基本单位。但是近年来，随着学术界对认同和认同政治的研究越来越深入，越来越多的人开始关注“中国”这一概念。“中国”是否是一个具有政治、文化和传统同一性的历史单位？进而“中国”能否成为一个合理的历史叙述空间？它能够有效涵盖这个曾经包含了各个民族、各朝历史的空间吗？那么“中国”是谁？如何界定“中国”认同？当中国人把目光转向自身，反思“中国”这一概念的时候，也会发现这其实并不是一个新问题，关于“中国”概念的争议也有其深厚的历史渊源。在过去习惯的关于“中国”的历史论述中，最不容易被规整地纳入“中国”范畴的，就是元与清两个少数民族王朝。历史学家们对这一问题的认识仍存在尖锐的分歧。[1] 这一争论的实质，概括来说，就是古代到近代的中国到底是一个不断变化的“民族—文明共同体”，还是一个边界清晰、认同明确、传统连贯的“民族国家”？正如许纪霖先生所论述的那样，古代中国是一个复线的中国。既有以中原为中心的汉族文明的中国，也有草原、森林和高原少数民族的中国。他们共同构成了古代中国的历史。一部上下五千年中国的历史，就是一部中原与边疆、农耕民族与游牧民族互动的历史。[2] 在这一过程中，中国认同也在不断演变和发展。本章试图从清末民初这一历史变局出发，说明历史上的中国和中国认同处于不断变化和被建构的过程中，不同民族和朝代用自己的观念和方式去界定中国，建构中国认同，从而巩固自身统治的合法性基础。

清末民初是中国历史上的一个重大变局。作为非汉族统治者，在内部和外部的双重冲击之下，延续了两百余年的清朝统治土崩瓦解。以孙中山为代表的革命派用“民族主义、民权主义、民生主义”的三民主义重塑了中国社会的形态和中国认同。其中，革命者的民族主义思想在号召人民反对和推翻清朝统治、重构中国认同等方面发挥了至关重要的作用。而在其民族主义思想中，“排满”是思想的核心元素，民族身份成为界定“中国”身份的主要标准。而在革命的过程之中，尤其是在成功推翻清朝统治、建立中华民国之后，革命者的民族主义思想也经历了从“驱除鞑虏”到“五族共和”的嬗变与改良，从而初步形成了现代中国的国家认同。可以说，晚清到民国的过渡体现了近代中国认同的一次重大转变，而这次重大转变的主要驱动力来自革命派以“排满”为核心的民族主义思想。因此，本章将以清末民初革命派的民族主义思想与中国认同的转变为研究对象，论述近代中国民族主义的缘起与发展，并探究革命派的民族主义思想对清末民初中国认同转变的影响与作用。

认同的政治：“中国”是谁？

什么是认同？

当代在世界范围内，对认同政治的研究受到学者们的广泛关注。查尔斯·泰勒提出，“认同”和“承认”问题是现代人必须考虑的重要问题。他认为，当前西方的主流政治认同模式是“平等尊严的政治”，它重在强调人人都有平等的尊严，主张平等的公民权利与公民身份，是对封建等级社会的荣誉观念的一个摒弃。但我们也可以看到，它的普遍主义基础，即强调人人都享有一种普遍的尊严，可能造成对差异的忽视。这种普遍平等的观念会使社会上处于弱势地位的个人和少数族群处于更加不利的地位，从而危害个人和族群的发展。建立在对“平等尊严政治”的批判的基础之上，差异政治应运而生，它强调要平等地尊重每一个人和每一个民族身上的独特性，在多元文化共存的现实中，要平等地尊重每一种文化存在的价值。但是，这两种承认模式可能产生冲突，为保证既坚持平等，又承认差异，泰勒提出认同的政治应为“承认的政治”，社会的承认对个人认同的形成、族群文化的保护具有至关重要的作用，人们正是通过他人的承认来建构自己的认同。这需要做到对个人本真性和民族本真性的承认，注重对于个人和民族差异性的认识。[3] 因此，认同政治的基本前提是承认并尊重差异，认同政治的实质即是差异政治。

而亨廷顿认为，“identity”是一个人或一个群体的自我认识，它是自我意识的产物：我或我们有什么特别的素质而使得我不同于你，或我们不同于他们。“Identity”由自我界定，但又是自我与他人交往的产物。“Identity”是建构起来的概念，人们是在程度不等的压力、诱因或自由选择的情况下，决定自己的“identity”。“Identity”十分重要，因为它会影响人的行为。[4] 正如 2004 年亨廷顿在《我们是谁?》一书中所揭示的，认同问题就是在问：符合怎样的条件才是“我们”？相应的，“中国”认同问题也就是问“符合怎样的条件才是中国”？“中国”是谁？

传统的中国认同：“夷夏之辨”与“礼仪中国”

西方学者绝大多数从西方中心主义出发，认为民族主义本质上是一种欧洲现象，民族认同只是在晚清民族主义传入之后才开始在中国扮演重要角色。但也有不同声音，如印裔美籍学者杜赞奇便指出，在前现代的中国，将群体表述为一种社会整体的做法并不新鲜。有关政治群体的历史观念已经历了激进的“他者化”的过程并定期复活，使之存活于历史记忆之中。有关社会整体的意识也与其他对立的关于群体的表述共存于历史之中。[5] 这可以说是一种古老、传统的民族主义，并且与现代民族主义有着相似性，而其所提供的中国认同就是夷夏之辨。

“中国”一词最早出现在周代文献中，并随着历史和社会的演变产生了不同的含义。总体而言，有以下六种概念。一是指京师、首都，如《诗经·民劳》注：“中国，京师也。”二是指天子直接统治的地区，如诸葛亮对孙权说：“若能以吴越之众与中国抗衡，不如早与之绝。”三是指中原地区，如《史记·东越列传》：“东瓯请举国徙中国。”四是指国内、内地，如《史记·武帝本纪》：“天下名山八，而三在蛮夷，五在中国。”五是指诸夏族居住的地区，如《论语集解》：“诸夏，中国也。”六是指华夏或汉族建立的国家，《史记》《汉书》经常出现这样的称谓。[6] 经过一定历史阶段的发展，“中国”概念的含义也逐渐稳定下来，即华夏族人称其四境民族为蛮、夷、戎、狄，而自称为“中国”。诸夏列邦被冠以“中国”的统称，主要表明同一族类的性质与同一文化教养这两大特色。[7] 概括而言，“夷夏之辨”包含了两个层次，一为文化层次上的夷夏有别，一为政治层次上的“夷不谋夏，夷不乱华”。

根据传统的夷夏观念，清王朝的合法性将被根本否定，然而清王朝终究建立起了稳固的统治，这与清朝发展起来的夷夏相对论具有重要联系，区分中国与夷狄的标准是以德为内在本质的礼仪，这种观念成为后来的少数民族王朝将自身论证为中国王朝的思想资源。在清代的今文经学研究中，“中国”不是明确的政治疆域，不是明确的种族群体，不是对外事务中的主权观念，而是一种礼仪关系，符合礼仪的即为中国，违背礼仪的即为夷狄，“中国”成为礼仪中国。[8]

在如上两种中国认同的背景之下，从短期来看，“中国”是一个民族、地域、文化相当明确而稳定的政治共同体；而一旦从一个历史的长期来看，构成“中国”这一政治共同体的民族、地域乃至文化，又不断地发生变化。

清末民初的认同危机

到了晚清时代，随着西方坚船利炮攻破国门，清王朝逐渐开始面临严重的合法性危机，并且是民族危机、国家危机和王朝危机三重并举。在这样的大背景下，传统的华夏中心观逐渐崩塌并最终解体，随之而来的是中国的认同危机。此时国家和民族的利益被置于优先地位，中国急需重构民族国家认同。针对严重的认同危机，晚清的思想家们做出了相应的努力。以章太炎和孙中山为代表的革命派，主要是从传统的夷夏之辨出发，再吸收西方民族主义的学理，持一种汉民族主义的立场，认为只有汉族国家才是中国，以“排满”号召推翻清朝统治。立宪派的康有为从今文经学的知识资源出发，拒绝民族主义的认同模式，力图从文化上为中国寻找认同的根据，在政治上将清帝国直接转化为主权国家。梁启超戊戌变法后一度在民族主义的问题上动摇不定，1903 年访美归来后，他接受了伯伦知理的国家学说。在革命排满思潮风起后，梁启超成为革命派的主要论敌，他将革命派的汉民族主义称为小民族主义，而将自己的合中国境内诸民族的民族主义称为大民族主义或曰国家主义，主张合清帝国各民族，共同建立近代国家。[9]这些均是清末政治思想家们为重构中国认同而做出的努力与尝试。在这样的背景下，中国近代的民族主义和中国认同逐渐兴起、发展、完善并最终成为现实——中华民国的建立标志着现代中国认同的初步形成。

中国近代民族主义的起源与发展：既有成果回顾

在既往的研究和话语体系中，常常认为中国近代民族主义的兴起是受到西方列强入侵的冲击，鸦片战争、中日甲午战争、八国联军侵华战争等西方侵略使中华民族面临严重的民族危机，腐败的清政府为了维护自身统治，实行卖国投降政策，挽救民族危亡成为全国各族人民最迫切的任务，民族主义思潮空前汹涌。中华民族与帝国主义的矛盾是辛亥革命时期民族主义产生的社会根源。[10]还有的研究认为中国近代的民族主义主要是由西方传入的，通过中国留学生到西方学习和西方传教士的引入，民族主义思想逐渐被中国知识分子所接受，促进了他们思想观念和思维方式的转变，他们开始用这些全新的概念和理论解释中国遇到的空前危机。[11]近年来，随着学术界对中国历史研究视角的转换与更新，对近代民族主义兴起的根源也有一些不同观点，例如李扬帆认为，中国民族主义的兴起并不是源自所谓的西方冲击，而是具有中国历史和政治的内在原因与连续性。中国是从自身的历史出发，走了一条混合型的民族—国家认同之路，或者说更多的是以梁启超等人的国家主义包含了民族主义，从而解决了多民族王朝向多民族国家的转化问题。这个过程与欧洲民族纷纷独立实现单一民族国家的历史完全相反，因此不能说西方冲击开启了中国的民族主义。[12]

什么是民族主义？

一般所说的民族主义是起源于西方的一种思潮或理论，它并没有一个公认的定义，而是在不同社会背景、不同历史情境中得到了不同的理解和诠释。盖尔纳（Ernest Gellner）认为，民族主义是一种“关于政治合法性的理论”，其基本概念是“政治单位与民族单位应该重合”，理想模式就是国家与民族同一，实现一族一国。[13]布罗伊利（John Breuilly）认为，“民族主义是一种寻求和掌握国家权力并以民族主义理由证明这种寻求和掌握国家权力行为正当的运动”[14]。本尼迪克特·安德森在《想象的共同体》中将民族与民族主义视为一种“特殊的文化的人造物”，民族是“一种想象的政治共同体”，并且，它是被想象为本质上有限的，同时也享有主权的共同体。[15]安德森·班纳迪克关于民族主义的定义具有代表性：“当某一自然领土上的居民们开始感到自己在共享同一命运，有着共同的未来，或当他们感到被一种深层的同道关系联系在一起时，民族主义便产生了。”[16]因此民族主义的基础是民众对民族前景的明确期待。王逸舟认为：“民族主义表达了一种强烈的、通常已经意识形态化了的族际感情。它有时作为一种思想体系，吸引着族内每个个人忠诚和报效热情；它有时变成一种系统化的理论和政策，为实际的民族成长过程提供原则和观念；它有时充当一种运动的口号和象征，起着支持或分裂民族国家的巨大作用。”[17]还有观点认为，民族主义在本质上是一种情绪，而非一套系统的学说。[18]

值得强调的是，中国近代民族主义的兴起原因、内涵以及民族国家认同的实践结果都与西方民族主义具有实质上的不同。西方英美法等国家的民族主义是在国内资产阶级革命的背景下，通过反抗封建专制来获得个人的生命、自由、财产等公民权，从而完成了对自身民族和国家的认同，民族主义得以形成并逐渐发展起来，并建立了现代民族国家。[19]但中国并没有走向欧洲输入的经典意义上的民族国家（一个民族一个国家），而是一个并不典型的民族国家。主要是因为：其一，欧洲的民族国家之兴起以分立为国为主要结构特征，而近代中国以五族共和为主要特征，这是明清易代带来的历史后果，印证了中国历史自发的主体性。其二，天下观的包容性为中国的身份转化提供了思想基础，并非欧洲民族主义为中国的身份重构提供了思想基础。其三，晚清各种政治派别的领导人最终无法超越存天下于心的价值观，篡改了欧洲的民族主义和社会达尔文主义思想，采用了实用主义的政治手段。[20]中西方的上述差异表明，中国近代民族主义和民族国家认同的形成有其内在原因和历史延续性，历史的现实无法证明中国近代民族国家认同的形成是由于受到西方的冲击。

近代民族主义的兴起和民族国家认同的形成

民族主义的经典理论虽然来自于西方，但是在中国的历史上也存在民族主义的渊源。冯天瑜认为，以注重族别之分和族类自我体认为旨趣的民族观念，并非只是到近代才出现，它其实是一种古老的观念，这种古老的族类意识是中国近代民族主义的源头，民族主义大体因袭着中国固有的传统。正如孙中山所说："盖民族思想，实吾先民所遗留，初无待于外铄者也。"[21]而这些民族思想，首先就是元典所申述的"华夷之辨"和"内华夏、外夷狄"观念。[22]同时，近代中国民族主义的兴起，同民众反抗两种民族压迫直接相关：其一，西方列强侵入，中华民族有亡国灭种之灾；其二，17 世纪以来统治中国的是人数甚少的满洲人，享有广泛特权。

萧功秦认为，中国近代民族主义产生的原因与民族面临生存危机时所作出的反应有关。19 世纪中后期以来，由于西方列强的欺凌，中国人的生存环境极度恶化，促使中国的精英阶层和民众认识到，只有中国人动员起来，凝固为一个整体，与西方列强相抗，才能摆脱危机。可以把这种由于民族危机而激发的、作为对西方挑战的回应而产生的，旨在通过自立自强来有效维护自身生存条件的民族自卫意识与运动，称之为“应激—自卫型”民族主义。[23]

李扬帆则有不同见解。他认为，通常而言的“西方冲击—中国反应”的模式混同了内政和外交的概念，也因其过于粗糙而忽视了对中国历史延续性的深入探究。导致中国实现民族和民主革命的契机仍然是排满这一中国历史的内在动因，并非西方冲击下的结果。中国文化本身的特质和东亚内部国际关系的变动才是其发展的主要原因。包括：一是天下一统中的包容性（多元性）；二是清朝处于传统“大一统”梦想实现的最高阶段，多民族共治成为中国式民族身份认同的核心价值诉求；三是华夷秩序或夷夏之辨中的弹性（适应性）；四是中国特有的对天下道义失范（礼崩乐坏）的焦虑，对天下的关心恰恰又催生了对自身身份认同的心理；五是明清易代后清统治的合法性危机一直作为隐性基因存在，并在晚清后凸显为催生民族认同问题的革命话语。此外，从东亚的国际关系史而言，日本的崛起从结构上彻底摧垮传统天下观构建的国际秩序，并促使中国内部发生巨变。上述原因是中国走向新的民族国家身份认同的源动力。[24]

综上所述，中国近代民族主义兴起有其内在的历史延续性，其源泉和主要驱动力在于中国历史上业已形成并影响深刻的民族身份认同。西方的冲击作为时代背景，影响了中国近代民族主义的表现形式，但并不是其兴起的最主要根源。

革命者民族主义的二元性

辛亥革命发生的年代具有十分复杂的时代背景，中国人民一方面面临西方国家的侵扰，一方面又处于清廷不清明的统治之下，因此辛亥革命肩负着双重使命，既要反对西方侵略，又要推翻清朝统治，这使得革命者的民族主义带有鲜明的二元性。李良玉认为，以同盟会为代表的革命党人的民族主义，具有明显的二元论性质。三民主义的民族主义有两方面意义，一方面，通过革命，通过改造国家，来振兴中华民族，这是民族主义的国家主义本质；另一方面，革命又必须通过“驱除鞑虏”来实现，这是民族主义的种族主义因素。就民族主义而言，推翻君主专制，建立共和国家，振兴中华，这种民族主义的基本内核是新兴国家观念，称之为国家民族主义。以传统“华夷之辨”思想为资源，通过革命排满而实现民族光复，是种族主义的民族主义的基本内容，就其基本品质和特征而言，这种民族主义即反满民族主义。在辛亥革命时期，民族主义始终以国家民族主义和反满民族主义的二元性作用于革命运动。[25]

这种观点揭示了革命者的民族主义之中存在的复杂性与内在矛盾。这种内在矛盾性也导致革命后期的民族主义必须进行自我修正和嬗变，以适应革命成功后建立新型国家的需要。

排满与民族主义

“排满”，可以说是革命者的民族主义在初期最为标志性的特征。其最初的含义就是排斥满族，后演变为排满洲统治。在革命前期，“排满”作为主要的革命口号，发挥了重要的号召动员作用。

王春霞认为，“排满”的理论来源包括传统的“夷夏之辨”观念、西方的“人种”学说和西方“单一民族国家”的民族主义理论，而他们所参照的“革命样板”则是美国独立战争。首先，中国古代注重族别之分和族类自我体认的民族意识是一种古老的传统，革命者不可避免地继承了这种“大汉族主义”，“驱除鞑虏，恢复中华”的口号，直接效仿于朱元璋讨元檄文中的“驱除胡虏，恢复中华，立纲陈纪，救济斯民”。革命派还从学术上开始论述古代夷夏之辨，如刘师培吸收了西方的种族学理论，著《两汉种族学发微论》。其次，“排满”思潮还受西方思想影响而带有种族主义色彩。清末革命派的“夷夏之辨”与古代强调的“夷夏之辨”的不同之处，就在于把原本强调文化差异的“夷夏”转变为强调种族差异，甚至把满族看做“异种”“外国人”。这种观点在19世纪末20世纪初的革命思想家中得到了比较普遍的认同。同时，随着一战之后民族主义在欧洲的获胜，建立单一民族国家的思想在20世纪初的中国也流传开来。革命派反对改良派的“合满”思想，认为多民族的国家是不现实的，主张先驱逐满人，建成完全汉族的国家，再进行民主政治建设，从而形成“单一民族国家”的理论主张。最后，美国独立战争的胜利使得革命者对民族革命或种族革命的必要性坚信不疑。总之，“夷夏之辨”使“排满”思潮找到了历史话语；人种学说使“排满”思潮的种族主义色彩更加浓厚；“单一民族国家理论”使“排满”思潮的大汉族主义狭隘民族观得到了西方的支持；以美国这一具有特殊性国家的独立模式为样板，又使得辛亥革命充满了浪漫色彩。[26]

随着革命的发展，以及革命派与改良派的论战争鸣，革命者最初的狭隘汉民族主义也发生了一定程度的转变。李扬帆认为，由于中国自身的传统思想、自身的条件限制了辛亥革命，为塑造革命的正义性、正当性、合法性，革命者不得不将排满作为最重要的核心诉求，以确立自己的身份。在革命初期排满之所以得到认同，是因为这个目标是最直接、最明显、最有效的口号。而在革命之后要建立一个多民族共和国的现实需要，导致革命党的排满思想实现了巧妙的适应性的转变，将单一的排满转化为一种反专制和排满洲统治者的民主意识，将单一的皇汉思想，转化为多民族共和的思想，排满最终成为革命的旗号而并非目的。由此也促成了中华民族身份的重新塑造与共同认同。[27]

关于“排满”的意义与缺陷，王春霞和李扬帆均认为，以排满为内容的民族主义的高涨，无疑会将民族革命引向一个狭隘的胡同。一方面，排满有利于汉民族意识的觉醒，作为中华民族的主体民族，汉族的觉醒也有利于中华民族的崛起；另一方面，排满把国内民族矛盾作为中国一切矛盾的根源，从而使革命偏离了反帝反封建的方向。[28]

清末民初革命者民族主义思想的嬗变

清末民初革命者的民族主义思想并非是一成不变的。随着革命进行到不同阶段，其目标、任务和主要诉求发生变化，民族主义思想的内涵以及应用也相应经历了一个较为明显的嬗变过程。虽然革命者最初将西方式的民主共和思想作为中国革命的最终诉求，但是中国的社会现实限制了他们的思想和行动。加之革命者们受到中国传统夷夏观念的深刻影响，反满思想在他们的观念中已根深蒂固。因此，辛亥革命的性质相当复杂，混杂了多种政治诉求。在革命初期，为实现民主共和，革命者最首要的目标是推翻清朝专制统治，建立革命新政权。为了塑造革命的正义性、正当性与合法性，他们需要将“驱除鞑虏”作为革命的核心诉求和口号，以塑造自己的合法身份，获得群众的认可与支持。在革命的进程中，国家的身份认同得到了进一步的明确和塑造，简单划一的“排满”也逐渐转化为排满洲统治。到了革命后期，革命者面临的最主要任务变为建立一个新的政权，进行政治统治，此时如何稳固新生政权和国内政治秩序就显得尤为重要，反满思想显然已不再适应于当下的现实。因此，在革命成功后，出于构建现代民族国家的现实需要，革命者将“驱除鞑虏”转变为“五族共和”，试图建立一个多民族共和的新国家政权。中华民国的诞生，也标志着革命者民族主义思想之嬗变的完成，中华民族的身份认同得到塑造和确认。

“驱除鞑虏”：职业革命家的工具理性

革命派及革命运动的兴起与蔓延，始终以“驱除鞑虏”作为旗号，推广和宣传反满的思想，号召和动员民众支持革命，及至加入革命的大军共同革命。因此，“驱除鞑虏”这一口号在革命的缘起阶段及革命的初期，发挥了工具理性的功能。

在中国的历史传统中，得天下的合法性有两种来源，其一是正统，其二是道统。正统，即是对“成王败寇”的认可与实践，是用武力强力征服从而夺取政权。道统，则是对传统正义观念的认可与实践，是对中国文化传统和价值伦理的继承，具体到得天下的问题上，则包含着汉民族统治的正当性与合法性。在这样的历史背景之下，革命者若想成功实现革命，就需要首先为其革命建立正统或道统的合法性。

辛亥革命与中国历史上常见的农民起义有着本质上的不同，它并不是通过暴力夺取政权，而是要进行西方式的民族革命和民主革命，其最终目标是要建立资产阶级的民主共和国。但是，在当时的中国社会，西方的自由、民主、共和等思想还未获得广泛的传播和接受，普通民众甚至从未听说过“民主”这一字眼，更不必说了解其内涵，并为实现它进行革命抗争。因此，革命者若直接打出“民主共和”的旗号，恐怕难以获得民众的普遍认同和支持，加大了革命宣传动员面临的困难。这是中国与西方大为不同的历史和文化背景所造成的局面，因此，还需要从中国的传统文化观念中寻找突破口。

在这样的背景之下，“驱除鞑虏”这一革命口号很好地迎合了当时革命者的需求。它从中国传统的道统层面入手，强调清统治的不合法性，煽动起汉族民众对于清朝统治的仇恨与抗争。同时，这一口号也将革命派反对专制、追求民主的思想和诉求融入其中，显示了反满革命的正当性，起到了比较好的革命动员效果。

首先，在革命者的逻辑中，清政府的统治从开始时就是不合法、不合理的。清朝入关的历史，伴随着满人对汉人的武力征服，实行的种种民族歧视和民族压迫政策极大地损害了汉人的利益。从汉族正统的观念出发，满人是外来的夷族，并不具备统治中国的资格与合法性。所谓“满洲人者，山海关外之殊种，古所称蛮夷戎狄之族类也，言语文字不与我中国同，风俗习惯不与我中国同，文化衣服不与我中国同，乃乘明之乱，率其丑类，入据中国”[29]。因此，满人对中国进行的统治，是窃取了汉民族的政权，不具备得天下的合法性。同时，当时的中国面临西方外来的威胁，革命者通过刻意强调清政府在外来威胁中的软弱无能与僵化无为，进一步凸显了反满的必要性。在革命者的思想中，腐败的清政府已经沦为“洋人的朝廷”，非但没能使中国摆脱西方欺凌，反而更加积贫积弱，在亡国灭种的道路上越走越远。因此，要想挽救民族于危难之中，必须排满，推翻清政府的统治。“迄於今日，外患逼迫，瓜分之祸，已在目前，满洲政府犹不愿实心改良政治，以图强盛；仅以预备立宪之空名，炫惑内外之观听，必欲断送汉人之土地於外人，然后始大快於其心。是以满政府一日不去，中国一日不免於危亡。故欲保全国土，必自驱满始。”[30]这其中，业已隐含了反帝反专制的诉求。这无疑又加剧了清政府统治的不正当性。

其次，反满、推翻清政府的革命是正义的、必要的。“驱除鞑虏”建立在满汉分隔的逻辑前提之上，汉族和其他夷族在血缘和文化上都应相互区别，只有汉族才具有统治中国的正统性，将要建立的中华民国也应是以汉民族为主体的单一民族国家。加上革命者通过选择性的有重点的诠释，对于清政府的民族歧视政策和当下时局进行大肆宣扬，放大了民众对于清统治的仇恨心理，巩固了进行革命的必要性与合法性。正如梁启超所言，“反满”口号是“以民族主义感动上流社会，以复仇主义感动下流社会”[31]。

但是，革命者依然对革命的最终诉求有着清醒的认识。在“驱除鞑虏”、救亡图存之后，还需要建立一个全新的现代民族国家，在这个国家中，各民族应得到平等的地位。“驱除鞑虏”作为革命的工具性口号，在革命初期发挥了较强的动员宣传效果，但却不能满足辛亥革命的最终价值诉求。正如革命者所说，“吾人之所谓民族主义者，岂对于一切之异族而悉排之哉？民族主义有狭义有广义，狭隘之民族主义，必不适于今日之世界；以广义言，则世界上无论何种族，必得平等之权利，不平等则不能争者也”[32]。孙中山、章太炎等革命的领军人物也对“驱除鞑虏”的界限进行了明确的划分。孙中山认为，“民族革命的原故，是不甘心满洲人灭我们的国，主我们的政，定要扑灭他的政府，光复我们民族的国家，这样看来，我们并不是恨满洲人，是恨害汉人的满洲人，假如我们实行革命的时候，那满洲人不来阻害，我们决无寻仇之理”[33]。章太炎也对排满的实质进行了具体的诠释：“排满洲者，排其皇室也，排其官吏也，排其士卒也。吾济所执守者，非排一切政府，非排一切满人；所欲排者，为满人在汉之政府。”这种表述实质上是将“反满”与“反满洲统治”进行了明确的区分，将满洲人排除在了反对的范围之外。这种观念也为革命成功后民族主义思想内涵和实践的转变打下了基础。

“五族共和”：现代民族国家建构的价值理性

随着辛亥革命的逐渐扩展深入，革命者已经取得了阶段性的胜利，推翻了清政府的统治，准备建立新生民族国家。在此时，“驱除鞑虏”的革命口号已经完成了其动员革命的工具性使命。革命者需要考虑的首要问题，已经转变为如何建立新政权，如何管理新国家，“五族共和”的理念逐渐成为革命者的新旗帜。政治家吴景濂曾回忆，当时革命党、立宪派和旧官僚的代表都认为“五族共和”是一条可行的道路，“既可表明革命行为，系为政治改造而起，非专为种族革命；又能缓和满、蒙、回、藏各族的心理，与汉人共同努力赞助共和。此议发出，群以为是。”[34]

1911 年 12 月 20 日，共和统一会成立，在其《宣言书》中提到："一曰人民之统一。汉、满、蒙、回、藏，历史上之种族名称也，然自东晋以来，东胡、突厥、蒙古、西藏诸民族入居内地者，莫不习焉而俱化。……今者民族大同，团结一体，爪肤有痛，影响全身，凡生息于中华民国帡幪之中者，即无一非国家之分子。嗣是而后，苟有背人民统一之旨者，民国政府、人民之责也，而亦惟本会之责。"这些表述强调了革命者对于革命成功后维护国家领土完整和各族人民融合统一的认识，中华民国的成立必然意味着新的民族关系的形成。

1921 年 1 月 1 日，中华民国成立，孙中山就任临时大总统。他在就职演讲中明确提出，"国家之本，在于人民。合汉、满、蒙、回、藏诸地为一国，即合汉、满、蒙、回、藏诸族为一人，是曰民族之统一"。这标志着"五族共和"正式由思想观念转变成为中华民国的基本民族政策，也标志着革命者民族主义思想嬗变的最终完成，中华民国政府放弃了"驱除鞑虏"和"排满"等工具性口号，将建立多民族共和的现代民族国家作为革命的最终诉求，实行增进民族感情、推动民族融合的民族政策。

从"驱除鞑虏"到"五族共和"的转变看似矛盾，但却有其必要性和必然性。首先，中国传统文化中的民族观念处在不断的演变之中，从种族决定文化高低优劣，到夷夏大防的观念，再到清统治二百余年间与汉族的相互同化和融合，中国的民族矛盾已经更多地转向了国外，成为中华民族与西方民族的矛盾，而国内的民族关系则不断出现融合统一的趋势。其次，在革命的过程中，革命者的历史角色也产生了实质性的转变。辛亥革命成功推翻了清政府的统治，"驱除鞑虏"作为革命的口号和工具也完成了它的历史使命。革命的最终目标是建立新政权，随着中华民国的建立，昔日的革命者和破坏者需要转变成为执政者和建设者，完成现代民族国家建构的长期任务。在这样的现实背景下，以分离为手段的革命的民族主义必然转向以融合为目的的建设的民族主义，这也是作为建设者的革命党人的必然选择。[35]最后，当时中国的社会现实也需要实行“五族共和”。虽然中华民国推翻了清政府的统治，但却在疆域和民族构成上基本继承了清政府统治的遗产。其时，清政府虽然推行民族歧视政策，但也实践了很多民族融合的措施，中国基本已形成一个统一的多民族国家。因此，若继续秉持“驱除鞑虏”的理念，将满人驱逐出关，则必然造成民族对立、国家分裂的糟糕情况，对蒙、回、藏等其他民族也会造成不良的作用，不利于新生国家政权的稳定与发展。因此，在当时的时代背景之下，建立单一的汉民族国家将是历史的倒退，要维护统一的多民族国家，就必须以民族间的平等、融合为民族关系建构的社会基础。[36]

综上所述，革命者经历了从“驱除鞑虏”的工具理性，到“五族共和”的价值理性的转变，这种民族主义思想的嬗变既有其传统文化与思想基础，也是现实政治的客观要求。这种转变，奠定了中国民族观念和民族国家建构的思想基础，具有重要的历史意义。

中华民国建立：现代中国认同的初步形成

1921 年中华民国的建立，具有划时代的意义，标志着现代中国国家认同的初步形成。而在历史轨迹中，中国并不存在所谓民族国家认同，更多的则是一种天下观念之下的文化认同。正如列文森所说，近代中国思想史的大部分时期，是一个使“天下”成为“国家”的过程。[37]在他看来，中国长久以来承袭下来的文化至上主义传统，都以汉文化作为认同的核心，国家或种族并不是人们寄予忠诚的对象。在中国士大夫的观念中，汉文化代表着一系列的普遍价值，是天下唯一的文明形式，只要人们愿意接受和内化汉文化的原则与价值，都可以进入同一个认同的范围。但民族主义的逻辑却与此相反，忠诚建立在特定族裔、国家或者这二者相结合的基础之上，并且以民族国家的身份来进行自我界定，从而与其他民族国家的成员相区别。从这个意义上来看，中华民国的建立，是中国第一次以国家而不是王朝作为认同和忠诚的对象，现代中国认同正在逐步形成。

现代中国认同的形成

事实上，经历了民族主义思想的内在演变，辛亥革命以后建立的“中华民国”，已经与革命者最初描绘和追求的“中华民国”南辕北辙，有着本质上的差异。中华民国的成立说明，在晚清论战中占上风的汉民族认同在现实环境中不得不让位于中华民族认同。新生的中华民国以代表五个民族的“五色旗”为国旗，提出“五族共和”的政治理念。辛亥革命以前及前期所倡导的“驱除鞑虏”的思想被彻底抛弃，所建立国家的性质，也从汉民族单一民族的中华国家被重新规定为多民族统一的中华国家。由于在事实上全面继承了清王朝的遗产，新生的中华民国必须思考如何尽快摆脱以前革命时期较为狭隘的民族意识，从现实出发，培养和塑造中国各民族共有的、共同的国民意识，从而实现超越民族的国家统合。而“五族共和”，正是应这种建立中国新生多民族国家的当务之急，而提出的一种理念和实践。[38]

“五族共和”体现的是一种政治认同，它表明中华民国是以承认国内存在民族差异为前提的，同时也表明，在这样的一个共和体制中，人们对于民族这一语言文化共同体的认同，可以并且应当让位于对共和国家这一政治共同体的认同，这一政治认同的核心在于，各民族在一个共和政体的架构中是平等的。虽然民族的同一性是现代主权国家最重要的凝聚性因素，但是，中华民国的实践证明，在很多情况下，主权国家的实际建立，会受到多种历史因素的共同影响。

中华民国的成立，还标志着“中国”这一概念不再仅仅是对文化、地域的模糊指称，而正式被赋予了明确的政治含义。中国不再仅仅是文化的共同体，而是成为现代政治共同体的指称。中国人通过对中华民国概念的确定，完成了中国国家身份的现代认同。[39]

家国天下与中国认同

中华民国成立，是否也标志着中国成为了一个现代意义上的民族国家呢？这个问题的答案值得商榷。

显而易见，中华民国的国家形态与西方民族国家有着显著差别。西方民族主义的基本逻辑前提是“一个民族一个国家”，对国家的认同首先建立在对同一个民族的认同之上，这使得国家具有民族上的排他性和独立性。而中华民国实行“五族共和”，不同的民族在同一个国家中共同相处，并认同同一个国家和政权。这种民族主义诉求的“吊诡”之处在于，它的伟大成功却使得它的一个基本信条，即“一个民族，一个国家”的原则，成为运动本身的牺牲品。[40]这种现象体现了近代中国的民族主义具有其自身特色，而这种特色的形成与中国的历史文化和传统观念有着密切关系。具体来说，中国近代的民族主义仍然带有历史传统中“家国天下”观念的深刻烙印。历史上的中国，具有双重的内涵，从时间的延续性来看，中国是以中原为中心的政治—文明共同体，从地域空间的角度说，中国又是一个多民族、多王朝、多个国家政权并存的空间复合体。在古代中国人的“家国天下”之中，天下是最高的理想，不仅是适合华夏—汉民族的特殊价值，而是对包括华夏、蛮夷在内的全人类都普遍适用的普世价值。[41]古代中国人的所谓“中国认同”，并不是近代意义上的民族认同，而只是文明的认同或者王朝的认同。全面继承了清王朝遗产的中华民国，自然也难以跳脱家国天下的观念体系，在事实上又将古代的天下观念延续了下来。

至于所谓近代意义的民族认同，则是中华民族认同。这一概念随着辛亥革命的进程而被逐渐塑造，在中华民国成立后得到强化和推广。中华民族并不是西方理论中传统的民族，而是国族（state—nation），这一概念是随着中华民国的建立而被同步打造出来的，类似的还有美利坚民族。正如许纪霖先生所论述的那样，古代中国有华夏—汉民族，却没有国族意义上的中华民族。中华民族作为一种国族想象，只是“倒放电影”式的今人对古代的理解框架，是一个晚清之后被重新建构的、想象性的“民族虚体”，而非有实证依据的、有自觉意识的“民族实体”。[42]因此，理解和分析中华民国时期的中国，应该放在“家国天下”的历史体系中来进行。

注释

1. 关于该问题的争议，可参见葛兆光：《重建关于“中国”的历史论述》，（香港）《二十一世纪》网络版，2005 年 10 月号，http：//www. cuhk. edu. hk/

ics/21c/m_ supplem_ c. htm，2005 年 10 月 31 日。

2. 许纪霖：《国家认同与家国天下》，《华东师范大学学报（哲学社会科学版）》2014 年第 4 期，第 31 页。

3. 对于“承认的政治”的论述，参见［加］查尔斯·泰勒：《承认的政治》，童之林、陈燕谷译，载汪晖、陈燕谷主编：《文化与公共性》，三联书店 1998 年版。

4. ［美］塞缪尔·亨廷顿：《我们是谁?》，程克雄译，新华出版社 2005 年版，第 20—22 页。

5. ［美］杜赞奇：《从民族国家拯救历史：民族主义话语与中国现代史研究》，王宪明译，社会科学文献出版社 2003 年版，第 44 页。

6. 华林甫：《中国名称考》，《教师博览》2001 年第 1 期，第 49 页。

7. 王尔敏：《“中国”名称溯源及其近代诠释》，载《中国近代思想史论》，社会科学文献出版社 2003 年版，第 371 页。

8. 参见汪晖：《现代中国思想的兴起》上卷，第 2 部，三联书店 2005 年版，第 519—579 页。

9. 刘晓洲：《民族主义与晚清的中国认同》，西南交通大学 2007 年研究生学位论文。

10. 董强、金浩：《辛亥革命与中国民族主义——纪念辛亥革命 100 周年民族理论系列论文之三》，《黑龙江民族丛刊（双月刊）》2011 年第 5 期，第 2—3 页。

11. 张淑娟：《民族主义与近代中国民族理论》，中国社会科学院研究生院 2010 年博士学位论文。

12. 李扬帆：《涌动的天下：中国世界观变迁史论（1500—1911）》，知识产权出版社 2012 年版，第 569 页。

13. ［英］厄内斯特·盖尔纳：《民族与民族主义》，韩红译，中央编译出版社 2002 年版，第 1—5 页。

14. John Breuilly, *Nationalism and the State*, Manchester University Press, 1993, p. 2.

15.〔美〕本尼迪克特·安德森：《想象的共同体：民族主义的起源与散布》，吴叡人译，上海人民出版社 2011 年版，第 6 页。
16. 安德森·班纳迪克：《民族主义的现在和未来》，《天涯》1999 年第 4 期。
17. 王逸舟：《民族主义概念的现代思考》，载李世涛主编：《知识分子立场：民族主义与转型期中国的命运》，时代文艺出版社 2000 年版，第 8 页。
18. 李扬帆：《涌动的天下：中国世界观变迁史论（1500—1911）》，第 570 页。
19. 岑树海：《民族主义与民主在近代中国的双重变奏——近代中国民族主义兴起的历史轨迹》，《江海学刊》2003 年 4 月刊，第 159 页。
20. 李扬帆：《涌动的天下：中国世界观变迁史论（1500—1911）》，第 571 页。
21. 中山大学历史系孙中山研究室等合编：《孙中山全集》第七卷，中华书局 1985 年版，第 60 页。
22. 冯天瑜：《中国近代民族主义的历史渊源》，载李世涛主编：《知识分子立场：民族主义与转型期中国的命运》，第 177 页。
23. 萧功秦：《中国民族主义的历史和前景》，载李世涛主编：《知识分子立场：民族主义与转型期中国的命运》，第 474 页。
24. 李扬帆：《涌动的天下：中国世界观变迁史论（1500—1911）》，第 570—582 页。
25. 李良玉：《从辛亥到五四：民族主义的历史考察》，载李世涛主编：《知识分子立场：民族主义与转型期中国的命运》，第 202—203 页。
26. 王春霞：《“排满”与民族主义》，社会科学文献出版社 2005 年版，第 7—51 页。
27. 李扬帆：《涌动的天下：中国世界观变迁史论（1500—1911）》，第 582—597 页。
28. 王春霞：《“排满”与民族主义》，第 2 页；李扬帆：《涌动的天下：中国世界观变迁史论（1500—1911）》，第 594 页。
29. 卢信：《革命真理：敬告中国人》，载章开沅等主编：《辛亥革命资料新编》，第 1 册，湖北人民出版社 2006 年版，第 1 页。
30. 革命纪念会：《广州三月二十九日革命史》，民智书局 1962 年版，第

136 页。

31. 梁启超：《答和事人》，李华兴、吴嘉勋主编：《梁启超选集》，上海人民出版社 1948 年版，第 416 页。

32. 卢信：《革命真理：敬告中国人》，载章开沅等主编：《辛亥革命资料新编》，第 1 册，湖北人民出版社 2006 年版，第 25 页。

33. 孙中山：《在东京〈民报〉创刊周年庆祝大会的演说》，《孙中山全集》第一卷，中华书局 1918 年版，第 342—352 页。

34. 吴景濂：《组织南京临时政府的亲身经历》，《辛亥革命回忆录》第 8 集，文史资料出版社 1928 年版。

35. 彭南生：《辛亥时期革命派民族主义的内在转换》，《江海学刊》2011 年 6 月刊，第 177 页。

36. 同上。

37. ［美］列文森：《儒教中国及其现代命运》，广西师范大学出版社 2009 年版，第 87 页。

38. 王柯：《民族与国家：中国多民族统一国家思想的系谱》，中国社会科学出版社 2001 年版，第 201 页。

39. 李扬帆：《涌动的天下：中国世界观变迁史论（1500—1911）》，第 636 页。

40. 姚大力：《变化中的国家认同：对中国国家观念史的研究述评》，《原道》2010 年第 17 辑，第 146 页。

41. 许纪霖：《国家认同与家国天下》，《华东师范大学学报（哲学社会科学版）》2014 年第 4 期，第 30 页。

42. 同上。

第七章　中央帝国的焦虑

——论王朝时期外部压力对中国身份认同的建构作用

乌力吉

导　读

中国身份认同的形成是一个漫长的历史过程。天下观念作为中国古人的世界观在这个过程中发挥了核心作用，协调了政治观念与现实间的不一致性。这种不一致性体现在中央王朝所受到的外部压力上。当外部压力比较小时，天下观体现的是包容性，大一统发挥显性作用，中国认同呈现的是多民族共同体；当外部压力比较大时，天下观体现的是内聚力，通过华夷之辨塑造中国。宋、明两朝的中国认同形成过程印证了这个规律。

中国与中国的身份认同

和其他国家的人交流时，令国人最感自豪的事情之一就是谈及本国延续五千年而从未中断过的灿烂文明，这似乎是中国软实力最为深厚的根源。从这个意义上讲，“中国”也许并不是一个问题。但是在当代“威斯特伐利亚神话”的语境下，竟也有人质疑，历史上真的有这样一个具有同一性的“中国”吗？这个“中国”是想象的政治共同体，还是一个具有同一性的历史单位？中国认同又是如何被建构起来的？另外，“向前可以看多深决定了我们向后可以看多远”[1]。从源头上弄清楚“我们是谁”这个问题，理应是当代国人的终极关怀。

“我们是谁”的问题是身份认同问题。在哲学层面上，身份是使事物成为该事物的因素。在社会学视角下，亚历山大·温特认为，“身份是有意图行为体的属性，它可以产生动机和行为特征，植根于行为体的自我领悟。这种自我领悟的内容常常依赖于其他行为体对一个行为体的自我领悟这两者之间的一致。认同是集体身份把自我和他者的关系引向其逻辑得出的结论。认同是一个认知过程。自我在确定自己特定身份的同时，也确定了他者相应的反角色，这种反角色使得自我的身份具有了意义”[2]。塞缪尔·亨廷顿也有类似的看法，“认同或曰身份的意思是一个人或一个群体的自我认识，他是自我意识的产物：我或我们有什么特别的素质而使得我不同于你，或我们不同于他们。认同或曰身份由自我界定，但有时自我与他人交往的产物。他人对一个人或一个群体的看法影响到该个人或群体的自我界定”[3]。简而言之，身份认同是以“差异”为先决条件的自我认知过程，身份认同政治实质上是差异政治。

围绕中国、中国认同问题，中西学者大多从历史的角度出发，探讨其概念范围、形成过程、主要内容、观念结构，成果颇丰。总的来看，学者形成了相互冲突的两种偏好。第一种偏好是“现代—传统”“东方与西方”等二元论基础上的欧洲中心论。这类观点尝试“从民族国家拯救中国历史”，背后逻辑是显性历史观和进化论思想，暗含的是中西之间野蛮与文明、落后与进步的分野。投射在中国认同问题上，以费正清为代表，认为是鸦片战争一声炮响，给中国送来了民族主义，使得中国从一个“文明体”几乎一夜之间而成了西方式的民族国家，而完成了中国认同建构过程。但是正如李扬帆指出的，“中国并没有走向欧洲输入的经典意义上的民族国家（one nation，one state，一个民族一个国家），中国是一个并不典型的‘民族国家’”[4]。中国作为不经典的民族国家，背后应该有自身因素，这是中国人所特有的世界观所决定的。或者从另外的角度讲，中国的身份认同应该早就在路上，只不过有自己的发展逻辑。如果说欧洲中心论是完全正确的，那么现在常常出现的“用现代中国的地理空间来臆想古代的中国，以现代中国的民族构成当做古代中国的民族构成”而导致的尴尬，又是什么原因呢？这恰恰反映了中国历史当中大一统天下观的延续性。

第二种偏好源于西方后现代历史学对欧洲中心论的批判，比较有代表性的是美国学者杜赞奇，他批评西方话语体系中民族国家呈线性发展的逻辑，认为包括印度在内的东亚国家是一个“复线的历史”。在复线的历史中，过去并非仅仅沿着一条直线向前延伸，而是扩散于时间与空间之中。[5] 国家也并非是“一个同一的，在实践中不断演化的民族主体”，而是有“正义的偶然的民族建构”，所谓民族国家的历史，其实是“虚假的同一性”。[6] 在他看来，近代中国民族主义是一个被建构的概念，传统意识与近代的民族主义兴起不是一种线性关系，不成因果发展。这样的观点对于回应欧洲中心论以及僵化的“冲击—反应模式”当然是敏锐而重要的，但是对于中国，则不能不看清它自身发展的独特性，基于中国汉文化的延续、秦汉大一统、汉族和非汉族主支流的分别，一个同一性的中国认同应该是存在的，只是它有一个漫长的不同于欧洲的发展过程。

对中国史研究稍有了解的人都会发现，中国自身身份认同问题是复杂的和变化的。因为中国历史不是简简单单的王朝更替、治乱循环，中国空间时大时小，民族时合时分，国家是流动的，观念也是变化的。冯友兰先生指出：“人们或许说中国人缺乏民族主义，但我认为这正是要害。中国人缺乏民族主义是因为他们惯于从天下及世界的范围看问题。”[7] 中国人未必缺乏民族主义，缺乏的是完全现代意义的民族主义，而且也不是“要害”。但是他提供的方向是极有启示意义的。只有从中华文化自生的世界观即“天下观”出发，探讨中国认同的形成机制，才能揭示中国身份认同的复杂性和变化性，这是本章的目的所在。

“天下”语境下的大一统与夷夏之辨

如前所述，身份认同讲差异。通常，对敌人的身份定位是确立自己身份认同的重要一环，而确定什么是敌人则来源于自者他者的分野。对于中国而言，则来源于中国人的古已有之的基本世界观——天下观。

作为政治哲学的天下观

理解王朝时期中国认同的建构过程，需要从中国的传统世界观中找到自者与他者的关系的思考范式，而这个世界观就是“天下观”。

天下观具有丰富的内涵，它是中国古人思考世界秩序的一种特殊方式，也是空间观和政治观的完美契合。按照中国学者赵汀阳的观点，所谓“天下”，包含着三个基本含义：一是地理意义上的空间范围，即“天底下所有的土地”，相当于中国式的三元结构“天、地、人”中的“地”，或者相当于人类可以居住的整个世界，如《诗经·商颂·玄鸟》中有“邦畿千里，维民所止，肇域彼四海”[8]。二是进而指所有土地上生活的所有人的心思，即“民心”，比如说到“得天下”，主要意思就包含了既获得了土地，也获得了土地上的民心，这是在有序的制度下实现“治”的前提条件，与政权合法性相关联。三是一种特殊的政治学意义。它指向一种通向世界的乌托邦，想象并试图追求某种“世界制度”以及由世界制度所保证的“世界政府”。[9]这一制度具有普世性的价值，也就是古人所说的“四海一家”“天下无外”。另外，天下也是文化与文明的承载体。顾炎武在《日知录·正始》中指出：“有亡国，有亡天下”，“保国，肉食者谋之，保天下者，匹夫之贱与有责焉”。[10]天下观通过对世界的描述，自者与他者身份的界定，深刻影响了中国认同，注入了中国认同的文化基因。天下观主要通过其中相互联系的大一统思想和华夷观来塑造中国认同。

从理想到现实：大一统思想

塑造中国认同的一个基石是天下观中的大一统思想。这是中国认同当中的整合力量。

大一统思想滥觞于春秋。《诗经·小雅·北山》中说“溥天之下，莫非王土；率土之滨，莫非王臣”，就是这种思想的真实写照。他们的“天下”或“四海之内”，是一个统一的整体概念，指的是王权控制的区域，其中包含着多民族共存的空间的意思。战国时，孟子就有了“天下定于一”的预见。《春秋公羊传》将“春秋”所纪二百四十二年历史分为三个历史阶段，即所谓《公羊》三世说。第一阶段“据乱世”，主要特征是“内其国外诸夏”；第二阶段“升平世”，就是“内诸夏外夷狄”；第三阶段“太平世”，则是“夷狄进至于爵，天下远近大小若一”。[11]这是从古代民族关系的角度对“大一统”的阐释。周天子分封诸国，有一个维系着诸国的核心体制，这种核心体制更多的是因族别、“国”别而存在以及文化上的地域性特征。故而荀子说：“居楚而楚，居越而越，居夏而夏。”[12]周天子为核心的“一统”概念经历春秋战国，到秦统一之后，中国初步形成了“大一统”的政治格局，实现了理想到现实的转换。之后汉承秦制，对大一统思想又有所发展，更重要的是秦汉四百年的政治现实，使得这种思想固化下来，成为后世效法、追求的目标。正是在这个过程中，中国认同既有内核也存在现实载体。

秦的大一统具有开创意义，主要表现在：其一，皇权一统。秦始皇一统六国后，由“王”改称“皇帝”，自称“朕”，“命为‘制’，令为‘诏’”，名号的更改体现了皇权至上的观念。其二，中央集权。秦始皇鉴于“天下共苦战斗不休，以有侯王”，所以在兼并六国的过程中广泛地推行郡县制，将地方完全置于中央的控制下，造成了“海内为郡县，法令由一统”[13]的局面。其三，疆域一统。秦始皇怀有“六合之内，皇帝之土”的观念，所以在兼并东方六国后，一方面北击匈奴，一方面用兵岭南，使其“地东至海暨朝鲜，西至临洮、羌中，南至北向户，北据河为塞，并阴山至辽东”[14]，实现了空前的疆域一统。其四，法令制度一统。为了巩固统一，结束六国异制的局面，秦始皇还“一法度衡量丈尺，车同轨，书同文字”[15]。这些举措不仅使荀子等人“制度”的设想变成了现实，而且也为以后大一统王朝的制度建设奠定了基础。从观念到制度，这使得中国认同有了坚实的基础。秦汉到后来的隋唐，再到后来的元明清，普世价值和普世权力达到了一种基本契合的状态。

天下观中的文化自信与保护机制：夷夏之辨

塑造中国认同的另一块基石是不断发展变化的“夷夏之辨”即华夷观。华夷观对中国认同的重要意义在于明晰了自者和他者的分别，突出了中央王朝的文化主体性和自信力。

华夷观主要包含四个方面的思想根源：一是诸夏一体的意识。《春秋》：“内诸夏而外夷狄……不以中国从夷狄，不与夷狄之执中国也。”《春秋左传正义》管仲云：“戎狄豺狼，不可厌也，诸夏亲昵，不可弃也。”西周以来特别是春秋时期正是夷狄戎蛮势力壮大，影响到诸夏发展生存的时期，华夏族面临非华夏族的入侵。周王室的东迁，就是在狄戎灭亡西周的形势下的不得已之举。

二是尊华贱夷的思想。以“华”为贵，以“夷”为贱，贬低蔑视非华夏族的民族。《论语注疏》有云：“夷狄之有君，不如诸夏之亡也。”《礼记正义》云：“东夷，北狄，西戎，南蛮，虽大曰子。”“华”贵“夷”贱是“华夷之辨”中的主要内容，“华”贵“夷”贱，其实就是以华夏的文化、礼仪制度为贵，贬“夷俗”，确立“夷”必须从“华”的观念。所以，钱穆先生说：“在古代观念上，四夷与诸夏实在有一个分别的标准，这个标准，不是血统而是文化。所谓‘诸侯用夷礼则夷之，夷狄进于中国则中国之’，此即是以文化为华夷分别之明证，这里所谓文化，具体言之，则只是一种‘生活习惯与政治方式’。”[16]

三是以夷变夏。既然夷、夏是以文化的不同而区分的，夷、夏之间自然也就可以相互变化，即可以通过文化的传播达到化“夷”为“夏”的目的。具体做法有：多事四夷，即主张以武力征服为主要先行手段，继而在边疆地区建立较为稳定的统治，“单于守藩，百蛮服从，万世之基也，中兴之功未有高焉者也”[17]；守在四夷，“古者，天子守在四夷；天子卑，守在诸侯”[18]。自周代建立起，就制定了“选建明德，以藩屏周”[19]的制度；以夷制夷，“不烦华夏之兵，使其同类自相攻击也”[20]。这最后发展成为一种降低成本的统治术。

四是尊王攘夷。一方面对王的尊崇体现对统一政权的追求，对礼、文明的看重。如孔子称赞管子尊王攘夷的功绩：“微管仲，吾其被发左衽矣。”[21]朱熹亦称其“尊周室，攘夷狄，皆所以正天下也”[22]。顾炎武更称其“春秋之义，尊天王攘夷狄，诛乱臣贼子，皆性也，皆天道也”[23]。另一方面，一些诸侯以尊王的名义互相讨伐争战，称霸称雄，这属借“攘夷”名义扩张自己利益的的行为，是华夏诸侯国之间的内战。这时“夷”指代非正统的政治力量。

综上所述，一方面，华夷之辨凸显出中国的文化自信，中国与周边政权形成了文化上中心与边缘的结构。另一方面，华夷之辨在中央王朝处于危机或者地位下降时，又会产生新的阐释，强化中央王朝的向心力。两方面都会加强中国意识，构建中国认同。

外部压力对中国认同的建构作用

王朝时期中国的身份认同的建构过程是一个很长的历史阶段。在天下观的范式之下，既存在过大一统的中央帝国，也存在过中央王朝与非文化中心的政权平等并立局面，甚至在大一统王朝的不同阶段，中国认同的表现形式也各不相同。大致有如下情况：

第一，当政治上的大一统与观念上的大一统同步出现时，体现出的是中国认同的包容性，相应的民族、国家的意识比较淡漠，中国认同的是一个多文明共同体。主要代表是汉唐和元明清（明代情况有不同），比如汉高祖刘邦《大风歌》中“威加海内”的情怀，体现出政统和道统的统一。又如唐太宗被尊为“天可汗”，一方面表明他既是中原王朝的皇帝，也是中亚地区的主人。更有意思的是后来的元朝和清朝，由于它们是少数民族政权而实现了天下一统，在实际空间上也大大超越了以往汉中国的势力范围，实际上发展了大一统的思想，在承认、继承汉文化的主体性后，也获得了合法性，使得中国认同不仅没有断裂，而且让中国又重新回到了汉唐熟悉的形式当中。

第二，当大一统的政治抱负无法实现或遇到危机时，中央王朝所承受的外部压力往往就会凸现出来，成为核心变量塑造中国认同。这里所谓的外部压力指的是产生于东亚文化圈中的其他政权，大多来源于北方的温带草原，因为它们拥有比较强大的军事组织能力，自唐末以来，北方游牧民族的活动范围扩展到了汉唐以来中国的传统范围，比如辽占据的幽云十六州，这种情况令中央王朝不仅不能达成天下一统的政治理想，甚至自己政权的存续也处在压力之中，比如靖康之难直接导致了北宋灭亡。现实世界和观念世界的反差，使得民族和国家的自我意识日益升高，汉中国的认同就会空前加强，重要表现就是华夷之辨兴起或者说华夷观理论的发展。

第三，在同一个朝代的不同历史时期，汉中国的认同强度也有不同，最为典型的是明朝，体现在明前期和中期民族情绪以及对元明易代的相异看法上，促其发生变化的大概还是外部压力，特别是迁都北京后，对瓦剌和鞑靼的威胁感受更加真切，从而不得不发展华夷观，以凝聚力量，这个过程就是中国认同加强的过程。

总之，在很长的历史阶段里，中央王朝的力量，不论在物质上还是文化上处于优势时，那么大一统观念就显性地塑造中国认同。当外部力量给中央王朝带来生存压力时，即观念世界和现实世界出现反差，天下观中的夷夏之辨就会发挥显性作用，突出地塑造汉中国的身份认同，推动中国意识的内聚。下面通过具体梳理宋朝和明朝中叶的两个历史阶段，来说明上述规律。

中国意识在宋朝的凸显

宋朝的中国认同构建过程的背景是宋与辽、西夏之间的对抗。首先中原王朝通过战争认识到无法实现大一统，之后到“澶渊之盟”后对峙中产生了亡国的忧患意识。宋辽战争由于五代时期辽从后晋手中所获得的燕云十六州地区，后周世宗又夺取了其中的瀛、莫两州，形成的双重领土纠纷，宋辽双方都认为自己丧失了土地。另外，辽朝一直通过支持北汉来对抗北宋，这也加剧了宋辽矛盾，战争爆发。对于宋帝而言，没有收复燕云地区就不能算是统一。宋太祖晚年拒绝大臣所上尊号，由于其中有“一统”二字，太祖认为“幽燕未定，何谓一统?”[24]因此，北宋前期对辽战争一直是当时最紧迫的任务之一。979 年，宋太宗，北宋灭北汉，辽朝出兵援救，于是宋太宗乘灭北汉余威，企图一举收复燕云，结果七月高粱河战役，北宋大败，宋太宗退至涿州，“乘驴车走免，丧资械不可胜计”[25]。经过几年准备，986 年，宋太宗再次起兵三路北伐辽朝，五月，宋东路军大败于涿州西南 40 里的歧沟关，辽军乘胜攻入宋境，北宋蒙受重大损失。两次伐辽均以失败告终，于是宋太宗放弃了夺回燕云的计划，对辽采取守势。正处于全盛时期的辽从此不断南下攻宋。景德元年（1004 年），辽军大举南下，十一月辽军抵达澶州，迫近汴京。宋真宗御驾亲征，形势转而对北宋有利。辽朝承天太后恐不能取胜，提出议和，最终宋辽达成“澶渊之盟”。在这个过程中，西夏趁势崛起，1038 年，元昊称帝并建国号大夏，西夏正式建国。元昊遣使向北宋提出“许以西郊之地，册为南面之君”[26]，宋夏战争爆发。虽然宋辽西夏之间互有攻伐，但辽夏同盟时间最久，给北宋带来的战略压力最大。面对辽、西夏的压力，西夏和辽的存在与威胁，使得中央王朝从来以为中国即天下的士人，真正开始意识到国力的有限，也深感周边之压力。建构中国的身份认同，成为宋士绅阶层的使命。于是夷夏之辨开始兴盛起来。

这就不得不谈到北宋时期诞生的两篇重要政治论文。一篇是石介的《中国论》。据历史学家考证，《中国论》是迄今为止可以看到的古代中国第一篇专门以中国为题的著名政治论文。石介作为北宋学术史上的重要人物，在文章中严厉区分了中国与四夷的空间差异和文明差异。“居天地之中者曰中国，聚天地之偏者曰四夷”，君臣、礼乐、祭礼等体现的是文明的中国，而披发文身、雕题交趾、衣毛穴居的当然是野蛮的夷狄。如果不仅在空间上杂处，文化上发生混乱，那么“国不为中国矣”。

第二篇是欧阳修的《正统论》。欧阳修写作此文的直接起因是纂修五代史时出现了问题，但事实上作者想说明的是宋朝到底有没有合法性，这个政权如何得到传统和经典的支持，如何书写他人与自我的历史。其实，这都是由于“敌国外患”逼出来的问题，如果不存在这些“对手”，或者“对手”的压力不足以使自己国家的合法性有任何疑问，那么这些问题也没有必要那么严重地提出来并且郑重讨论的。

第二个值得关注的现象是宋对外来的宗教、文化、风俗的警惕与禁绝。华夷之别既然在文化而不是种族，那么宋朝的统治阶层自然会对异族文化采取更加警惕的态度。现存的历史资料里有很多相关描述。比如对佛教、佛经的抵触态度。崇宁三年（1104 年）令各州焚烧《佛说末劫经》，宣和二年（1120 年）令各州拆毁斋堂、严禁炼臂[27]灼顶、封肉燃指[28]等，理由是“毁伤人体，有害民教，况夷人之教，中华岂可效之”。[29]还有就是朱熹对于“辨得华夷”、确立“道统”的追求。《朱子语类》中载，一次朱熹和学生的谈话中提到，“今世之服，大抵皆胡服”，并且将源头一直追溯到魏晋，对此他认为中国文明已经被胡人瓦解了，恢复道统十分必要，“而今衣服未得复古，且要辨得华夷”[30]。

第三个现象似乎最有说服力。因为宋辽或宋金之间发生战争，控制的州县会发生易主，而产生宋朝人而成为辽朝或金朝治下百姓的现象，这些百姓的态度很值得思考。1169 年南宋大臣楼钥出使金朝时，途径其治下的雍丘，驾车人对他说，“向来不许看南使，近年方得纵观”，又在真定府遇到老妇人三四人，指着他说，“此我大宋人也，我辈只见得这一次，在死也甘心，因相与泣下”，相州人看见使者说，“此中华佛国人也”。虽似有羡慕之情，但自己却觉得自己是别国人了。[31]这次出使令楼钥颇感震惊，之后根据出使见闻写了《北行日录》。

根据以上三个现象可以发现，宋时的中国还不是后来的多民族共同体的中国，但和以前那种藐视四夷的天下也产生了不同。这个中国，在越来越变得强大的“四夷”面前，显露出了中央王朝的有限范围和存在的紧张感、焦虑感。这样的由外部压力而生的特别心境，使中国的士大夫们不得不走上一条加强中国认同的道路，用夷夏之辨大框架去证明“中国”的正统性、“汉文化”的合理性，而这些观念就成了中国认同形成的一个思想源头。

明人对元明易代的不同看法

明朝是中国古代历史上最后一个由汉族建立的统一帝国，处于蒙元王朝之后的明朝对中国的认同有个主动塑造的过程，对后世也产生了重要影响。1911 年辛亥革命成功后，刚刚就任临时大总统的孙中山就前往明孝陵拜祭了明太祖朱元璋。祭文摘录如下：

> 中华民国元年二月十五日辛酉，临时总统孙文，谨昭告于明太祖开天行道，肇纪立即，大圣至神，仁文义武，俊德成功高皇帝之灵曰：
>
> “呜呼！国家外患，振古有闻，赵宋末造，代于蒙古，神州陆沉，几及拜年。我高皇帝应时崛起，廓清中土，日月重光，河山再造，光复大义，昭示来兹。不幸季室俶扰，国力罢疲。满清乘间窃据中夏，嗟我邦人诸父兄弟，迭起迭仆，至于二百六十有八年。”
>
> “呜呼！我高皇帝时怨时恫，亦二百六十有八年也。岁在辛亥八月，武汉军兴，建立民国。义声所播，天下

响应，越八十有七日，既光复十有七省，国民公议，立临时政府于南京，文以薄德，被推为临时总统。瞻顾西北，未尽昭苏，负疚在躬，尚无以对我高皇帝在天之灵。迩者以全国军人之同心，士大夫之正义，卒使清室幡然悔悟，于本月十二日宣告退位，从此中华民国完全统一，邦人诸友，享自由之幸福，永永无已，实维我高皇帝光复大义，有以牖启后人，成兹鸿业。文与全国同胞，至于今日，始敢告无罪于我高皇帝，敬于文奉身引退之前，代表国民，贡其欢欣鼓舞之公意，惟我高皇帝实鉴临之，敬告。”[32]

从这篇祭文不难看出，孙中山内心或者故意要表现出的对于辛亥革命的认识是：一场以反夷狄为价值取向的排满运动。并且“不只是孙中山的个人活动和个人认识，而是中国国民党人的共识：由于将排满作为革命的指针，故此一切有助于反夷狄的人故此都会被贴上正义的标签，而忘却了革命的里一个目的即民主主义”[33]。由此可见，这种意识并非是一个人的，而是群体性的。且不论这是不是孙文凝聚革命力量的策略，至少由此可以推测出这样的民族情绪似乎肇始于明朝初期。但是历史并非如此。

按照孙中山辛亥革命后的表现看，明朝似乎是中国历史上华夷之辨最为强烈的一个时代，但这种氛围并非贯穿于整个明朝。明初期从皇帝到官员将元明易代看做是正常的“承天命”，而没有特别强调华夷之说，这是大一统思想的延续。根据刘浦江先生的考证[34]，首先，明朝开国君臣对于蒙元王朝常怀感念之情。太祖朱元璋就自称“朕本农家，乐生于有元之世”[35]，“元世祖肇基朔漠，入统中华，生民赖以安靖七十余年”。洪武三年（1370）六月，中书省以左副将军李文忠所奏捷音榜谕天下，太祖见榜文中有不逊之词，遂责备宰相说："元虽夷狄，然君主中国且将百年，朕与卿等父母皆赖其生养。元之兴亡，自是气运，于朕何预？"[36]

第二，朱元璋称帝建国后，总是强调他的天下并非取自元朝手中，而是得自群雄之手，他曾对朝廷臣僚做过这样一番表白："（元末）盗贼蜂起，群雄角逐，窃据州郡。朕不得已，起兵欲图自全，及兵力日盛，乃东征西讨，削除渠魁，开拓疆域。当是时，天下已非元氏有矣……朕取天下于群雄之手，不在元氏之手。"[37]从当时的记载来看，明初士人其实很少关注华夷之辨这一类的话题。钱穆先生特别留意明初开国诸臣的华夷之辨的论调，结果失望地发现，其实他们"心中笔下，并无夷夏之别"，诗文中谈及元明革命时，"皆仅言开国，不及攘夷"。[38]这种情形让他颇为愤激，觉得对此难以理解："所谓民族大义，光复汉唐旧统，诚千载难遘一机会，而明初诸儒似无此想。"[39]但这确实反映了明初士大夫的真实心态。

第三，对于蒙元王朝的正统地位一贯是给予明确承认的。即便是在朱元璋称帝之前发布的《谕中原檄》中，虽然声称"自古帝王临御天下，中国居内以制夷狄，夷狄居外以奉中国，未闻以夷狄居中国治天下者也"，但接下来却说："自宋祚倾移，元以北狄入主中国，四海内外，罔不臣服，此岂人力，实乃天授。"[40]宣称元朝王权"天授"，无异于承认其入主中国的正当性。在洪武元年正月颁布的《即位诏》中，明太祖也公然表明了他对前朝正统地位的认可："朕惟中国之君，自宋运既终，天命真人于沙漠，入中国为天下主，传及子孙，百有余年。"[41]将元世祖称为"天命真人"，依然认为其政权的合法性来自于天授王权。永乐四年（1406年），明朝遣使致书鞑靼可汗鬼力赤，其中说道："昔者天命宋主天下，历十余世，天厌其德，命元世祖皇帝代之，元数世之后，天又厌之，命我太祖皇帝君主天下。此皆天命，岂人力之所能也。”[42]鬼力赤于建文四年（1402年）取代北元，自立为鞑靼部可汗。明朝写给他的这封国书无非是想说明，自太祖朱元璋取代蒙元以后，天命即已转移到明朝一方；同时也明确指出，当初元世祖取代宋朝亦系天命之所归。和朱元璋在《谕中原檄》和《即位诏》中的说法并无二致。另外，洪武六年（1373年）忽必烈以元世祖入祀历代帝王庙，也是明初承认元朝正统的一个明确信号。

而大概一百年后，情况则有了明显变化，夷夏之辨开始显露出来。明代士人丘濬于成化十七年（1481年）写成《世史正纲》。他把历代王朝分为华夏纯全之世、华夏割据之世、华夷分裂之世、华夷混乱之世以及夷狄纯全之世，所谓“夷狄纯全之世”者，专指从南宋覆亡到朱明复国之间的93年，“世道至此，坏乱极矣！”[43]这从历史角度否定了元朝的正统地位，体现出士人阶层对自我认同的重视。嘉靖二十四年（1545年），明世宗依礼科右给事中陈棐之疏[44]黜祀近200年的元世祖，这标志着将元从中国的正统序列当中排除出去，用“中国”与“胡元”之分体现出严厉的夷夏之辨。这种气氛一直持续到明末。活跃于天启年间的儒者徐奋鹏在讨论历代正闰问题时，至以为三代以下除本朝之外皆无正统可言，“独我太祖高皇帝起自宇内风烟之中，迅扫胡腥，再开天地。故宋龙门颂其功高万古，得国之正，则所以上承唐虞三代以来之正统者，惟我明而已。以此方之，则谓汉、唐、宋皆闰位可也”[45]。

从明初到明中叶，夷夏之辨日盛的背后是明王朝感受到了日益强劲的外部压力。明初时，“混一天下，以承正统”是明的第一诉求，虽然没有完全瓦解蒙古势力，但是通过洪武一朝的政治军事打击，已将北元政权瓦解成瓦剌、鞑靼、兀良哈三卫三个部分，其中兀良哈三卫也成为了明的藩属，并且将其势力阻遏在了长城以北，形成了基本稳定的对峙局面。通过用兵，明帝国的疆域也覆盖了传统汉地。永乐年间将蒙古纳入了朝贡体系，从蒙古每年遣使赴明朝贡，明朝也派使前往蒙古，宣布朝廷旨意，或安抚部落，或颁发赏赐，或与之直接进行交易，至正统时已形成惯例，达到了“羁縻不绝”的状态，实现了“明王朝治下的和平”。

但是正统十四年的土木之变，成为上述情况的转折点。以也先为首的瓦剌以明廷削减赏物和求娶明朝公主未允为口实，发动对明战争，分兵数路，从辽东、宣府、大同、甘州等地同时进兵明朝。在宦官王振的挟持下，明英宗率领五十万大军御驾亲征，抵大同后，闻前线败讯，仓惶旋师，至土木堡为蒙古骑兵追及并包围，英宗被俘。这就是历史上著名的“土木之变”。之后也先挟英宗陈兵北京城下，遭到以于谦为首的主战派的阻击，攻城不下，退兵北去。其后，经过多次交涉，景泰元年八月送回明英宗，战争宣告结束。土木之变后，明王朝越来越感受到了来自北方蒙古势力的压力。首先，随着瓦剌势力的膨胀，也先在政治上不仅不再接受明朝的敕封，完全摆脱了对明朝的政治上的依附，而且通过军事手段夺取或削弱了明朝对西北哈密、沙州、赤斤蒙古地区和东北兀良哈、女真地区的统治和控制，不断向明进行袭扰。迁都后的明王朝对边关之患感受更加真切。第二，明边境防御体系受到严重冲击，京师精锐遭受重创，军事实力的下降使得明朝无法再维持对蒙古朝贡体系的稳定。明朝以使臣不能传旨达意反而生衅为由，不再遣使蒙古。此后，除天顺朝曾遣使外，永乐以来的使臣双向往来便转变成为了蒙古的单向来朝，直至最后中断。第三，在帝制延续千年的中国，皇帝被俘无疑是耻辱的，刺激了明人的心理。明开始将蒙古作为敌人，华夷之辨兴盛起来，士大夫们也开始对元史和元明鼎革进行了重新解读。土木之变后三年，《世史正纲》的问世不能不说是对于外部压力的回应。

到嘉靖时，已然形成了蒙古是敌人的观念建构，一味绝贡，最终导致“庚戌之变”的爆发。从《明世宗实录》中记载的几次明廷却贡可以发现一些端倪，嘉靖帝和多数大臣认为蒙古是“其情多诈，难以轻信”，“假词求贡，虏情叵测”[46]，对于蒙古的通贡请求不予答应，并且要绝其朝贡以作为对蒙古数十年扰边、使得明边界素无宁日的惩罚。明对于蒙古使节石天爵的态度也是一个证据。“石天爵虽我边民，在虏日久，恐为虏间”。[47]在蒙古第三次求贡时，明廷诱捕斩杀使臣石天爵，传首九边枭示。理由是石天爵本为汉人却为蒙古效力，理应擒而斩之。由于蒙古求贡不成，对明朝的军事进攻更甚，这又加剧了明朝对于蒙古的仇视，建构了蒙古狡诈、贪婪的夷狄形象。

由此，明和宋类似，都有一个从强调大一统到强调华夷观的思维转圜。在外部压力之下，宋明两朝通过华夷之辨的强调来塑造中国的身份认同，建构外部势力的敌人形象。不同的是，宋面临更多的是生存压力，明则体现的是对外部压力的观念蔑视与消极反应。

结论与启示

本章分析了王朝时期外部压力对中国认同建构的独特作用。这一分析基于以下认识：第一，中国的身份认同形成过程和西方不同，不能用西方的民族国家范式来解构古代中国。第二，中国的民族观也同样与西方不同，中国的民族观是基于文明的，西方的民族观是基于种族的。第三，中国的身份认同的形成是一个漫长的历史过程，这个过程是复杂多变的。第四，天下观念是形成中国认同的根本动力，也是思考范式。可以得出如下结论：（1）中国是一个有着相当稳定性的文化共同体，从这个意义上说，中国是同一的。（2）外部压力是导致中央王朝的政治理念与政治现实不一致的重要原因。（3）基本规律是：当外部压力比较小时，天下观体现的是包容性，大一统是显性诉求，中国认同呈现的是多民族共同体；当外部压力比较大时，天下观体现的是内聚力，华夷观凸出塑造（汉族）中国。

对"我们是谁"这个问题的探讨，有助于探寻中国真正的软实力所在，避免文化自负的同时，为世界文明提供一些建设性的元素。同时"移动的"中国也启示我们，既不应该用现代中国去理解历史中国，也不能用历史中国来看待现代中国，在处理与别国的领土纠纷时才能提供更丰富多层的语境。

注释

1. 李扬帆：《涌动的天下——中国世界观变迁史论（1500—1911）》，第1页。
2. ［美］亚历山大·温特：《国际政治的社会理论》，秦亚青译，上海世纪出版集团2014年版，第220—222页。
3. ［美］塞缪尔·亨廷顿：《我们是谁?》，程克雄译，新华出版社2005年版，第20—22页。
4. 李扬帆：《涌动的天下——中国世界观变迁史论（1500—1911）》，第571页。
5. ［美］杜赞奇：《从民族国家拯救历史》，王宪明译，社会科学文献出版社2003年版。第39—72页。
6. 同上书，第68页。

7. 冯友兰：《中国哲学简史》，北京大学出版社 1996 年版，第 222 页。

8.《诗经·商颂·玄鸟》。

9. 赵汀阳：《天下体系》，江苏教育出版社 2005 年版，第 41—43 页。

10. 顾炎武：《日知录·正始》。

11. 公羊高：《春秋公羊传》，三秦出版社 1999 年版，第 78 页。

12. 刘向：《荀子》，三秦出版社 1999 年版，第 97 页。

13. 司马迁：《史记·秦始皇本纪》。

14. 同上。

15. 同上。

16. 钱穆：《中国文化史导论（修订本）》，商务印书馆 1994 年版，第 41 页。

17. 班固：《汉书·韦贤传》，中华书局 1962 年版，第 186 页。

18. 杨伯峻：《春秋左传注·昭公二十三年》，中华书局 1981 年版，第 78 页。

19. 左丘明：《左传·定公四年》，岳麓书社 1980 年版，第 143 页。

20. 班固：《汉书·晁错传》，中华书局 1962 年版，第 312 页。

21. 引自《论语·宪问》：子曰："管仲相桓公，霸诸侯，一匡天下，民到于今受其赐；微管仲，吾其披发左衽矣！岂若匹夫匹妇之为谅也，自经于沟渎，而莫之知也！"

22. 朱熹：《大学衍义补·卷一四四》。

23. 顾炎武：《日知录·卷九》。

24. 李焘：《续资治通鉴长编》卷十七，开宝九年（976 年）二月己亥记载："群臣再奏表请加尊号曰'一统太平'。上曰：'燕晋未平，遽可谓一统太平乎！"

25. 陈邦瞻：《宋史纪事本末》卷十三《契丹和战》，中华书局 1977 年版，第 80 页。

26. 脱脱等：《辽史·圣宗纪》，中华书局 1974 版，第 173 页。

27. 炼臂：用点燃的香烧灼手臂，僧人苦行手段之一。

28. 燃指：燃烧自己的手指以供养佛菩萨，用以表示自己信仰之诚挚。

29.《宋会要辑稿·刑法二》引政和元年十一月二十四日诏，第 165 册，第 6523 页。

30.《朱子语类》卷九一，中华书局 1988 年版，第 2328 页。

31. 葛兆光:《宅兹中国》，中华书局 2011 年版，第 64 页。

32. 孙中山:《祭明太祖文》，见《孙中山全集》第二卷，第 95 页。

33. 李扬帆:《涌动的天下——中国世界观变迁史论（1500—1911）》，第 589 页。

34. 刘浦江:《元明革命的民族主义想象》，《中国史研究》，2014 年第 3 期，第 85 页。

35.《太祖实录》卷五三，洪武三年六月丁丑，中研院史语所校印本《明实录》第 2 册，1962 年版，第 1044 页。

36. 同上书，第 1041 页。

37. 同上书，第 1046 页。

38. 钱穆:《读明初开国诸臣诗文集》，《中国学术思想史论丛》第 6 册，安徽教育出版社 2004 年版，第 131、152 页。

39. 钱穆:《读明初开国诸臣诗文集续篇》，《中国学术思想史论丛》第 6 册，第 200 页。

40.《太祖实录》卷二六，吴元年十月丙寅，《明实录》第 1 册，第 401 页。

41.《全明文》卷一，第 1 册，上海古籍出版社 1992 年版，第 2 页。

42.《太宗实录》卷五二，永乐四年三月辛丑，《明实录》第 7 册，第 778 页。

43.《世史正纲》卷三一《元世史》，史部第 6 册，第 600 页。

44. 陈栾:《陈文冈先生文集》卷一一《除胡邪正祀典疏》，“胡元为中国之所当驱，是中国决非胡元之所当居矣；中国非胡元之所当居，是胡元决非中国之所当祀矣。故必除胡君之祀，而后驱胡之功彰。今欲存胡君之祀者，顾不自小圣祖驱胡之功耶……臣固知祀忽必烈于帝王庙者，非皇祖之本心也，是则当黜也”。

45. 徐奋鹏:《徐笔峒先生文集》卷八《古今正统辨》，北京大学图书馆藏明刻本。

46.《明世宗实录》卷一三六，嘉靖十一年三月癸亥条，台北：“中央研究院”历史语言研究所校印 1962 年版，第 3209 页。

47. 同上书，第 5029 页。

第八章　东方主义叙述范式与西方对东方认识的改变

张昕扬

导　读

中西双方从晚明的友好交往、积极的碰撞和相互的影响发展到清中期以后西方对中国的轻视、漠视和双方的敌视，其内在原因是双方的内在文化发生了不同的变化趋向；东方主义叙述在19世纪的兴起构建了一个虚假的停滞的东方，欧洲文明的普世性优越感经过两个世纪的发展正在受到反向冲击。

关于东方主义叙述范式

什么是东方主义

东方主义，译自“Orientalism”，原意是指西方对近及远东社会文化、语言及人文的研究，也可译为西方作家、设计师及艺术家对东方的模仿及描绘，亦可指对东方文化的同情与欣赏。在东方主义的研究与批评方面，最具影响力的学者莫过于赛义德[1]，他认为东方主义是一种西方人藐视东方文化，并任意虚构“东方文化”的一种偏见性的思维方式或认识体系。“Orientalism”本质性的含义是西方人文化上对东方人控制的一种方式。20世纪以来，用东方主义形容西方对东方的研究是有负面意思的，一般是指该研究者以18、19世纪的欧洲帝国主义态度来理解东方世界，又或是指外来人对东方文化及人文的旧式及带有偏见的理解。

赛义德的《东方学》[2]（1978）的出版被后人认为是后殖民主义理论的自觉和成熟的标志。他的研究将文学研究与政治、社会历史紧密结合起来。该书从社会、政治、阶级、种族立场去具体分析一切社会文本和文化文本，他的写作以边缘话语去面对中心权力话语，具有明显的文化政治批判性。他最大的贡献在于指出了东方主义与政治的关系，在福柯的影响下，他从话语角度揭示政治与东方主义的密切关系，批判东方主义的文化霸权，提出一个敏感的政治问题：伴随着西方政治经济上向东方的扩张，我们应该看到在“想象”和“文字表征”的层面上，同时存在着一个“将东方东方化”的过程，这一过程即他所谓的一套“东方主义”的话语形成的过程。[3]

赛义德在《东方学》中指出，东方主义有三层含义。其一，是指作为学术研究的一个学科。“任何教授东方、书写东方或研究东方的人——不管是人类学家、社会学家、历史学家还是语言学家，无论面对的是具体问题还是一般的问题——都是‘东方学家’，他或她所做的事情就是东方学。”[4] 东方学在欧洲各大学的课程中是一门具有悠久历史的、综合性的课程，它涵盖了哲学、语言学、人种学等学科，主要以东方文本的西译本或有关东方文明的论著为根据来阐释东方。其二，“东方主义是一种思维方式，在大部分时间里，东方是与西方相对而言的，东方主义的思维方式即以二者之间这种本体论和认知论意义上的区分为基础”。[5] 西方的存在是以“东方”的存在为参照的，正是基于这种本体论和认知论意义上的东方和西方之间的绝对区分，以及通过一种道德及认识论体系，东方被东方主义化了。其三，是作为一种权力话语方式存在的东方主义。“简言之，将东方学视为西方用以控制、重建和君临东方的一种方式。”[6]

赛义德将福柯的“话语理论”与葛兰西的“领导权”理论结合起来，强调东方主义是一种话语结构，他运用了后结构主义理论家福柯关于知识/权力的理论，用福柯的知识话语批判传统把东方主义作为一种话语来研究。在笔者看来，赛义德批判的是作为帝国主义文化机制的东方主义体系，它既非狭义的学术话语，也非具体的思想观念，而是福柯意义上的东方话语。赛义德在他的著作中是反对本质主义的，他认为人类身份是被建构出来的，“东方”和“西方”的划分是人为的而不是自然存在的，是充满权力关系的概念。西方著作中体现出来的东方，并不是作为一种历史存在的东方的真实再现，而是西方人的一种文化构想物，一种人为的话语实践。它认为这种划分是本质主义的，是他反对的观点所在。在赛义德看来，东方主义对东方的设计、想象与描述本身就是东西方文化力量不均衡的结果，西方通过文学作品、文化历史著作描写的东方形象为其帝国主义政治、军事、统治服务，从而推动了白人优越论的思想形成。

赛义德通过揭示东方主义的文化话语霸权实质和背后的政治权力机制，成功地实现了对东西方中心—边缘二元对立模式的解构。他主张超越非此即彼的传统的二元对立的东西方文化冲突的僵化模式，超越东西方对抗的基本立场，消除形而上学的本质主义，解构权力话语神话，努力消解文化霸权，而不使用一个话语霸权去取代或抗衡另一个话语霸权。虽然赛义德的研究在学术界充满了争议，但不可否认的是他的“东方主义”对于后殖民主义理论的贡献以及他的理论体系构造对于学术研究的价值。

东方主义叙述范式

东方主义理论同样是笔者在本章中进行论证的重要工具，进一步说就是在东方主义下的东方主义叙述范式对于欧洲对中国认识的影响。东方主义叙述范式是什么？有哪些表现？实质是什么？作为本章主题中两个重点之一，笔者认为有必要对于东方主义叙述范式进行阐述。

东方主义叙述范式是存在于“思维方式”和“权力话语”这两个含义之间的，它主要兴起在19世纪前后，西方对于东方的叙述、认识、研究等方面。说它存在于两个含义之间，是因为受到东方主义这种思维方式的影响，即“以二者之间这种本体论和认知论意义上的区分为基础”这种非此即彼的二元对立思维方式的影响，产生了东方主义的叙述范式，也可以说是这种东方主义叙述范式正是体现了这种思维方式；另一方面，东方主义叙述范式最终会导致一种权力话语的形成，也可以说，东方主义叙述范式是西方构建“统治、重建、支配东方的方式”的重要工具和途径。这种叙述范式主要体现在西方对于东方的误解性叙述上。东方主义叙述范式的实质可以由上文中所讲到的两个含义推测出来。东方主义的最基本特征是创造出了东西方本质上的二元对立性，东方主义叙述范式正是体现出了这个性质，并且用这个性质将东方神秘化、野蛮化、威胁化最终东方主义化。最终它是西方为了自己思想发展和统治权力而服务的，西方利用文化的强势地位对东方进行塑造和解释，它成为了西方社会的统治者和思想家实现统治和支配的工具。

18世纪西方的“中国热”

18世纪，中国的文化和思想随着中国的商品源源不断地流向了欧洲，成为了欧洲人爱不释手和竞相追捧的珍品，激发了欧洲人对于中国和整个东方进一步探索和了解的热情。他们的猎奇心理使他们渴望了解中国的一切。这一点，在不同的层面和不同的国家都有所体现。虽然在欧洲，不同的国家发展状况不同，都是我们仍能看出“中国热”在当时欧洲的盛况。欧洲的“中国热”基本表现在两个层面上，一是欧洲人对于中国商品、工艺品的追捧和对于“中国风”的赞不绝口与竞相模仿，这属于表象方面；另一方面是更深层的思想方面，这种潮流和“热”并不是一种盲目和赶时髦，更多的是理性的思考，思想家为社会的变革和发展找到了有益的借鉴。

文字与书籍

在当时的条件下，只有极少数欧洲人能够有机会远渡重洋来到中国，对中国进行切实的观察，绝大多数的人都只能通过极少数来到中国的人所提供的信息来了解中国，这些信息主要是来自文字方面，也就是书籍。

书籍一般分为两种，一种是记述中国的著作，另一种是经过翻译的中国古代经籍。欧洲人关于记述中国的著作，数量多而且类别繁杂。作者包括教会人士、外交人员、来华商人、军人、旅人、文人学者等等，背景非常复杂。传教士由于长期生活在中国，因此对中国社会的了解更为深刻，他们还通晓中文，研读了较多中国的书目和经籍，他们的著作涉及面广并且具有一定深度，但是他们受到自身写作目的（争取欧洲教会、官方和民众对于他们在华传教事业的支持[7]）影响，对于中国的描述优多劣少；商人、旅人对于中国的描述较为具体生动，具有直观性，但是他们在中国的时间短，接触到的人和社会层次有一定局限，视野和深度远不如传教士；还有一种是没有来华经历的欧洲人的著作，一般是整理编辑或综合归纳其他人的著作，新的资料较少，但是广泛阅读和总结其他著作之后使其学术价值有所提高。中国古代经籍的西译一般是由传教士完成的，当时主要是出于提高自己的汉语水平、真切把握中国人的思想以获得更好的传教效果、帮助欧洲人进一步了解中国等多种需要而进行的，例如西班牙人高母羡翻译成西语的《明心宝鉴》、柏应理等编译的《中国贤哲孔子》、1711 年在布拉格出版的卫方济的《中国典籍六种》、冯秉正编译的《中国通史》等。虽然许多经籍的翻译存在着缺陷，但是总体上看，传教士们对中国古代经籍的翻译是较为严肃认真的。上述这些著作和西译典籍对于中西文化交流发挥了促进作用，也为“中国热”在欧洲盛行奠定了基础。

“Chinoiserie”与中国商品

17世纪，法语中出现了一个新词，便是“Chinoiserie”，它的词根是“China”（中国），最初指称来自中国的商品，其中主要是各种工艺品。后来这个词被欧洲各国广泛采用，成为一个国际性的词汇，其含义也随之扩展，除了指称来自中国的新奇物品外，还被用来指称受中国艺术品影响的欧洲艺术风格和体现中国情趣的各类活动。[8] 这个词的创造和流行以及含义的扩展体现了欧洲人对于中国的密切关注和对于中国的向往。

中国流向欧洲市场的商品种类相当丰富，一般路径是北边陆路运输，南边海陆运输，商品包括丝绸、茶叶、瓷器、漆器、铜制品、象牙工艺品等。其中工艺品在登陆欧洲之后就立刻获得了欧洲人的青睐，他们以收藏中国的工艺品尤其是陶瓷为身份地位和财富的象征。在1609年，伦敦就有了第一家瓷器商店，他们向景德镇定制各种西洋风格的瓷器，以满足欧洲人的需求，甚至，巨大的利润和供不应求的情况迫使欧洲人开始仿制瓷器。仿制工艺品的发展同样非常迅速，但是这样的发展却造成了一种情况——随着仿制工艺品的发展，欧洲人逐渐扭曲了对中国的认识，“洋彩”（所谓“洋彩”是参照带入中国的西洋瓷器的形制和图案制作、绘有西画或西化的中国画的特殊瓷器[9]）之类的商品出现证明了这一点。

除了工艺品之外，茶叶也同样在欧洲产生了巨大影响，1650年东印度公司从日本将茶叶引入欧洲后，神奇的东方树叶几乎改变了整个欧洲人的习惯，尤其是英国，这一点影响一直持续到现在——

英国的茶文化经过长期的发展也独树一帜了，甚至反过来对中国乃至亚洲人的文化生活产生了反向影响。

园林与建筑

欧洲人对于中式建筑和园林的痴迷也源于传教士，他们在书信和出版物中就常常提到中国独特的建筑和园林风格，这种风格如一阵清风般吹过了悠久古典的欧洲建筑风格，使欧洲人顿时耳目一新，兴起了仿效之风。早期具有代表性和影响力的就是凡尔赛的特里亚农宫，这个宫殿是法国国王路易十四于1670年到1671年间为他的情妇蒙特庞夫人修建的，仿照的对象是明成祖朱棣于永乐九年在南京修建的报恩寺。特里亚农宫虽然只存在了17年，但在法国的上层引起了轰动，达官贵人纷纷效仿。在众多追求与效仿中国建筑和园林的欧洲国家中，英国走在了最前面。英国人坦帕尔（Temple William，1628—1699）在1685年发表的一篇文章中，介绍了中国人对于建筑和园林之美的看法，批评欧洲园林整齐划一，缺少变化，鼓吹引入中国园林艺术。十余年后，著名散文家艾迪生（Addison Joseph，1672—1719）和诗坛领袖蒲伯（Pope Alexander，1688—1744）撰文对坦帕尔的思想作了进一步发挥，主张推广中国园林，并身体力行，依照中国植树方法布置花园。[10]英国对于中国建筑和园林的痴迷很快影响到了欧洲其他国家，并且在18世纪下半叶达到了高潮。"从小丘间通往开阔地的不是欧洲那种笔直的步行道，而是蜿蜒曲折的小径……桥两端建有木牌楼或汉白玉牌楼，结构非常精巧，但与欧洲的凯旋门截然不同"[11]，长期在中国皇宫为皇室作画的西方艺术家王致诚在在描述圆明园的书信中如此写道，他的书信被《耶稣会士书简集》刊出后，轰动了欧洲，对欧洲人的艺术和建筑方面的观念造成了很大冲击，随着这种影响的发展，欧洲还产生了“洛可可”[12]风格，可见中国建筑和园林风格影响之深。

文化与思想

文化与思想方面属于前文提到的深层次方面，直接影响了西方对于东方的认识，是本章所讨论问题的重点。前文笔者曾写到在这个层面更多的是冷静和理性，少了表象上“中国热”的盲目和“赶时髦”，这个层面上涉及的群体人数相对较少，一般是由知识分子构成，许明龙把这一层面的人对于欧洲对中国的叙述一般分为两类——“颂华派”和“贬华派”，但无论“颂”还是“贬”，欧洲内部在文化与思想方面的“中国热”也因为能分出这两个不同的派系并且进行了激烈的辩论而显得毋庸置疑了。“颂华派”对中国持肯定态度，他们认为中华文明对于欧洲社会的进步和发展是非常有益的，值得学习和借鉴，这种观点对各个阶层的影响较大，成为了18世纪欧洲对于中国认识的主流思想。“贬华派”则对中国基本上持否定态度，不认为欧洲可以从中国学到有益的东西，对中国文化和思想以及社会的各个方面持怀疑甚至批评的态度；这种观点在初期并不占多数，但是到18世纪末，渐渐成为了主流。值得注意的是，这种将观点分为“颂”和“贬”的方式只是为了进行意义上的相对区分，并不是绝对的派系划分，因为很多学者和思想家的观念并不是完全鲜明和绝对的，有的随着事件的推移还产生了变化，因此更应该重视整个欧洲思想界随着时间推移而产生的整体变化。

在阐述了“颂华派”和“贬华派”之后，下面来谈一下，18世纪西方在文化和思想方面是如何“中国热”的，从当时几位思想家的观念中，我们可以体会到欧洲在文化思想方面“中国热”的状况。

莱布尼茨是欧洲最早研究中国的学者之一，他不仅是哲学家，还是自然科学学者，名扬欧洲。他对于中国的研究非常深刻，很多研究至今都仍具有深刻的意义。他从年少时就对中国产生了浓厚的兴趣，对中国有着长期的敬佩和敬仰。他曾经写过这样的话："我们这些后来者，刚刚脱离野蛮状态就想谴责一种古老的学说，理由只是因为这种学说似乎和我们普通的经院哲学概念不相符合，这真是狂妄之极！"[13]这种对于欧洲人在中国问题研究方面的严厉批评令人惊叹。当然我们也应该客观地看待他的观点，他这么说的原因最终是为了呼吁欧洲放下对于中国的偏见，平等地对待异域文化，并不是故意贬低欧洲抬高中国，更不是盲目的崇拜。莱布尼茨一生虽没有留下关于中国的著作，但是他涉及中国问题的书信超过了二百封，其中最著名的是他在谢世那年完成的《致雷蒙德先生》的书信，后被学界称为《论中国人的自然神学》，成为了关于中国论述方面的重要作品。我们可以毫不费力地找出他对中国的敬仰与赞美："虽然我们认为自己在行为的许多方面处于领先地位，但是谁能想到，地球上竟然有人在理解社会生活的戒律方面优于我们。当我们对中国人有了更多的了解时，我们在他们中间发现了这样的人。如果说，在工艺技术方面我们与他们并驾齐驱，在思辨科学方面我们走在他们前面，那么，在实用哲学方面，也就是说，在道德戒律方面，在适用于现世生活和凡人的政治方面，他们肯定超过我们，尽管承认这一点令人脸红。确实，中国人巧妙地用法律来实现公共安宁和建立社会秩序，使人们在彼此关系中尽可能少发生分裂；与其他民族的法律相比，他们的这种法律妙不可言，我们很难把它的妙处描绘出来"[14]，"中国的版图很大，不比文明的欧洲小。

中国具有（在某些方面令人钦佩的）公共道德，并与哲学理论尤其自然神学相贯通，又因为历史悠久而令人羡慕”[15]。无论从他生命接近尾声时仍对中国有着浓厚的感情和研究热情，还是从他如此多数量关于中国的书信，以及他在文字上对于中国文化和思想的称颂，都可以清晰地看到莱布尼茨对于中国毫不掩饰的欣赏与赞美。

在18世纪众多思想家中，伏尔泰可以说是一个时代的代表，他也是在18世纪的欧洲谈论中国最多也是最了解中国的思想家。他是一个博学多才的人，是18世纪的思想家、哲学家、历史学家、小说家、诗人等等，他同样对于中国非常的熟悉——他论及中国的著作近80种，信件超过200封。他在著作《风俗论》中曾这样写道：

> 例如印度和中国人，他们早在其他民族形成之前，便已占有重要的地位。我们吃他们土地生长的食物，穿他们制造的布帛，玩他们发明的游戏，甚至受他们古代劝世寓言的教育，我们欧洲的商人只要发现有路可通，就要到他们的国家去旅行，为什么我们却不重视对这些民族的精神的了解呢？当您以哲学家身份去了解世界时，您首先应把目光朝向东方，东方是一切艺术的摇篮，东方给了西方一切。[16]

伏尔泰最大的特点就是对中国持全面的肯定态度，在各个方面赞颂中国，甚至认为它是世界上最好的国家。他另一个特点就是关心政治体制，他的政治理想是开明君主制，这一点中国的文化思想和历史给予了他极大的支持和理论支撑，“一万三千六百名官员管理着一亿五千万人民，他们分属于不同的部门，这些部门的上面是六大部，六大部则同受一个最高机构的监督。一想到这些我就情不自禁地异常兴奋”[17]，可见他对于中国的行政体制赞美到了一定程度。此外，他在文化方面对孔子和他的儒家思想极为敬仰，将孔子视为他的崇拜对象，并竭力推崇孔子的思想，他甚至还被人称为“欧洲的孔子”，伏尔泰可以说是不折不扣的“中国通”和“中国迷”。

以上两位是比较具有代表性的人物，尤其是伏尔泰，18 世纪甚至被人称为伏尔泰的时代，他的代表作用可见一斑。通过对这两位人物的阐述，我们可以从一个点，看到整个 18 世纪“中国热”的盛况。

清中期西方对于中国认识的转变

任何事物必有发展和变化，“中国热”也是如此，在经历了大红大紫之后，“中国热”在欧洲也逐渐降温直至冷却。虽然“中国热”从什么时候开始降温没有一个公认的明确时间点，学界在“降温”的具体时间和事件上的说法并不一致，但是可以基本肯定的是，18 世纪下半叶这种情况就开始发生了，直到清中期，西方的态度已经明显地有了转变。从起初对中国的积极关注甚至追捧，到清中期时已经变成了一种漠视甚至敌对的态度。自 18 世纪中后期，欧洲的学者们就开始渐渐减少了感性的赞叹，更多的是理性的思考。如前文所述，“贬华派”在英国和法国逐渐增多，“颂华派”逐渐失去主导地位，代之而起的是褒贬互见。这是“中国热”正在降温的体现。马戛尔尼使团的访华报告则在很大程度上改变了欧洲人心目中的中国形象，到了鸦片战争前夜，中国已经完全失去了 18 世纪在欧洲曾经有过的辉煌。

18世纪下半叶，来自在华传教士的信息被越来越少地报道，而关于中国负面的言论反而被宣扬起来。甚至连前文讲到的关于英国人对于中国建筑和园林的欣赏，到此时虽然对建筑和园林依旧持肯定态度，但是在文中已经出现了这样的文字："我绝不希望与那些过誉中国的人为伍。……我说他们伟大、智慧，仅仅是与他们的近邻相比较而言，绝对无意将他们与我们的古人或今人相提并论。"[18]它似乎告诉我们中国的建筑和园林与中国本身的好坏并没有联系，甚至直接表达了对中国这个国家的否定态度。马布里谈到传教士的中国报道时说："他们的叙述充满矛盾，令人无法相信。我一定要弄明白，为什么世界上所有国家的历史都没有任何说不清楚的事，而中国的历史却尽是些找不出原因的事件，而且也与人的本性背道而驰"[19]，这不禁让我想起了伏尔泰对于中国历史的论述——"不像埃及人、希腊人，中国人的历史书中没有任何虚构，没有任何奇迹，没有任何得到神启的自称半神的人物。这个民族从一开始写历史，便写得合情合理"[20]，这两种对于中国历史的论述有着极大的反差。

随着时间的推移，中国对于欧洲的吸引力越来越弱，一方面是因为关于传教士的报道愈加减少，一方面是中国在商人、旅行家描述的形象中愈加丑陋。社会各界对于中国的态度渐渐转变，失去兴趣甚至流露出了鄙夷和漠视的态度。很多作品都出现了抬高诸如印度、埃及等其他文明古国而贬低中国的情况，包括阿尔让的《中国人信札》、鲍乌的《对埃及人和中国人的哲学研究》等。自18世纪下半叶开始，前文提到的中国商品、书籍等虽然依然受到欢迎，但是势头明显大不如前，也渐渐不再是"时髦"之物像当初一样被追捧了。欧洲人对于中国，也渐渐从开始对于中国表象上的热衷、追捧和内在思想文化上的震撼、赞赏与崇敬，以及对于中国本身的缺点和短处自然的忽略，变成了兴趣逐渐减退和转移至其他区域，变成对外在追捧和内在敬仰的冷却与反思，对于中国本身存在的缺陷不断放大，甚至添油加醋，导致对于中国的误解愈加严重。

导致欧洲“中国热”降温的原因有很多，欧洲和中国这两个主体内部都发生了变化，因此都对“中国热”产生了影响。中国的变化虽然比欧洲小，但是从中国传递出去的信息越来越多，这使得欧洲眼中的中国有所变化。欧洲本身对中国的观察愈加深刻，并且自身的兴趣和观念也产生了变化，因此这两个因素共同导致了这个结果。前文曾提到过，传教士是中国形象传递到欧洲的重要渠道，而在18世纪下半叶，传教士间的“礼仪之争”，使得他们在罗马教廷和中国皇帝两边都不讨好，最终导致了在华的传教事业走向了衰落。“中国热”在欧洲的盛行，使得欧洲人的猎奇心态愈加严重，对于异国情调和文化的追求随着时间推移朝着多元化多方位的方向发展，因此中国渐渐不再是“唯一”，而是“之一”——欧洲人的好奇心从中国延伸到了整个东方乃至世界的其他地方。中国之所以是欧洲人主要的兴趣所在，主要是由于来自中国的信息量较大并且本身文化具有较强的吸引力，但是这两个优势却随着欧洲探索的范围越来越大导致其他地区信息量的增长、中国自身发展变化以及欧洲对于中国的信息获取渠道变化导致误解越来越多而逐渐消失，中国的形象因此而改变。由此可见，清中期欧洲对中国认识的变化，更多的原因来自于欧洲本身，除了上述欧洲内部的原因之外，东方主义叙述范式与欧洲的启蒙运动是导致欧洲认识转变的重中之重。

东方主义叙述范式与欧洲启蒙运动

18 世纪的欧洲延续了前两个世纪在科学上的进步，科技的进步引领着时代与社会的发展。欧洲的启蒙运动则更是这个时代的标志，它使得人类的思想得到了空前的解放。思想的解放和观念的更新推动了科学的发展，科学的发展又促进了人类观念的更新。人们意识到了世界是进步和发展的，是向前开辟的未来，而不是循环往复的历史。启蒙运动带给了欧洲人进步的观念，使他们学会理性思考，这场伟大的运动更带给了欧洲人以自信，同样也促进了东方主义叙述范式的兴起。

以欧洲启蒙运动为基点，再次翻阅从 18 世纪欧洲“中国热”到清中期欧洲对中国的认识转变这一段历史，我们可以看得更加清晰。欧洲人最开始接触中国文明时的震惊和敬仰，是与当时欧洲的发展状况密切相关的——当时的欧洲经济并不发达，战争频繁，宗教派系多、矛盾复杂，中国文明传递到欧洲对于欧洲的思想产生了巨大的冲击，他们似乎找到了社会进步新的希望。在启蒙运动出现后，科技的发展、社会的进步以及进步的观念，使欧洲人逐渐减退了最初的激情，多了一分理性的思考。人们以启蒙运动所带来进步的观念为一把标尺去衡量东方主义叙述范式所构建的不实的中国印象，必然得出了一种结论——停滞的帝国——昔日的辉煌并不能代表什么，社会是持续不断进步的，虽拥有悠久的历史与古老的文明、高尚的理论和完美的治国方针，但是中国近千年来并没有任何巨大的进步。“当人们考察中国历史进程，研究它的活动时，谁不为他们在许多方面一事无成而感到惊诧！……几千年来，他们始终停滞不前。我们能不对此感到惊讶吗？……这个帝国是一具木乃伊，它周身涂有防腐香料，描绘有象形文字，并且以丝绸包裹起来；它体内的血液循环已经停止，犹如冬眠的动物一般。”[21]欧洲启蒙运动的思想促进了东方主义叙述范式的兴起，启蒙运动中的进步观念使得科学技术的进步成为了一个国家进步与否的重要标准，而欧洲的思想家都认为中国的科学技术远远落后于欧洲，即便是对中国有着深深感情的莱布尼茨和伏尔泰。莱布尼茨说：“看来对于才智的伟大之光即证明的艺术，中国人处于无知状态，他们始终满足于我们的工匠都普遍掌握的那种经验性数学。他们的军事科学也逊于我们……”[22]伏尔泰更是直言不讳提出疑问：“人们要问，既然在如此遥远的古代，中国人便已如此先进，为什么他们又一直停留在这个阶段？为什么在中国，天文学如此古老，但其成就却又如此有限；为什么在音乐方面他们还不知道半音。”[23]在“蜜月期”时，被欧洲人的追捧和敬仰所忽略的问题，在启蒙运动观念的冲击下和东方主义叙述范式的描述下，更加被放大，致使欧洲人对于中国的认知产生越来越大的变化和误解。

然而，中国当时的科技并不是西方人所认识的那样落后。针对某些欧洲人认为中国科学落后的说法，学界公认的中国科技史泰斗李约瑟（Neddham Joseph，1909—1995）指出中国早期的科学发明和发现，对于西方的社会结构起到了定时炸弹的作用；所谓中国的科学停滞不前，是基于西方人对中国的蔑视而产生的一幅图景，是从来都经不起认真检验的陈词滥调。对于一些在西方相当流行的说法，诸如中国人发明了指南针，发现美洲的却是哥伦布，中国人懂得选种的原理，却仅仅用来培养各种金鱼，李约瑟把所有这些说法都斥为“臆想的”“从历史来看是错误的”[24]。这种对于当时中国科技水平的不实描述甚至到今天都持续着，很多人尤其是很多中国人乃至东方人都受到东方主义叙述范式的影响。这也是赛义德所提到的，“我认为东方学的失败既是学术的失败也是人类的失败；因为在不得不对被其视为自身相异质的地区采取一种绝对对立的立场的过程中，东方学没能与人类经验相认同，也没有将这一地区的经验视为人类的经验”[25]。这导致了严重后果——对20世纪之前的对外交往重重的屈辱感和落后感，扭曲了中国人反观自身他人的正常维度。

同样的变化还存在思想方面，例如孔子的儒家思想。“中国热”使得孔子和儒家思想一直是人们关注的焦点，即便是孟德斯鸠这样对中国颇多批判的思想家，也对儒家学说持肯定态度，认为它是一种高尚的道德说教，它与法律、习俗融合在一起，维护着社会的安定。可是，到了1787年，孔子的思想却在赫尔德笔下成了阻碍中国进步的枷锁了：“对我来说，孔子是个伟大的名字，尽管我马上得承认它是一副枷锁，它不仅仅套在了孔子的头上，而且他怀着最美好的愿望，通过他的政治道德说教，把这副枷锁永远地强加给了那些愚昧迷信的下层民众和中国的整个国家机构。在这副枷锁之下，中国人以及世界上受孔子思想教育的其他民族，仿佛一直停留在幼儿期，因为这种道德学说呆板机械，永远禁锢着人们的思想，使其不能自由发展，使得专制帝国中产生不出第二个孔子。”[26]孔子的思想是没有变化的，变化的是欧洲人的眼光，源于欧洲人变化的思想。

启蒙运动所带来的思想观念的变化是巨大的，它不仅使欧洲更加注意之前所忽略的中国的弱点，并且颠倒了之前的价值观念——连之前被认为是优点的地方也成为了缺点，一切都以理性来衡量和审视，这导致很多问题在重新评价时得出了与原先完全不同的结论。启蒙运动所带来的一切优势带给了欧洲人无比的自信，更使得他们用“理性”和“进步”审视一切事物，通过与不同的区域和国家、不同的文明进行对比，来体现和证明他们的实力和价值。在这个过程中，非此即彼的二元对立自然产生出来。在对比中，欧洲人会“自然”地将其他一切可对比的东西对立，甚至建构一个可对比物，以证明他们是先进的、好的、强大的、有价值的，那么和他们对比的，自然是落后的、差的、弱小的、停滞的，东方主义叙述范式正是满足了这一点，它应运而生——思想家用它来证明自己的观点之正确以获得更多话语权，统治者接受这样的思维，从而采取行动，并且用它来稳固统治。随着启蒙运动的开始，东方主义叙述范式的兴起，到清中期时，欧洲对中国的认识已经完全改变，充满了漠视与敌对，而他们的自信却令他们忽略了真相——“发现和认识中国，对于18世纪欧洲哲学的发展，起到了决定作用，而正是这种哲学，为法国大革命做了思想准备”[27]——东方主义叙述范式书写了并不客观真实的历史。

欧洲的启蒙运动成就了一批思想家——伏尔泰、卢梭、孟德斯鸠，等等。他们是整个欧洲社会顶级的蓝图设计者。他们的思想需要被社会所认同，需要被证明是正确的。中国在欧洲的社会思想发展中，曾经为欧洲提供过重要的启示，即开明专制主义的思想。随着欧洲政治思想的发展，以及一些思想家对于开明专制主义的实践失败，使得开明专制主义思想受到批判和抛弃。随着启蒙运动的发展，思想家们带着他们的新思想登上舞台，无论这些思想是多么的不同，它们都有一个共同点——一定不会和旧观点相同，他们提倡开明、民主、自由，强调限制君主的权力，中国这样的专制政体，必然成为众矢之的。“一切有权力的人都容易滥用权力，这是万古不变的一条经验。有权力的人们使用权力一直到遇有界限的地方才休止……从事物的性质来说，要防止滥用权力，就必须以权力约束权力。”[28] “有人说中国的专制主义是宽和的，……然而，人们能享受他们自己的财产吗？那里通常借助棍棒进行令人惊异的分配表明，事实恰恰相反。”[29]从当时这些著名思想家的言语中，可以看出欧洲思想对于中国的猛烈攻击。

欧洲“中国热”的由盛转衰，也就是欧洲对于中国认识的由好到坏、由积极到消极，基本就是在明末到清中期，这个时段覆盖了“康乾盛世”，并且结束于乾隆年间。可见欧洲的“中国热”消退时中国并未转入衰退时期，甚至处于盛世，而欧洲对于中国的印象已经发生了颠覆性的改变，欧洲对于中国的认同变化更多在于欧洲自身内部的变化，而不在于中国本身的变化，其中欧洲启蒙运动和东方主义的叙述范式对欧洲人自身的文化和思想自信以及因此对中国乃至东方的虚构是欧洲对于中国认识变化的最重要原因。

作为欧洲思想“工具”的中国

从18世纪的“中国热”盛行欧洲，到清中期也就是19世纪中前期，欧洲对中国的认识发生了截然不同的变化。这个变化并不是突然发生的，而是经历了漫长过程的。在探寻其来龙去脉的道路上，“东方主义”为笔者打开了思路。从“东方主义”到“东方主义叙述范式”，再到欧洲启蒙运动，沿着这样思路线索，让我们在这个璀璨而复杂的时代更加接近了历史的脉络与发展过程。

关于东方主义叙述范式，我们较多的是看到它将东方神秘化、野蛮化、威胁化的特点，但更应该引起我们注意的是它的实质，在本章所研究的问题上，东方主义叙述范式更大的作用是作为一种工具，被欧洲思想家所利用。进一步说，中国是东方主义二元对立结构的产物，被欧洲思想家作为参照物，用以证明其思想之正确。这一点不仅在欧洲人对于中国落后和丑陋的不实和虚构的叙述中体现出来，甚至还在之前对于中国赞美和称颂的叙述中也体现出来。

18 世纪中期，孟德斯鸠、伏尔泰等思想家曾援引中国的言行来批评西方的狂热与政治体制，之后重农派还颂扬中国经济并提倡将它作为全欧典范[30]。18 世纪的启蒙思想家对于中国的研究和叙述其实是利用中国之名和一些或真实或虚构的材料来实现自己的理想，无论是赞扬还是贬低，都是为了与其目的相适应，都是为思想家们的政治理想与社会改造方案之较量而服务的。体现这一点最明显的就是启蒙运动初期的孟德斯鸠和伏尔泰，在接触基本相同的关于中国的信息的情况下，却得出了相反的结论，源于他们不同的政治观点与理想使他们对于中国文化按照自己的需要进行“处理”，最终形成如此结果。由此可见，东方主义叙述范式的兴起确实成为了必然，作为思想家的工具，对于欧洲对于中国的认识改变起到了重要的作用。

梳理全文，为什么中西双方从晚明的友好交往到、积极的碰撞和相互影响到清中期后变成了对中国的轻视、漠视甚至敌视？是因为中西双方的内在变化，以欧洲内在变化为主。上文中讲到了很多原因，而不可忽略的是欧洲启蒙运动与东方主义叙述范式。欧洲的启蒙运动为欧洲人带来了进步的观念，这个观念使得欧洲人以理性与进步衡量一切国家与社会的发展水平，东方主义也由此产生，它的二元对立性以及东方主义叙述范式构建的停滞的中国，使得欧洲在同中国的比较中处于极大的优势地位。科技发展、社会进步、思想解放的欧洲，对比一个被虚构和误解的、令欧洲人失去兴趣的、各种弱点被不断放大的中国，这种极大的落差最终导致了清中期欧洲对于中国认识的颠覆性变化。东方主义叙述范式下的中国对于欧洲思想家们证实和宣扬自己的观念、实现自己的理想提供了极大的帮助，这正是他们为了达到目的所需要的。

注释

1. Edward. W. Said（1935—2003），中文译作赛义德，也译作“萨义德”。当今世界极具影响力的文学与文化批评家之一。
2. “Orientalism”一书被不同的时期和不同译者翻译成“东方学”和“东方主义”，目前大陆出版的书目译为“东方学”的较多，本章中也将采用“东方学”的译法。
3. 籍晓红：《结构东方主义的二元对立模式——赛义德的〈东方主义〉》，《廊坊师范学院学报》2006年第22卷第3期。
4. ［美］爱德华·W·萨义德：《东方学》，王宇根译，生活·读书·新知三联书店2013年版，第3页。
5. 同上书，第4页。
6. 同上书，第4页。
7. 许明龙：《欧洲18世纪中国热》，山西教育出版社1999年版，第79页。
8. 同上书，第120页。
9. 同上书，第123页。
10. 同上书，第126页。
11. ［法］维西埃尔：《在华耶稣会传教士（1702—1776）书信选》，巴黎，1979年，第414—416页。

12. 洛可可，是指 17、18 世纪风行于法、德等国的一种艺术风格，它打破了以往文艺复兴时期形成的规律，采用一种活泼欢快、自由奔放的手法和来自东方艺术的非对称的设计，挣脱透视法的传统束缚，线条讲究流畅自然，着色则放弃以往那种总是光亮鲜明的追求，改用灰色的调子，并且让不同颜色和缓过渡，避免突变，追求淡雅纤巧、奇幻飘逸的格调。
13. 柳卸林编：《世界名人论中国文化》，湖北人民出版社 1991 年版，第 140 页。
14. 劳端纳：《莱布尼茨〈中国新论〉序、评、译》，第 69 页，转引自许明龙：《欧洲 18 世纪中国热》，第 206—207 页。
15. 秦家懿编：《德国哲学家论中国》，生活·读书·新知三联书店 1993 年版，第 72 页。
16. ［法］伏尔泰：《风俗论》上册，梁守锵译，商务印书馆 1995 年版，第 201 页。
17. 同上书，第 216 页。
18. 范存忠：《约翰逊博士与中国文化》，第 15 页，转引自许明龙：《欧洲 18 世纪中国热》，第 298 页。
19. 马布里：《哲学家经济学家对政治社会的自然的和必然的秩序的疑问》，载《马布里选集》，商务印书馆 1960 年版，第 81—82 页。。
20. ［法］伏尔泰：《风俗论》上册，梁守锵译，第 74—75 页。
21. 柳卸林编：《世界名人论中国文化》，第 177 页。
22. 劳端纳：《莱布尼茨〈中国新论〉序、评、译》，第 69 页，转引自许明龙：《欧洲 18 世纪 “中国热”》，第 69 页。
23. ［法］伏尔泰：《风俗论》上册，梁守锵译，第 215 页。
24. 许明龙：《欧洲 18 世纪中国热》，第 314 页。
25. ［美］赛义德：《东方学》，王宇根译，第 421 页。
26. 柳卸林编：《世界名人论中国文化》，第 180 页。
27. ［法］谢和耐：《关于 17、18 世纪中国与欧洲的接触》，《亚洲学报》，东京，1972 年版，第 79 页。

28. ［法］孟德斯鸠：《论法的精神》上册，张雁深译，人民出版社 2010 年版，第 145 页。

29. ［法］爱尔维修：《爱尔维修全集》第 4 卷，伦敦，1776 年，第 74 页。转引自转引自许明龙：《欧洲 18 世纪“中国热”》，第 311 页。

30. ［法］艾田蒲：《中国之欧洲》，许钧、钱林森译，广西师范大学出版社 2008 版，第 325 页。

第九章　儒家、道家及新儒家思想国际化的可能性

朱雅仪

导　读

中国文化对欧洲的反向冲击以儒家思想和道家思想为主要内容，中国在17世纪至18世纪初期对欧洲大陆现代文明的兴起产生了重要的影响；由于遭受了19世纪以来的西方侵略，中国一度处于文化迷茫的状态长达一个世纪，随着中国力量的崛起，新儒家思想开始再次反向冲击国际社会（主要是欧美社会），只是这次冲击更多的是寻求与现代性的融合与调适。

儒家和道家思想的早期国际影响

16世纪后半期，欧洲传教士来到中国，地处亚欧大陆东西两端的两个文明开始了直接的接触。传教士携带欧洲文化来到中国，对于中国文化来说，本来是一个吸纳新的养分以滋养自己的机会。但是，两个文明之间都没有真正"读懂"对方，交流和对话很快变成了碰撞和冲突，一场由"礼仪"问题引发的争论，中止了西方文化在中国传播的过程。直到1840年鸦片战争之后，西方文化才随着坚船利炮再度来到中国。但此时，它已经不愿在同一平台上与中国文化进行平等的对话了。

我国学术界在研究明清之际的中西文化交流史时，多聚焦在"西学东渐"这个视角，仅有少数学者（朱谦之、阎宗临等）注意到并考察了中国文化对欧洲的反向冲击。其实，欧洲传教士扮演着双重主体的角色——不仅将西学东传，也将包括儒学在内的中国文化介绍到欧洲，并引发了17、18世纪欧洲学术界讨论中国的热潮。更重要的是，儒学西传之际，恰逢欧洲大陆启蒙运动兴起，具有世俗理性色彩的中国文化适时而至，为启蒙思想家批判专制主义和罗马教廷提供了丰富的材料。遥远的东方之国，竟一度成为西人心目中的样板和参照。

本章考察这段历史，回答两个问题：儒学何以能成为启蒙思想家借力的工具？以及，中国文化在启蒙运动中到底发挥多大的作用？

"利玛窦规矩"

在宗教改革中受到沉重打击的天主教为了挽回败局，决定向欧洲之外发展，而欧亚海上航线的开通为传教士来华创造了条件。耶稣会是海外传教的排头兵，从1552年起，先后有方济各·沙勿略（1506—1552）、罗明坚（1543—1607）、利玛窦（1552—1610）等耶稣会士来华传教。当这些人来到中国，发现他们所面对的，是一个有着高度成熟的文明、又完全不同于西方的世界。托尼（R. H. Tawney）写道：

> 中国是一个有机体，是一个无论如何在近代西方找不到类似的特殊类型。她的统一，很像中世纪的基督教世界，与其说她是政治制度的统一体，还不如说她是一个文明的统一体。像基督教世界那样意识到，她不仅是一个国家，而且是一种精神的体现——一种文化和光明的慰藉物，就像用一座堤坝，把拍击它疆界的外部黑暗的潮水般涌来的野蛮隔开来……这个统一体就建立在中国家族基础上……家庭处于稳定不变的中国村落中，有着共同的哲学遗产，这种哲学遗产决定着人际关系和个人的行为……成为社会组织的基础。中国人具有一种将个人行为转变为整个民族行为的传统和方式，并且使自身及子孙永远有福有德……[1]

对此，耶稣会士们一定深有同感。他们意识到在这样一个社会传教，必须寻找一种不至于过分冒犯中国传统文化和伤害中国人感情的方式。利玛窦总结了一套颇为成功的传教模式，被康熙称为“利玛窦规矩”。这套策略的基本精神就是以“适应”中国文化和习俗的方式在中国传播基督教，具体方法是：“习华言，易华服，读儒书，从儒教”[2]，以拉近与中国人的距离；允许中国的教众保留崇天、尊孔、敬祖等观念和礼俗，以避免基督教文化与中国文化发生冲突；介绍西方的天文、地理、历算等西方学术，以折服中国士大夫，等等。实践这套策略使利玛窦成功地将自己塑造成一位“西儒”，被中国民众和士大夫所接受。

同时，利玛窦也积极地向欧洲人论证中国人接受基督教的可能性。在《利玛窦中国札记》中，他指出儒学与基督教精神具有一致性。如中国人崇拜一位最高天神——天帝、相信灵魂不朽、“善有善报、恶有恶报”的信条、儒教中“己所不欲、勿施于人”的观念等，这些都与基督教的真理相符合。利玛窦且特别强调儒学中不存在偶像崇拜。孔子虽然受到人们高度的尊敬，但并不是受到宗教式的崇拜，不是被当做神来看待。中国人的祭祀活动，也只是表达对于祖先的尊敬。这样一来，儒学和基督教之间就不存在不可调和的矛盾了。

简言之，儒家文化和基督教的相通之处，与儒家不存在偶像崇拜这两点，回答了基督教何以能在中国传播的原因。遵循这样的思路，利玛窦在处理被称为“礼仪之争”的三件事——士人祭孔、家人祭祖和 Deus 概念的译名——之时，采取了迎合中国文化的态度。但这遭到其他传教士的非议，引起天主教会内部的大争论，后来又升级成为康熙皇帝和罗马教廷之间的争论。

“中国礼仪”之争

明清之际的“中国礼仪”之争，可能是基督教传入中国后中西文化交流史上最重要的事件，其背后实际包含着以基督教为代表的西方文化和以儒家文化为代表的中国文化之间的碰撞和冲突。自利玛窦 1610 年去世之后，这场争论就开始了。争论的两方，一方为耶稣会，一方为多明我会和方济各会，后者为宗教改革之前天主教中两大势力。争论的内容，朱谦之在《中国哲学对欧洲的影响》一书中概括为三点：（1）“敬祖之礼”，即奉祀祖先牌位是否是宗教仪式？（2）“祭孔之礼”，祭祀孔庙是否只为敬礼，或含有异端宗教的意义？（3）“祭天之礼”，以“上帝”和“天”称呼天地万物的主宰（Deus）是否合适？[3]

在这三个问题上双方的意见大相径庭。总的来说，耶稣会承继“利玛窦规矩”，倾向采取调和的态度。他们认为孔子学说是中国文明深层道德价值的体现，是中国人维系日常生活和社会政治管理秩序的基石，简单地否定祭孔，会极大伤害士大夫的感情，导致传教的失败。同样，中国人对祖先的祭祀属于儒家孝道思想的一部分，属社会伦理的含义，不是宗教仪式。在 Deus 译名的问题上，赞成把 Deus 翻译为“上帝”或“天”，这样可给人以两者原本具有内在一致性的印象。多明我会和方济各会则持反对态度。

1700 年，教宗克莱孟十一世命圣职部审查“中国礼仪”问题。在华耶稣会士得知后，联名上疏，请求康熙皇帝对敬孔、敬祖表态。11 月 30 日，康熙作出批示，指出敬孔、敬祖纯为表示爱敬先人和先师，不是宗教迷信。[4]耶稣会将康熙的批示从不同途径寄往罗马。康熙帝遂卷入这场礼仪之争。1704 年 11 月 20 日，教宗克莱孟十一世敕谕，判定“中国礼仪”为异端而予以禁止，连康熙题写并颁给各教堂的“敬天”匾额也要拆除。1715 年 3 月 15 日克莱孟十一世重申这一敕谕，并强调“必须完全绝对遵守圣座以前关于中国礼仪所定的法律，拒绝接受任何不执行这些法令的理由和借口”。这就是所谓的《自那一日》通谕。康熙的回应则是在 1719 年 12 月的批示：“尔教王条约与中国道理，大相悖戾。尔天主教在中国行不得，务必禁止。教既不行，在中国传教之西洋人，亦属无用。除会技艺之人留用，再，年老有病不能回去之人，仍准存留，其余在中国传教之人，尔俱带回西洋去。”[5] 康熙去世后，继任的雍正、乾隆采取禁教政策，除剩下为数极少的传教士在宫廷服务和转向外审偏远地区外，基本上结束了明清之际基督教在中国的活动。

“中国礼仪”之争，对耶稣会而言是一场悲剧，使基督教失去了在中国的合法地位；但对中国文化的西传，恰恰提供了一个难得的契机。这场争论中，对立双方的分歧很大程度上在于判断“中国礼仪”的性质，而判断“中国礼仪”的性质，则离不开对中国现状和历史的了解。于是，介绍和讨论中国的知识，主要是中国儒学，就成为欧洲学术界的热点之一。正像艾田蒲所说：“1700 年前后，不管是冉森派教徒，还是耶稣会士，不论是怀疑主义者，还是笛卡尔主义者，只要进行思想的人都不可避免地要想象中国，对中国作出思考。”[6]

当中国在欧洲引起热议之时，欧洲启蒙运动正处于从酝酿到形成的过程之中。启蒙思想家们发现，中国儒学很像他们所主张的“自然神论”和“无神论”，在中国的政治体制中也正好有适合他们需要的国家蓝图。于是，中国儒学、中国的政治体制及政治伦理思想也就成为一些启蒙家们顺手拈来的“他山之石”。如朱谦之所言：“这一百年关于中国礼仪的争论，实即中国思想输入欧洲之一个良好的时机。罗马教皇所认为异端之孔子，不幸因耶稣会的翻译，而竟将此‘异端’的学说介绍于欧洲，……才能给欧洲思想界以一大刺激，给欧洲思想界以‘反基督教’、‘反神学’、‘反宗教’之哲学的影响，因而促进了欧洲之哲学时代。”[7]

启蒙运动中的儒学

启蒙运动，指 18 世纪在欧洲兴起的思想解放运动。它高举理性主义与人本主义旗帜，用自然神论、无神论和宗教宽容抗衡传统的宗教神学，用自由、民主、人权冲击封建专制主义，批判的声浪席卷诸多学术文化领域。这场运动不仅开启了欧洲思想文化的新局面，也为其后的资产阶级革命廓清了思想障碍，对欧洲乃至世界历史都产生了深远影响。

杜维明特别强调启蒙不仅仅是一场文化运动，也是一个理念、“一种心态”。这种理念和心态即是理性主义，特别是康德所言的“敢想”。康德界定启蒙运动的基本精神是“人类脱离自己所加之于自己的不成熟状态。不成熟状态就是不经过别人的引导，就对运用自己的理智无能为力”。人为何会对运用自己的理智无能为力？康德认为是：懒惰和怯懦。懒惰，指人对外界的依赖性，“处于不成熟状态时那么安逸。如果我有一本书能替我理解，有一位牧师能替我有良心，有一位医生能替我规定食谱，等等；那么我自己就用不着操心了。只要能对我合算，我就无需去思想；自有别人会替我去做这类伤脑筋的事。”[8] 怯懦，则来自外界的干扰和阻挠，在当时则是专制主义的政治制度和违背“心灵宗教”的宗教神权。摆脱懒惰和怯懦，首先需要个人的“自我启蒙”，需要人们自行恢复所缺乏或所放弃的“自主意识”，因此康德说：“要有勇气运用你自己的理智！”这些阐述虽然主要立足于德国现实，但康德强调理性、自我启蒙和人的尊严，使他对“启蒙”本质的理解超出了地域，甚至超出了时代，而具有普遍意义。

启蒙时代是理性的时代。德国哲学史家卡西勒感叹：“当 18 世纪想用一个词来表述这种力量特征时，就称为‘理性’。‘理性’成了 18 世纪的汇聚点和中心，它表达了该世纪所追求并为之奋斗的一切。”[9] 这里的理性，正是伏尔泰所说的中国精神世界的核心，它使中国在启蒙运动中独具魅力。从17世纪末开始，欧洲知识界围绕中国文化在广泛的领域展开了讨论。按照莫里斯·罗宾的说法，先是17世纪末18世纪初的宗教领域，接着是18世纪四五十年代的政治领域，最后是六七十年代的经济领域。[10]艾田蒲则明确了这些争论与中国文化的联系：18世纪上半叶，欧洲哲学家主要是参照中国来思索上帝和灵魂、物质与精神等观念；18世纪中叶，孟德斯鸠、伏尔泰和德·阿尔让思侯爵援引中国来批评西方的宗教狂热与政治体制；之后，则有重农主义颂扬中国经济并提倡将它作为全欧典范。[11]这表明，启蒙运动探讨的问题与中国文化引起的争论在一定程度上是交织一道的。中国文化不仅为启蒙学者的观察和思考提供新的视角，中国文化的许多内容也很自然地成为启蒙思想家论证自己观点的材料。

具体来说，中国文化在三个方面为启蒙运动提供了材料：

首先是中国文化中的人文主义及理性主义特质。儒家讲求“为己之学”，重视现世、不问鬼神的态度，与欧洲中世纪浓厚的宗教神学色彩形成鲜明对比。当一个无神论的国家发展出高度文明，其人民过着绝不逊色于宗教教徒的安乐生活时，宗教的权威和价值受到质疑。这为启蒙学者反对基督教神学提供了重要的思想武器，中国文化中倡导的遵循自然规律行事的理性主义，很自然地被启蒙学者们与其竭力鼓吹的“自然神论”或“理神论”，以及“自然法”的概念联系起来。在一些思想家看来，中国正是按照“自然法”治理国家的典范。

第二是儒家德治主义政治路线。按照儒家修齐治平的人生理想，良好的品行是君王治理国家首应具备的素质。正因如此，儒家特别注重对王储进行早期教育，使其具有丰富的学识、良好的品行和必备的治国之术，并通过表率作用教化臣民，讲求“为政以德”。按照这种理想模式教育出来的君主正是柏拉图倡导的“哲学家国王”或伏尔泰追寻的“开明君主”。这种德治主义和开明君主在一个时期几乎成为大多数启蒙学者向往的政治理想。

再者就是中国政府对农业的高度重视和成熟的农业管理，使17、18世纪的许多欧洲国家都受到震动，也使魁奈等重农主义经济学者们羡慕不已。

其实，启蒙学者们所持的观点，包括他们对中国文化的看法，并不全然一致，甚至截然对立。而颇为有趣的是，即便是观点相左的双方，也都能从中国身上找到论据来佐证自己的观点。例如在宗教领域，存在“自然神论”者和无神论者的论争。前者不否认上帝的存在，但认为上帝只创造了宇宙和万物存在的规则，在此之后便不再对世界的发展产生影响。人不是靠神的启示去认识世界，而应靠自己的经验和理性去认识。无神论者则走得更远，直接质疑上帝本身的存在。这两类学者都借助中国来反对天主教会，指责天主教对真理的垄断权；同时，也在他们之间的争论中利用中国这个主题。再如政治领域，伏尔泰和孟德斯鸠对中国政体的看法可谓大相径庭。伏尔泰可谓是中国和中国儒学最热情的颂扬者和辩护者，他认为中国是开明专制的典范。中国固然是君主专制，但绝不是一个专横独裁的政体。原因在于，首先，这种政体建立在尊重法律的基础上。“在这样一个政体里，一切都由层层隶属的大法院决定，而其成员须得通过重重严格考试方得录用，人类才智确实想不出比这更完美的政体了。”[12]其次，这个国家不存在等级差别，是一个没有贵族、僧侣的政治社会，社会地位的差别只是建立在功德、才能之上。而孟德斯鸠则断言：“中国是一个专制国家，它的原则是恐怖。”他以中国的“大逆罪”举例道：“中国的法律规定，任何人对皇帝不敬就要处以死刑，但法律没有明确规定什么叫不敬，所以任何事情都可以拿来做借口去剥夺别人的生命。”“大逆罪含义不明，便足以使一个政府堕落到专制主义中去。”[13]在他看来，法律和专制主义是不相容的，只有“恐怖”才可能维持专制主义政权。

两位学者所接触到的中国材料差不多，但看法却相差甚远，概源于他们讨论中国的目的不同。对伏尔泰来说，中国是“典范”，是他希望欧洲效法的样板，所以他需要维护中国的形象；对孟德斯鸠来说，中国则是“样本”，是他研究东方社会的一个典型对象。孟德斯鸠将政体分为共和政体、君主政体、专制政体三种类型，将研究对象纳入这个政体分类的框架内进行考察。他心目中的中国，不过是“专制政体”的典型，因此，他对中国的评论，往往就是对专制政体的评论。换言之，他已经将中国由“特殊”上升到“一般”。由此可见，启蒙学者并不关心中国本身，而是中国材料对他们所从事的事业的意义。

想象中的中国

17世纪至18世纪初期儒学西传，恰逢欧洲大陆启蒙思潮兴起。伴随着整个启蒙运动，出现围绕中国文化评价的争论，不过，准确地说，这是一场利用中国材料来批判欧洲专制主义和罗马教廷的思想碰撞。莫里斯·罗宾说：“欧洲的思想家对中国的了解都是极其肤浅的，甚至可以说对中国几乎毫无兴趣。启蒙运动时代的西方人对中国的了解，与其说是看重一种真正的知识，不如说是注重一种‘神话’……这种神话起到了纯工具主义的作用，仅被用来当做论据在某些与‘中央帝国’风马牛不相及的争论中运用。”[14]这个评价或许有些夸张，事实上欧洲学者对中国文化还是有一些深层的反思；不过“工具”和“论据”的定位是恰当的。欧洲对中国、对儒学的兴趣，主要来自两个方面的需要：一是在现实世界上找出一个由理性支配的国家，作为欧洲的参照；二是用理性主义来挣脱基督教的枷锁。如果真实的中国不能满足他们的需要，他们就“再造”一个理想化的中国。所以，我们在那些盛赞儒学的学者那里所看到的中国，往往是变了形的中国。他们对儒学也是这样。这印证了马克思的话：“理论在一个国家的实现程度，取决于理论满足这个国家的需要的程度。”这也解释了 18 世纪下半叶“中国热”的迅速退潮。其时经过启蒙运动、资产阶级革命和工业革命洗礼的欧洲，已经把兴趣转向自身的文化根源和新诞生的美国，中国不复有参考价值。欧洲学术界对儒学的主流态度，也在大革命后由赞扬转为贬义。中国对于欧洲来说，始终是“他者”，提供的不过是话题和争论性材料。

儒家及新儒家思想的现代影响

何谓新儒家

下文所称的新儒家，指的是西方学者所说的“New Confucian”，而不是“Neo-Confucian”。“Neo-Confucian”指的是包括程朱陆王及晚明黄（宗羲）王（夫之）的“宋明新儒家”，属于中国儒学史第二阶段或称第二期。“New Confucian”指称的，是民国以后的“当代新儒家”（Contemporary New Confucian），属于第三阶段或称第三期儒学。

儒家哲学三个大时代（先秦、宋明、当代）的提法，首创于牟宗三，由杜维明广布于天下。[15]刘述先对儒学的三期发展有一段精辟的总结：

> 先秦儒学最具有关键性的一个人物是孔子（公元前551—前479）。他回归周公制礼作乐的理想，但到春秋时代，礼崩乐坏，周文疲弊，诸子百家兴起，对此有所响应，儒家并无特殊地位。不意汉武用董生之策，所谓罢黜百家，独崇儒术，孔子竟被尊为素王，可谓异数！自此儒家成为朝廷意理（state ideology）。而孔子“仁内礼外”“天人合一”，更为中国文化的精神传统留下了源头活水，万世不竭。然而经历两汉经学、魏晋玄学、隋唐佛学，儒家虽为正统，知识分子对于二氏（老、释）却趋之若鹜，宋明理学兴起，正是针对此一情况的响应。南宋朱熹（1130—1200）号称集大成者。他的《四书集注》由元代到清末废科举（1313—1905）为止，为考试必看的书目，对中国的士人影响可谓深远。到了清末民初，传统被谴责为一切反动、腐败、落后的根由。1919年五四运动爆发，狭义的政治活动背后是广义的文化革命的诉求，由全盘西化到一心一意的现代化，都以彻底摧毁传统为职志。如果传统是正，西化是反，现代新儒学乃反之反，少数知识分子针对现代西方主流思潮彻底批判，向往一条儒学复兴的途径，开启了儒家精神传统第三个大时代的契机。但必须提醒的是，自废科举之后，儒家已由中心转到边缘，这就是现代新儒学所面临的处境。[16]

这段话勾勒了自先秦以降儒学发展兴衰的脉络。可见儒家传统并非静态的结构，而是一个动态的过程，此过程中有发展、有冲击，儒学只是中国文化的一支，有时是主流，有时是旁支。鸦片战争前后，儒学受到西方文化的冲击，从显学逐渐被边缘化，以五四新文化运动尤甚。加州大学的列文森教授在《儒教中国及其现代命运》一书中甚至认为，五四以后，儒家受到中国的知识精英全面、深入的冲击，从而不能够继续生存下去，不仅在中国、东亚，乃至在人类社群都消散了。[17]不过，在一片反孔批儒的声浪中，也有少数知识分子挺身而起，希望重新树立儒学作为中国文化精神核心的地位和作用，从而积极回应西方文化对中国文化的激烈冲击与消解。为解决传统与现代的问题，他们发挥各自学养，动心忍性，著书立说，学融中西，统摄百家，归宗儒学，创造性地重建传统。

创造性地重建传统，是当代新儒家的共相或共性。所谓当代新儒家的历程，也就是创造性地重建传统的学思历程。

1986 年中国国家教委“七五”规划，确定“现代新儒家思潮”为国家重点研究项目之一，为期 10 年，由方克立、李锦全主持。经讨论，首先确定了一个 10 人名单：梁漱溟、熊十力、张君劢、冯友兰、贺麟、钱穆、方东美、唐君毅、牟宗三、徐复观。后来老一代补上了马一浮，较年轻一代则加上了余英时、刘述先、杜维明，最后还补上了成中英。

这份名单是海内外主流意见公认的名单。刘述先在此基础上，提出了一个“三代四群”的架构[18]：

第一代第一群：梁漱溟（1893—1988）、熊十力（1885—1968）、马一浮（1883—1967）、张君劢（1887—1969）。

第一代第二群：冯友兰（1895—1990）、贺麟（1902—1992）、钱穆（1895—1990）、方东美（1899—1977）。

第二代第三群：唐君毅（1909—1978）、牟宗三（1909—1995）、徐复观（1903—1982）。

第三代第四群：余英时（1930—）、刘述先（1934—）、成中英（1935—）、杜维明（1940—）。

把这个架构与现代新儒家思潮的四波发展配合起来看，就可以把握到这一思潮的脉动。20 世纪 20 年代新儒家对“五四”作出回应。40 年代新儒家尝试创建哲学系统。60 年代港台新儒家由文化的存亡继绝转归学术。80 年代海外新儒家倡议与世界其他精神系统交流互济。这便是现代新儒家思潮发展的指向。[19]

第一波（20 世纪 20 年代）：对“五四”作出回应

为当代新儒家首创山林的是梁漱溟。此处需提到促成变化的一位重要人物——梁启超。梁启超虽不谙西文，但熟悉日本。他一向热衷介绍西方的观念，努力引进新知识。但一战改变了他整个观点。所谓进步的西方反而造成了毁灭性的后果。他率团到巴黎参加和会，亲眼目睹欧洲的凋疲与残破，决不可以作为中国走向未来的楷模。他重新看到传统之中一些有价值的成分，在欧洲时撰写《欧游心影录》，发表于《时事新报》，影响到在国内的梁漱溟，与随团赴欧的张君劢，从而打开了现代新儒学复兴的机运。

梁漱溟并非出身保守家庭，从小读西文书，爱好心理学。1917 年，蔡元培邀梁漱溟到北京大学讲印度哲学，梁见到蔡，劈头就问他对孔子持什么态度，蔡沉吟后回答：我们也不反对孔子。梁漱溟说：我不仅不反对而已，我此来出去替释迦孔子发挥外更不作旁的事了！[20]继这一发扬孔子的宣言之后，他发表著作《东西文化及其哲学》，一时洛阳纸贵，引起广泛回响。他以自己的生命体验，对中西印三大思想文化系统作了概论性的比较，认为人类基本上有三种意欲：西方文化是以意欲向前要求、中国文化是以意欲自为调和持中、印度文化是以意欲反身向后要求为其根本精神的。他感觉到印度与中国文化有“早熟”的毛病。中国在现阶段要毫无保留地全盘西化，才能免于亡国灭种的危险。但一个阶段以后，就要转趋中国重视社会和谐的文化。最后人终不能避免生死问题，乃有必要皈依印度的解脱道。梁所提出的观念尽管粗疏，但他在西潮席卷之际，几乎同步率先肯定中国文化的价值，还倡言以后西方文化也要走孔子的道路。就现代新儒家思潮的发展而言，不能不推崇他为开风气人物的地位。[21]

1923 年张君劢挑起了所谓的科玄论战[22]，其思想根源与梁漱溟是一样的。除了回归中国传统之外，他们都倡导“直觉”（intuition）。但直觉的观念是模糊的，有偏向主观之嫌。与张君劢同团赴欧同住一室的好友丁文江攻击他为玄学鬼。后来许多学者参与辩论，声势对反科学的一方甚为不利。其实丁文江主要观点的理论基础是一套科学主义（scientism），并不是科学（science）本身。这一场笔战的水平并不高，可谓情胜于理。事后检讨，张君劢怎么可能反科学，其实他指出人生的意义与价值问题不能由科学来解决是不错的。[23]

第二波（20 世纪 40 年代）：尝试创建哲学系统

抗战中，知识分子随政府迁大后方，在艰难环境下也有令人出乎意料的表现。冯友兰在研究中国哲学史的时候早就肯定了孔子的历史地位。1938 年在搬迁途中撰写并出版了《新理学》，接着又出了另外 5 本书，所谓“贞元六书”，建构了他的哲学系统。他的新理学接着朱子讲，被视为持正统派的观点。但他在清华的同事贺麟批评他只谈朱子的理气论而不及其心性论是根本的缺失，并预言儒学未来的前途在陆王心学的复兴。贺麟并首次正式提出，“新儒家”思想的发展，将是中国现代思潮之主潮。[24]

贺麟的预言是在一种完全未预料的方式之下应验了。1932 年，第一代第一群的熊十力把他著的《新唯识论》文言本翻译成白话，内容大事增补。1944 年由重庆商务印书馆出版，被中国哲学会列为《中国哲学丛书甲集》第一部著作，立刻被誉为最有原创性的哲学著作。熊十力从哲学上探究中国传统的本体论的基础，并从当代的价值系统作全盘的重新考察，把本体论、宇宙论、人生论、认识论等熔冶一炉，建构了被称为中国哲学中唯一系统化的“唯心论的本体——宇宙论的形上学”。《新唯识论》特以理论架构之完整、系统和精密而著称，它的完成标志着当代新儒学作为一个独立的哲学学派性格的挺立与完成，开启了精神上的新天地，发生了深远的影响。当时弟子从游者众，包括第二代新儒家的三位代表人物：唐君毅、牟宗三、徐复观。

30 年代，钱穆在史学领域异军突起，回应与清理近代全盘性反传统主义和西化西潮。反传统主义在史学领域中的表现，就是以疑古为科学，否定中国上古史，把“祖述尧舜”的孔子打扮成大造谣者。20 年代末，钱穆在《国学概论》中已指出要尽废故常，实是孟子所谓“失其本心”。30 年代，他先著《中国近三百年学术史》，系统批评了清末民初以揭橥汉学之名否定宋学义理的学术思潮；抗战中又著《国史大纲》，指出对本国历史文化的了解应有温情与敬意。该书探求并强调中华历史文化自身发展的途径与永久生命的源泉，为当代新儒家的开展提供了一个平实全面的史学基础。

自此以后，钱穆转而专意提倡复兴中国文化，拓建儒学传统。[25]

第三波（20 世纪 60 年代）：港台新儒家

1949 年后，大多数学者留在大陆，只张君劢去美国，钱穆、唐君毅去香港，方东美、牟宗三、徐复观则随国民党迁台湾。1950 年朝鲜战争爆发，海峡两岸成为长期对峙之局。他们乃由激越的文化之存亡继绝，转上了冷静的学术研究的道路。

对国民党丢失大陆的检讨以及对港台地区“西化”之风的反击，构成 50 年代港台新儒家倡导儒家文化复兴的最初动因，然而，三十年多年来其思潮历经流变，本身亦有发展演进。大体分两个阶段：50—60 年代，思想酝酿形成期。学者忙于创办各种刊物、杂志、文化研究机构，以求联络声气，相互支持。学术思想上，重点放在对中西文化的宏观比较及对中国近代文化思潮的反省上。1958 年元旦，唐君毅、牟宗三、徐复观、张君劢签署《中国文化与世界宣言》，坚持“道统”维护传统的精神价值以供奉于世界，开拓“学统”与“政统”以吸纳西方的科学与民主。此后成为狭义当代新儒家的标志。第二阶段：60 年代末—80 年代初，思想发展成熟期。港台新儒家逐渐在世界范围内赢得声誉，影响远超出港台，发展到东南亚各国、韩国、日本以至欧美。个中原因多端，如 70 年代亚洲四小龙经济崛起的奇迹，引起欧美世界对这一地区文化背景的注意和研究；而这些学者融汇中西的学术造诣与苦心孤诣的踏实研究亦是至关重要的因素。第二代新儒家在有生之年不断发表皇皇巨著，把中国哲学思想在学术上带上了前所未有的高度与深度。方东美完成了他论中国哲学的英文巨著，钱穆则出版了他的《朱子新学案》的伟构。他们并传道授业，薪火相传，为新儒家大放异彩。

第四波（20 世纪 80 年代）：海外新儒家

第三代新儒家意指 20 世纪 70 年代末、80 年代初以来的新一代新儒家学者。以杜维明、成中英、刘述先、蔡仁厚、余英时等人为代表，他们在学术的总体方向上承接了第一、二代新儒家诸学者的思想旨趣，并继续以阐释、发挥儒学为己任。另一方面，他们普遍深契西学，又复归儒学。他们从多元文化的价值取向出发，积极关注世界伦理、宗教、科学、民主、人权、女性等问题，注重儒学与世界各大宗教和文明的对话，努力为中国文化谋求在世界文化中的一席之地。

此处简要介绍两位代表人物的思想：杜维明、刘述先。

杜维明在东海受教于牟宗三和徐复观，年轻时即以第三代新儒家自任。他在哈佛提交的博士论文由心理学认同的角度去阐发王阳明立志追求成圣成贤的探索过程。他的终极关怀与“道”“学”“政”的三分架构均承自牟宗三。而他勇于吸收新观念，认为由现代到后现代，不但不会使儒家的睿识过时，反而有新的发展的可能性。杜维明极力推扩“文化中国”的理想。这不只可以包容海峡两岸、东南亚，以及海外的华人，甚至可以包括同情中国文化理想的洋人。这才突破了儒、耶对话的故域，开启了波士顿儒家的机运。[26] 作为华裔知识分子，杜维明努力维持开放的态度，立足本位，与其他精神传统展开对话，以寄望于未来。[27]

刘述先在宋明理学方面受到牟宗三的深刻影响，对于思想史的研究则受到徐复观的启发。对于第二代新儒家的过分激越的态度略加调整，提议给予“理一分殊”以创造性的阐释。[28] 儒家思想中固然有万古常新的部分，也有与时推移的部分，故不可固执成见，必须强调儒家思想的开放性与批判意识。刘述先又畅论传统的资源与负担一根而发，近年致力于由“理一分殊”的再阐释在绝对主义与相对主义、一元论与多元论之外找到第三条路。

新儒家思想评析

由上述可见，当代新儒家并非严格的学术派别，而代表一种儒学复兴的思潮；其代表人物的思想渊源既有差别，对儒家思想的理解亦不完全相同。至于儒学应如何复兴，中西文化和哲学如何融合等等问题，更没有一个统一的认识。不过，作为一个学派团体，当代新儒家还有一些共同特征。对此，思想史家韦政通有个概述[29]：

1. 以儒家为中国文化的正统和主干，在儒家传统里又特重其心性之学。
2. 以中国历史为一精神实体，历史文化之流程即此精神实体之展现。
3. 肯定道统，以道统为立国之本，文化创造之源。
4. 强调对历史文化的了解应该有敬意和同情。
5. 富根源感，因此强调中国文化的独创性或一本性。
6. 有很深的文化危机意识，但认为危机的造成主要在国人丧失自信。
7. 富宗教情绪，对复兴中国文化有使命感。

然而这个概述并不十分理想。因为说它全，还可列举；说它简，却欠简括。我们还可以从另一条思路来看：当代新儒家无论其思想的个体特征如何，却共同地关心如下问题，并从新儒家的思想立场作出大致相同的解答。

第一是中国传统文化如何在现代生活中扎根的问题。

新儒家普遍对中国文化的衰微感到焦虑。要使儒家文化不致失落，必须使它同现代生活发生关联，而首先要解决的是它同现代化的关系问题。现代化指什么？一般认为，现代化最重要的两个含义：民主宪政（民主政治）、科学技术。则问题可化归为：（1）儒家思想能否同现代社会的民主政治相适应？（2）儒家思想能否同现代科学相容？

对于前者，新儒家们提供了两种答案。一种意见以港台新儒家唐君毅为代表。他认为，西方的民主政治以个人自由和人权的保障为基础，而孔子的精神不但不与其相悖，而且足以涵摄一切人类可贵之自由精神。概西方民主精神起源于西方社会之“多端并行敌对”，各种力量和利益之间多有冲突斗争，故能“逼”出个人求自由之努力，进而发展出民主制度；而中国文化具有“和融贯通而充实圆满之人文精神”，基于性善论的儒家之自由平等精神，使不同社会组织和文化力量能并行不悖，作为中国政治民主的基础。[30]另一种看法以牟宗三为代表。他承认，儒家提倡礼治而不重法治，从中开不出民主政治之花，但这不等于它同民主政治相对立。儒家讲的是圣贤学问，关心的是道德，而道德与政治分属不同方面的问题。道德法则、政治法则、经济法则各有其独立的意义，这就是现代化的精神。这是一种从消极方面对儒家思想重作肯定的说法。儒家思想既然不同现代民主政治相冲突，牟宗三也便可以大谈“中国文化主位性的维持”和儒家思想的“常道性格”。[31]

对于后者，即儒家思想能否同现代科学相容的问题，新儒家们并不讳言历史上儒家思想没有为科学发展提供动力，但认为历史不能说明未来。几乎所有新儒家都持这一看法：在现代化过程中，儒家思想同科学可以协调一致地发展。换言之，儒家思想并不排斥科学，甚至可以为科学发展提供基础。如张君劢指出儒家思想所基于的一些原则——理智的自主、智慧的发展、思考与反省的活动、质疑与分析的方式等——与科学精神相契。不少新儒家且观察到，科技发展亦给西方社会带来问题，如社会生活的技术化、专业化导致人的疏离和“物化”。这方面，以人伦为主要内容的儒家思想恰恰可以为片面的现代化（即工业化）提供药石。方东美、徐复观、牟宗三、钱穆等均有相关论述。[32]

第二个问题是，儒家思想如何回应西方文化的挑战?

近代以来，儒家思想的衰落是同西方文明的冲击联结在一起的。在新儒家看来，儒学之复兴，除了要同现实生活尤其是民主政治和科学技术发生联系以外，很大程度上还取决于它能否对西方文化的挑战作出回应。几乎所有的新儒家都承认，在中西文化会通之今日，应取一种开放的态度，吸取西方文化之长，避免中国文化之短。

不过新儒家三代学者看待西方文化的心态有所不同。当梁漱溟、马一浮等人在一片反孔批儒的声浪中提倡复兴儒学时，他们未必觉得儒学有什么现代困境，未必不坚信儒学完全能够抵抗西方文化对中国文化的冲击与消解。否则，像马一浮那样的信心，就很难得到合理的解释。[33]复兴儒学，在第一代人物看来，与其说是让儒学走出困境，不如说要努力使现代人都懂得何以必然要“走孔子的路”，以儒学作为自己人生的价值路标。像这样思考儒学的现代复兴，固然不可能走向对西方文化根本性的认同，但也不可能走向对西方文化的彻底拒斥，而是很容易接受“中体西用”这一文化选择模式，将部分地吸收西方文化作为使儒学在现代更合时宜的一种必要的补充，因为儒学不合时宜的“早熟”使之缺乏某些合乎现代时宜的内容。[34]

相较而言，第二代代表人物则缺乏第一代人物那样的自信，而多少带着一点悲凉的心境为复兴儒学不懈陈辞。《为中国文化敬告世界人士宣言》中，四个签署者悲凉地宣称，他们是“在四顾茫然，一无凭借的心境情调之下”[35]陈述他们关于儒学现代价值与未来前途的见解。经过前人几十年奋斗，儒学非但未如预期中重新兴旺，反是花果飘零、儒门淡薄。感受到儒学的生存困境，他们为此而忧心忡忡，迫切希望找到遏止儒学进一步衰微的出路，确立儒学的现代价值。或由这个原因，他们在进行中西文化的比较时，都自觉或不自觉地取一种中国文化优越论或变相的“中体西用”说，对西方文化采取一种颇为偏激的贬低的态度。港台新儒家认为，不仅西方文化中之有，中国文化中亦具有，如科学与民主精神；而中国文化中所有，则可能是西方文化中所无。从世界范围来看，今日是西方文化应更多地向中国文化学习的问题。《宣言》中提出，西方人应向东方文化学习之点有：“当下即是”之精神与“一切放下”之襟抱，圆而神的智慧，温润而恻怛或悲悯之情，如何使文化悠久的智慧，天下一家之情怀，等等。港台新儒家对西方文化的批评，其中不乏真知灼见，对西方文化的透视和解剖也十分深刻，但应该指出，倘若承认任何一种文明都有其长短的话，则对于两种文明的比较，就不应该以此之长，去度彼之短。况且，在比较之时首先要设定一种坐标或参照系，不能以中国的伦理道德来比较西方的科学知识，认为伦理道德较科学知识更重要（当然也不能反过来）。

第三代新儒家成长于全球化浪潮席卷各领域的环境之中，他们大多具海外背景，严格的西学训练使得他们能够更清楚地认识到中西方文化的差异，体现出融摄西学、多向建树的趋势。与前两代人在认识上的一个较大的转变是，他们视儒学为世界多元文化中的一元，而不再把儒学看作是人类文明发展的唯一正道。他们以较为开放的心态反省与重构儒学，表现出充分的对话意识，积极进行儒学与西方宗教和文化的交流。他们认为，作为多元文明中的一极，儒学必须在进行内部深刻反省的前提下，注入民主、科学、自由、理性等现代价值，同时注重与其他宗教传统、文化思想的交流，在求同存异与对话沟通中实现儒学的现代化和世界化。杜维明以“儒学创新”“文化中国”“文明对话”和“启蒙反思”为其基本理论框架，与北美、东亚、西欧乃至全世界的文化进行交流和对话。成中英立足于对中西哲学的反省、诠释与融汇，创立本体论与方法论合而为一、贯通中西的“本体诠释学”。刘述先择取儒学“仁与生生”的精神本质，提出将这一理念与现代、后现代的要求结合起来，将儒学置于与基督教和伊斯兰教为主的世界其他宗教的对话之下，以补充和发扬儒学。[36]这些学者的努力拓展了儒学的论域以及走向国际学术舞台的空间。

第三个问题，儒家思想如何复兴？

在新儒家看来，儒家思想的复兴不是何以可能，而是如何可能的问题，换言之，儒学的复兴不是一个必须从理论上论证，而主要是如何实践或现实化的问题。这问题可从两方面言之。

一方面，新儒家认为，儒家思想在近几十年遭到西方文化的冲击和国人的误解，就今日儒学复兴而言，应还儒家之本来面目，从理论上说明儒家思想可以与现代生活相协调，有助于民主政治和科学进步，可以为现代人提供安身立命之所和促进社会和谐进步。

另一方面，复兴不是复旧和复古，儒家思想需要具有一定的开放性，吸取众长，推陈出新。第二代新儒家将这个方式称为“返本开新”。返本就是指在复兴儒学的过程中始终坚持儒学基本精神（道德理想）不动摇，开新就是指在坚持儒学基本精神的前提下开拓儒学的新内容、新局面。

总括以上，当代新儒家们学术观点有别，思想和风格不一，但这并不妨碍他们对以上几个问题表示共同的关系并作出大致相同的解答。

儒家精神与现代性的相关性

杜维明曾说，启蒙心态（the Enlightenment mentality）是人类历史最强势的意识形态，也是现代西方崛起的基础。[37]启蒙的核心精神，是突出人的尊严、人的解放、人的自觉、人的独立性。在此之上，衍生出自由、理性、法治、权利等价值，成为人类社会的普世价值。实际上，现代社会人们关注的所有主要领域，从科学技术、工业资本、市场经济、民主政治、大众传播、研究型大学到专业组织等等，都从启蒙心态中受惠或汲取养分。

今天我们依旧生活在启蒙所塑造的世界之中。康德在 1784 年所作的评断——“我们不是生活在一个启蒙了的时代，而是生活在一个启蒙的时代；在这个时代，如果不能说启蒙是显而易见的既存现实，那它至少是核心的文化追求之一”[38]——今天仍未过时。儒家传统在现代能否有新的发展契机，一个核心问题就是能否对启蒙精神、对西方文明所体现的价值做出创建性的回应。或许有人认为，儒家传统有它自己的价值，它可以充分发展，自己走出一条路来。为何不能“独善其身”，而必须对启蒙精神作出回应？原因在于，儒学和基督教、佛教有一最大的不同：基督教和佛教真正的核心价值不在这个世界。基督教在未来的天国，佛教在彼岸，所以它们有超越而外在的另外一套理念，有其终极关怀。可是儒家是入世的，是经世致用的，它如果不能回应启蒙的挑战，要进一步发展就非常困难。在儒学发展的过程中，也曾回应过不同文化派别的冲击（如孟子回应墨子的批评、宋明时代回应佛教），这是一脉相承的；但以前的回应和现代的回应有所不同的是，西方文化的强势，不仅仅体现在军事、经济这些“硬实力”上，而且是很有说服力的制度，是一种更深刻的对人的发展有积极作用的理念。儒家如果不能对此作出回应，以及提供一套影响世界的价值观，就没有办法在现代恢复生命力。

我们至少可以从两方面思考：第一，儒家的人文精神传统与启蒙精神，到底有没有同构？第二，启蒙精神有没有盲点、缺陷，儒家能够对这些问题提供补充和修正吗？

儒家到底有没有自己发展出来的个人的尊严和自觉的反思？按照一般的理解，儒家文化与中国传统的专制政体相结合，是中国稳定社会系统（小农经济+宗法社会+政治权威）中的润滑剂，而缺乏一个独立于政治权威的抗击阶层。

但是，杜维明指出，如果从西方市民社会强调自由和人权这个角度来看，儒家传统里有着非常丰富的资源，尤其塑造了知识分子的人格形象、社会地位和历史使命。儒家传统里的“为己之学”，事实上就是建立在如何建立独立人格这个问题上的。儒家的道是一种学习的道，学习如何做人。他们有这样一种认识，即每个人命中注定是嵌于某一特定条件下的独一无二的人。但是，每一个人同时具有自我教育、自我发展和自我实现的内在可能性。也就是说，命中注定嵌于某地，是我们生存条件中难免的结构性限制，尽管如此，我们仍被赋予无尽的可能，在学习做人的过程中转化自己。因此，我们拥有内在的自由。所谓“三军可夺帅也，匹夫不可夺志也”，任何一个人，不管属于哪个阶层、集团，他都可以通过自己来掌握自己的内在资源，从而成为一个独立人格。

这种独立人格与西方激进的个人主义有很大不同，因前者是建立在“己所不欲，勿施于人”，“己欲立而立人，己欲达而达人”的基础之上。在儒家而言，个性不是孤立绝缘的个体，而是一个复杂的万物关系的中心点。自我与社会、自然和人的终极关切是息息相通、不可分离的。这是一个动态的开放系统，儒家的人文精神，相较于西方也就具有更大的涵盖性。

杜维明进一步指出中国知识分子具有四种资源——强烈的历史文化使命感、社会良知、主体意识、宇宙精神[39]——可在中国社会走向市民社会、进行民主建构过程中发挥独特的作用。中国特色的现代性，主要是靠中国传统特别是儒家人文精神来塑造知识分子的独立人格。此种独立人格不仅可能，且具优势，因为“其人文主义不是狭隘的，而是全面的，不是浮浅的，而是深入的”。

其次，启蒙心态不是没有缺陷和消极后果。杜维明总结启蒙的三大盲点：（1）人类中心主义和凡俗的人文主义（secular humanism）对精神世界（特别是宗教）采取彻底排斥的立场。（2）浮士德式的工具理性对自然采取认识、控制和掠夺的态度。（3）欧洲中心主义对世界其他文明，包括原住民的传统，采取鄙视和征服的策略。

启蒙心态明显缺乏共同体思想，更毋论全球共同体的思想。而在多元文明共生共荣的今天，越来越多的知识分子深切地感到，我们需要为“地球村”的建构制订一个全球计划，在支离破碎的现实世界与理想的人类整体社群之间指出可能的联系。这至少要求用一种新的金科玉律，即“己所不欲，勿施于人”来替换自私自利的原则（不管其定义多么广泛）。这个定律的肯定表达式为“己欲立而立人”。以反思者共有的、有判断力的自觉意识为基础，形成一种包容性的共同体观，是一个伦理、宗教的目标，也是一个哲学的理想。[40]

表面上，植根儒家传统和充分吸取西方现代精神是自相矛盾的命题，但通过三代知识分子的共同奋斗，当代儒学确然已有高瞻远瞩的视野、勇猛精进的动力、广结善缘的胸襟和己立立人的志趣。这种以掘井及泉的自我意识，使认同感深化。以多元开放的全球伦理，使适应力加强的共业已为儒家传统的现代转化创造了契机，而且正为现代精神提供具有儒家特色的人文价值。[41]

注释

1. R. H. Tawne, *Land & Labor in China*, London, 1932, p. 164，转引自菲茨帕特里克：《中国礼仪之争——中国社会和天主教制度的比较研究》，《世界宗教研究》1989 年第 4 期。
2. 柳诒徽：《中国文化史》下卷，东方出版社 1988 年版，第 661 页。
3. 朱谦之：《中国哲学对欧洲的影响》，上海人民出版社 2005 年版，第 128—129 页。
4. 顾为民：《中国基督教编年史》，上海书店出版社 2003 年版，第 217 页。
5. 同上书，第 253 页。
6. ［法］艾田蒲：《中国之欧洲》上卷，河南人民出版社 1992 年版，第 333 页。
7. 朱谦之：《中国哲学对欧洲的影响》，上海人民出版社 2005 年版，第 138 页。
8. ［德］康德：《答复这个问题："什么是启蒙运动？"》，载康德：《历史理性批判文集》，商务印书馆 1990 年版，第 22—23 页。

9. 卡西勒著:《启蒙哲学》,顾伟铭等译,山东人民出版社 1996 年版,第 4 页。转引自严建强:《18 世纪中国文化在欧洲的传播及其反应》,中国美术学院出版 2002 年版,第 152 页。

10. [法] 莫里斯·罗宾:《近代欧洲的"中国神话"》,载耿龙明编:《中国文化与世界(论文集)》,上海外语教育出版社 1992 年版,第 210 页。

11. [法] 艾田蒲:《中国之欧洲》下卷,第 325 页。

12. [法] 伏尔泰:《论风尚》下册,商务印书馆 1997 年版,第 460 页。

13. [德] 孟德斯鸠:《论法的精神》上册,商务印书馆 1995 年版,第 194 页。

14. [法] 莫里斯·罗宾:《近代欧洲的"中国神话"》,载耿龙明编:《中国文化与世界(论文集)》,第 210 页。

15. Cf. Wei-ming Tu, "Confucianism", in *Our Religions*, ed. Arvind Sharma (New York: Harper Collins Publishers, 1993), pp. 139-227。文中讨论了"Three Epochs of the Confucian Way"。

16. 刘述先:《当代新儒家对西方哲学的回应》,《深圳大学学报》2012 年第 1 期。

17. [美] 杜维明:《儒家传统的现代转化》,《浙江大学学报》2004 年第 2 期。

18. 刘述先:《论儒家哲学的三个大时代》,香港中文大学出版社 2008 年版。

19. 刘述先:《当代新儒家对西方哲学的回应》,《深圳大学学报》2012 年第 1 期。

20. 罗义俊:《当代新儒家的历程和地位问题》,载罗义俊编著:《评新儒家》,上海人民出版社 1989 年版,第 4 页。

21. 刘述先:《当代新儒家对西方哲学的回应》,《深圳大学学报》2012 年第 1 期。

22. D. W. Y. Kwok, *Scientism in Chinese Thought, 1900-1950*, New Haven and London: Yale University Press, 1966. 转引自刘述先:《当代新儒家对西方哲学的回应》。

23. 刘述先:《当代新儒家对西方哲学的回应》。

24. 贺麟:《儒家思想的新开展》,《思想与时代》创刊号(1941 年 8 月)。载贺麟：《文化与人生》，商务印书馆1947年版。

25. 罗义俊：《当代新儒家的历程和地位问题》，载罗义俊编著：《评新儒家》，上海人民出版社1989年版，第8页。

26. 哈佛在波士顿查理士河的北岸；波士顿大学在对面的南岸，当时神学院的院长是南乐山（Robert Cummings Neville），副院长是白诗朗（John H. Berthrong）。哈佛重“仁”，波士顿大学重“礼”，分属波士顿儒家的两个支脉。参见Robert Cummings Neville，*Boston Confucianism：Portable Tradition in the Late-Modern World*，Albany：State University of New York Press，2000。杜维明曾为此书作序，书中并有专节讨论杜维明的思想。

27. 刘述先：《当代新儒家对西方哲学的回应》，《深圳大学学报》2012年第1期。

28. 刘述先认为没有一个文化可以独占“理一”，儒家历代已表达出来的道理无论孔孟、程朱、陆王、唐牟已经是“分殊”的领域而有其局限性，但都指向“理一”这样具有普世意义的超越的“规约原则”（regulative principle）。参见景海峰、刘述先：《理一分殊》，上海文艺出版社2000年版。

29. 韦政通：《当代新儒家的心态》，载罗义俊编著：《评新儒家》，上海人民出版社1989年版，第165页。

30. 唐君毅：《人文精神之重建》，香港：人生出版社1956年版，第418页。

31. 参见胡希伟：《传统与人文——对港台新儒家的考察》，中华书局1992年版，第15页。

32. 参见胡希伟：《传统与人文——对港台新儒家的考察》，第17—18页。

33. 马一浮不但以六艺归纳儒学，而且将人类一切文化归于六艺，以至于满怀信心地向世人宣告“吾敢断言天地一日不毁，人心一日不灭，则六艺之道炳然常存，世界人类一切文化最后之归宿，必归于六艺，而有资格为此文化之领导者，则中国也”。滕复：《马一浮思想研究》，中华书局2001年版，第83页。

34. 蒋国保：《再论现代新儒家的理想、困境与迷失》，《齐鲁学刊》2005年第2期。

35. 封祖盛:《当代新儒家》,生活·读书·新知三联书店 1989 年版,第 2 页。
36. 奚刘琴、王玉萍:《第三代新儒家视域下的全球文明对话》,《南京林业大学学报》2010 年第 2 期。
37. [美] 杜维明:《超越启蒙心态》,雷洪德、张珉译,《国外社会科学》2001 年第 2 期。
38. [美] 杜维明、衣俊卿:《儒家精神资源与现代性的相关性——关于启蒙反思的学术对话》,《求是学刊》2009 年第 1 期。
39. [美] 杜维明:《儒家精神的人文思想与市民社会》,复旦大学"儒家思想与未来社会"国际学术讨论会的发言,1989 年 12 月 21 日。
40. [美] 杜维明:《超越启蒙心态》,雷洪德、张珉译,《国外社会科学》2001 年第 2 期。
41. [美] 杜维明:《现代精神与儒家传统》,生活·读书·新知三联书店 2013 年版,第 5 页。

第十章 中国能为世界提供何种世界观？

梁艺染

导 读

“中国能为世界提供何种世界观”是中国传统外交思想能否存续的关键问题。中国哲学指导外交实践具有极大的可能性，这是由中国文化的延续性、自信心、国家发展目标和力量崛起等因素共同决定的。中国极有可能创造出融合中国哲学和国际规则的新的价值观。正是从这个意义上而言，中国外交思想史的研究必须从多重角度进行总结，这是一种历史使命。中国不能仅仅只有力量的崛起，必须具备与之相适应的世界观和规则体系。

当下，提出和探讨“中国能为世界提供何种世界观”的命题不仅十分有价值，而且非常必要。天下观是中国古代世界观的核心内容，最晚到周朝，天下观念已经产生、成熟，并对中华民族的知识体系、价值体系和实践活动产生了深远影响。天下观念包含“无外”原则、以天下观天下的视角和传递性原则。对比西方世界观的“国家—国际”框架，天下观念能站在世界的角度思考问题，并且具有巨大的包容性。天下观念作为世界观是解决世界性问题和消除文明间冲突的良好思路，有助于人类构建世界共同利益，创造共同幸福。

问题的提出

首先，不可否认的是，中国经过几十年的快速发展，对世界的影响越来越大。但是，中国人现在思考的“中国崛起”或“和平发展”这些概念，反映的主要是人们对于中国的国家发展战略和国家命运的大而化之的预期和谋划。这些预期和谋划主要是以中国自己的经济发展和社会进步为主要的关注点和归宿的。从长远的角度看，我们应当认真地思考我们到底需要构建一个什么样的世界。

其次，今天的世界秩序主要是西方思维的结果，而以西方文明为主的世界观并没有很好地解决世界范围内的问题。近代以来列强的殖民地和势力范围之争，以及近半个世纪以来世界各国为争夺水、石油、土地等资源而引发的冲突纷争，都迫使我们需要对当今的世界秩序进行重新思考，中国则需要在参与世界知识体系的建构中发出自己的声音。

最后，中国能为世界提供何种世界观是中国传统外交思想能否存续的关键问题。中国哲学指导外交实践具有极大的可能性，中国也极有可能创造出融合中国哲学和国际规则的新价值观。

基于以上三点原因，本章尝试粗浅地对“中国能为世界提供何种世界观”问题进行探讨。对于这个宏大命题的研究，笔者的基本思路是，先分析中国传统的世界观是什么、有什么特征，再探讨中国传统的世界观在当下是否依然具有价值。笔者认为，中国如果能为世界提供世界观的话，这个世界观必定是脱胎于中国传统的世界观的。只有经过文明积淀和时间历练的世界观，才是中国在当下有资格将其提出并倡导的世界观。

天下观——中国传统的世界观

天下观是中国古代世界观的核心内容

有学者认为，天下观是中国古代世界观的核心内容。具体而言，可以从天下观念从属于中国人的天道—天理观念、诸子百家的天下观念、秦汉统一“天下”时的天下观念、关于“中国”是否在世界中央的历史问题和天下观念开始受到冲击时对自我的认识等五个方面对中国传统的天下观念进行考证，从而得出天下观念是中国古代世界观的核心内容的结论。天下观念是天道—天理观念在政治上的体现，它统治中国的世界观念两千年以上，是中国和欧洲在政治文化上的最大差别。[1]

天下观的起源

对于天下观的起源问题，中国学界的主流观点是天下观起源于中华民族的先民不断迁徙而积累的空间经验和后来逐渐形成的对空间经验的理想解释。天下观是古代中国思想界利用空间概念建构出的一套世界秩序观。[2]

比如，李宪堂认为，鸿蒙初辟时期确立的“天圆地方”的空间秩序是“天下观”的预设性框架；上古先人谋于鬼神的“测天术”是“天下观”得以形成的逻辑起点——由此建构起了一种影响深远的绝对中心观念；商周之际及其后的社会与思想变革确立了它的外在形态和文化内涵；战国时期“以类行杂”的帝王学为它赋予系统化、条理化的有机秩序；秦汉大一统专制王朝的建立，使它最终成为一个意义完备且充实的概念，成为以天人合一为特征的民族性

“世界观”——内含民族独特生存体验的生命境域；隋唐以后，随着东亚世界体系的形成，它在实践上获得其现实的形态；晚清以后，随着天朝的倾覆和民族国家的兴起，“天下观”开始其崩蚀和消解的过程。[3]

对此，赵汀阳则持有不同的观点。他认为是周朝创造了天下观念和天下体系。作为当时的小部落，周朝虽然联合其他部落打垮了商朝，夺取了中央领导权，但面对许多原来向商朝臣服的部落，如何继承商朝的遗产成为周武王和周公面对的问题。他们面对的不是国家内部的关系，而是相当于现在整个世界的政治局面，处理的是如何管理整个世界的问题。因此，他们必须构想一个能管理世界而且大家都满意并能接受的政治方案。这就决定了中国政治是由世界问题开始，因而创造了天下政治体系，进而分封，再产生国家的。公元前221年，秦国征服了所有中原诸侯，建立了中华帝国，天下体系终结。但是，作为周朝思想遗产的天下观念尽管不再是政治实践，仍然一直是中国的世界观，中国历代哲学家不断对其给予翻新的解释。[4]

总的来说，最晚到周朝，天下观念已经产生、成熟，并对中华民族的知识体系、价值体系和实践活动产生了深远的影响。

天下观念的一些原则和特征

天下观念不仅是古代中国对世界秩序在空间上的一个构想，还是一种人文与政治的构想。显然，“天下观”不在于表述自然空间的客观实在，而在于体现由“空间观念”延伸出来的表征意义[5]，天下观念因而具有一些原则和特点。

首先是“无外”原则，“天下观”体现出一种“天下一家”

“王者无外”的一元观念。传统的“天下观”虽然把整个天下分为“中国”和“四夷”两个部分，但是这一“天下”并没有严格的内外之别，而是包括了人类所知或所居住的整个整体，即“天下一体”。“天下”是中国思想家建构出的最大空间单位，是一个包含有无限空间含义的词汇，它把纷繁复杂的现实世界纳入到了以“天下”作为唯一向量的空间概念中。中国古代人文世界中的“外部”，不是指“天下”之外的外部，而是指“天下”之中的外部。[6]“普天之下，莫非王土”[7]，任何一个民族、部落、国家或者政治实体都必须被承认为天下政治体系中的成员，而不是敌对的他者，天下是一个共有的政治存在。天下“无外”原则把任何政治实体、民族和文化都看作是在内的，这消除了绝对的外在性，先验地排除了不共戴天的敌人或者他者。[8]

其次是天下方法论，即以天下观天下的视角。老子说：“善建者不拔，善抱者不脱，子孙以祭祀不辍。修之于身，其德乃真；修之于家，其德乃馀；修之于乡，其德乃长；修之于邦，其德乃丰；修之于天下，其德乃普。故以身观身，以家观家，以乡观乡，以邦观邦，以天下观天下。吾何以知天下然哉？以此。”[9]也即，要理解世界，就必须从世界的视角去看世界。当我们以世界的尺度、世界眼光去观察世界政治问题时，我们才可能理解属于世界的利益。[10]

最后是传递性原则。《大学》曰：“古之欲明明德于天下者，先治其国，欲治其国者，先齐其家；欲齐其家者，先修其身；欲修其身者，先正其心；欲正其心者，先诚其意；欲诚其意者，先致其知，致知在格物。物格而后知至，知至而后意诚，意诚而后心正，心正而后身修，身修而后家齐，家齐而后国治，国治而后天下平。”[11]天下观念认为，一个政治制度如果是普遍有效的，就必须满足普遍的传递性原则，即一个普遍有效的政治制度，对于“天下”是有效的，那对于“国”也必须是有效的，对于“家”也是有效的，在每一个政治层次所实行的政治制度必须至少在结构上是同构的，这样的制度才能通行无阻。[12]

当然，传统的天下观念还包含一些别的原则和特征，比如强烈的中心和边缘意识、严格的等级和尊卑秩序的思想等等。实际上，天下观念建构出的世界秩序是等级的体制。如同中国传统文化一样，天下观念必然包含着能适应当下的思想以及在当下或未来已经不合时宜的原则，前文强调的天下观念的一些原则和特征是笔者认为能对当下和未来的世界观构筑有所启示和补充的部分。

天下观——当下中国可以提出和倡导的世界观

既然天下观念是中国古代世界观的核心内容，那天下观念在当下是否依然具有价值？天下观能否作为中国为世界提供的世界观？

西方世界观的缺陷

赵汀阳认为，西方世界观最小的分析单位是个人，最大的分析单位是国家，国家之上并没有更高的政治单位，只有“国际”这样一个国家间的关系概念来勉强对付比国家更大的政治问题。西方世界观的框架无法解释世界归谁管理、世界利益是什么等等这些世界层面上的问题。“国际政治”仅仅是民族国家与民族国家之间的关系，并不高于国家的主权，所以它不是一个能够解释世界的理由，终究不能解决世界的冲突。按照西方的世界观——以国观天下，我们仅仅看到的是国家利益，而看不到世界利益。而且，西方的政治制度不具有传递性，只能在西方国家内部有效，只能在一个特定的地区、特定的历史阶段、特定的语境之下起作用。[13]

赵汀阳还对西方世界观中的“最高理想”——康德的永久和平模式提出了质疑。康德的永久和平理论提出，要使这个世界获得和平，就必须在自由国家之间形成联盟。[14]这个思路无法处理不同文化或制度的国家之间的关系，也无法解决文化冲突的问题。“寻找朋友”做不到化敌为友，而只有化敌为友才是唯一能经得起普遍模仿的正确策略，这是康德文化的局限性。[15]康德理论维护的仍然是国家利益，而没有考虑世界的总体利益。国家之间的利益总会存在矛盾，世界总体利益也不可能是各国利益的简单加总。康德理论仍然是附属于国家理论的一种国际理论，最多是一个“暂时和平”的理论，而不可能像他自己希望的那样的是一个“永久和平”理论，更不能解释世界问题。[16]

作为世界观的天下观念

“天下”是具有多重含义的世界概念。首先，“天下”是地理学上的概念，指人类可以居住的真实世界。其次，在社会学和心理学意义上，“天下”指所有土地上所有人的心思，即民心。最后，在政治学上，“天下”指世界政治制度。“天下”概念是地理学意义、心理学意义和政治学意义的合一存在，是大地、普遍人心和世界制度的三位一体。[17]

天下观念是以共同幸福为目标的世界观，其根本点在于，这一世界观没有排斥任何他者，而是试图把他者都转化为自己人，这是一个没有敌人的世界观。[18]

中国人推崇的和谐原则在很大程度上属于天下世界观。和谐观念最早出现在《尚书》，最早表达为“协和”[19]，通常简化为“和”。“和”是维护差异和多样性，并且用多样性去创造能够形成优势互补的最优合作关系的思路。而西方的典型策略“同”，则是消灭差异，变成只有一种格式的思路。西方总是希望能够通过将西方价值观普世化以解决冲突。从基督教试图一统精神世界到现在西方试图以自然人权去统一世界的价值观，都是试图消灭价值观差异的做法。[20]

但解决人类之间冲突唯一有效的策略只能是“和”。赵汀阳认为，和谐原则首先意味着事物的多样性是每个事物能够生存的必要条件。一个事物必须与其他事物互相依靠而共存，单靠自身无法生存。于是，共存先于存在，共存成为存在的先决条件，这是中国式的存在论观点。此外，和谐原则还意味着各种事物只有互相配合才能使其中每个事物达到其最优状态。同样，人与人之间的互惠关系将使每个人的利益都获得改善。可以说，和谐的基本精神就是兼容才能共荣。[21]赵汀阳将和谐策略称作与帕累托改进相对应的“孔子改进”——己欲立而立人，己欲达而达人。[22]

天下世界观以及和谐观念暗示了中国式的普遍主义。中国的普遍主义是一种兼容普遍主义，它的思想基础是中国式存在论：共存先于存在。西方存在论的分析单位是个体，因此西方的普遍主义追求的是对于每个个体普遍有效的普遍原则。中国存在论的分析单位是关系，因此中国普遍主义关注的是对于每种关系普遍有效的普遍原则。由于立足点是关系而不是个体，中国普遍主义强调这样一个检验标准：一种关系或者一种涉及他人的行为方式如果是普遍有效的，那么它必须获得他人的普遍承认，并且这种关系或者行为方式必须能够经得起普遍模仿的检验。因此，作为世界观的天下观念追求的就是当他人普遍模仿这一关系或者行为时，没有任何人的利益因此受到损害。[23]

为什么天下观可以作为中国为世界提供的世界观

全球化所引发的许多世界性的新问题无法在“国家—国际”这一框架中被有效地分析，而天下观可以弥补当今西方世界观的缺陷，解决当今西方世界观造成的问题。

“国家—国际”这一框架不够大，缺乏以世界观世界的视角，于是，诸如世界制度、世界合作、世界治理以及文化冲突等涉及世界总体利益的政治问题就很难在“国家—国际”理论中被正确而公正地讨论。[24]天下观念则能站在世界的角度来思考问题，其以天下观天下的视角超越了西方以国家观国际的视角。通过引入天下这一维度，把政治理论由“国家—国际理论”扩大为“世界—国际—国家理论”，才能包含所有的政治问题。[25]

另外，天下观对异质生命具有巨大的包容性。西方自由主义从个体出发，建立了主客体论，从而衍生出两条外求的重要路径来建立社会秩序：一是寻求宗教，二是寻求民族为主体的国家。前者借助于基督教组织为民众确定秩序，在部分历史阶段还力求政教合一。理论上，政教合一的社会秩序能将民众的精神皈依与世俗秩序相融合。但是实际上，基督教在确立自身地位的同时，往往视其他教派为异端，导致社会秩序产生极大的混乱。因此，伴随着全球化运动，基督教并没有在世界范围内给世人以慰藉，而是加大了与其他宗教和文明的冲突。[26]

而近现代出现的民族国家，则是个体在工业化文明中因交往范围的扩大而不得不整体让渡权利建立契约的结果。在此过程中，保护民众权利的人权、产权、宪政、议会等一整套体系被建立起来，其中包含着平等、民主、自由、博爱等关爱生命的追求。这套体系伴随着资本主义的扩张而蔓延全球，成为世界各国工业文明发展的范式。但是，这一民族主权模式并没有超出国家与国家关系的范畴，国家利益仍是影响国家交往的核心要素。虽然我们在处理国际关系时可以通过谈判解决冲突，但是，当利益无法协调的时候，人们更多的还是需要依靠武力来解决问题。[27]对于联合国和欧盟这两个超级组织而言，学界大多认为它们并没有超出国际的界限，联合国不过是一个协调各国利益的机构，欧盟则顶多是另外一个美国的范例而已。[28]近年来，民族国家利益之争又与宗教之争交织于一体，使人们的生命面临着普遍的、不确定性的威胁。[29]

而天下观在构建自身的观念体系时，采用的是"无外"原则。中国文化里没有上帝与魔鬼、信徒与异教徒之类的紧张对抗结构以及"末日审判"之类的想象。[30]中国思想不会产生类似西方的异端观念，也不会产生西方那样界限清晰、斩钉截铁的民族主义。对于天下，所有地方都是内部，所有地方之间的关系都以远近、亲疏来界定，这种关系界定模式保证了世界的先验完整性，同时又保证了历史的多样性。在理论上，"无外"原则已经排除了把世界作分裂性理解的异端模式和民族主义模式。在实践上，"无外"原则虽然不能完全克服作为人之常情的地方主义，但也在很大程度上减弱了天下之内的地方的矛盾。以天下的"无外"原则作为世界尺度，意味着在整个世界范围内都不包含任何歧视性或拒绝性的原则来否定某些人参与天下公共事务的权利[31]，天下观念具有巨大的包容性。

当然，传统的天下观念中也存在一些已经不合时宜的原则和特征，它们会对世界的构建带来消极的影响。比如天下观念强调"华夷之辨"和天下一统，从体制上和观念上堵塞了平等处理独立的政治实体之间关系的可能。[32]又比如天下观念中最小单位只是家，没有落实到个人，不重视个人权利[33]，等等。毋庸讳言，这些缺陷是要用西方理论进行弥补的。笔者认为，普世价值不能一家独大，而应该博采众长。当下，天下观念对构建世界观的贡献在于其能站在世界的角度思考问题，并且具有巨大的包容性。天下观念作为世界观是解决世界性问题和消除文明间冲突的良好思路，有助于人类构建世界共同利益，创造共同幸福。

注释

1. 李扬帆：《“天下”观念考》，《国际政治研究》2002 年第 1 期，第 105—114 页。
2. 何新华：《试析古代中国的天下观》，《东南亚研究》2006 年第 1 期，第 50—54 页；赵定东：《“天下”视域下的中国社会》，《学理论》2008 年第 16 期，第 40—43 页；李宪堂：《“天下观”的逻辑起点与历史生成》，《学术月刊》2012 年第 10 期，第 126—137 页；单纯：《略论中华民族的“天下”观》，《青岛大学学报》2001 年第 3 期，第 1—6 页。
3. 李宪堂：《“天下观”的逻辑起点与历史生成》。
4. 赵汀阳：《政治哲学的新视野——天下体系的思想与制度建构》，《北京大学研究生学志》2007 年第 2 期，第 4—14 页。
5. 何新华：《试析古代中国的天下观》。
6. 同上。
7. 《诗经 · 小雅 · 北山》。
8. 赵汀阳：《政治哲学的新视野——天下体系的思想与制度建构》。
9. 《道德经 · 五十四章》。
10. 赵汀阳：《政治哲学的新视野——天下体系的思想与制度建构》。
11. 《四书 · 大学》。

12. 赵汀阳：《政治哲学的新视野——天下体系的思想与制度建构》。

13. 同上。

14. 同上。

15. 赵汀阳：《天下体系的一个简要表述》，《世界经济与政治》2008 年第 10 期，第 57—65 页。

16. 赵汀阳：《政治哲学的新视野——天下体系的思想与制度建构》。

17. 赵汀阳：《天下体系的一个简要表述》。

18. 同上。

19.《尚书 · 尧典》。

20. 赵汀阳：《天下体系的一个简要表述》。

21. 同上。

22. 赵汀阳：《关于和谐世界的思考》，《世界经济与政治》2006 年第 9 期，第 1 页。

23. 赵汀阳：《天下体系的一个简要表述》。

24. 同上。

25. 同上。

26. 刘恩允：《“和而不同”与“天下”观——儒家对话自由主义的生命社会观》，《山东社会科学》2011 年第 2 期，第 46—49 页。

27. 刘恩允：《儒家的“天下观”与现代生命世界的构建》，《河南师范大学学报（哲学社会科学版）》2010 第 3 期，第 223—226 页。

28. 参见刘恩允：《“和而不同”与“天下”观——儒家对话自由主义的生命社会观》；赵汀阳：《关于和谐世界的思考》。

29. 刘恩允：《“和而不同”与“天下”观——儒家对话自由主义的生命社会观》。

30. 赵汀阳：《天下体系的一个简要表述》。

31. 刘恩允：《“和而不同”与“天下”观——儒家对话自由主义的生命社会观》。

32. 李扬帆：《“天下”观念考》。

33. 赵汀阳：《政治哲学的新视野——天下体系的思想与制度建构》。